Eugen E. Hüsler

Hüslers Klettersteigführer
WESTALPEN

Die schönsten Klettersteige der Schweiz,
Frankreichs und der italienischen Westalpen

BRUCKMANN

*Einer der schönsten
Klettersteige im Wallis:
der »Baltschieder«.*

Vorwort

Wie schnell sich die Zeiten doch ändern! Konnte der Chronist vor anderthalb Jahrzehnten aus der Schweiz und Frankreich bloß vermelden: »Im Westen nichts Neues!«, listet »Hüslers Klettersteigatlas Alpen« mittlerweile zwischen dem Bodensee und dem Mittelmeer über 200 Vie ferrate und gesicherte Routen auf. Zu viel bereits für einen Tourenführer, weshalb hier nicht alle, aber die schönsten, die lohnendsten Vie ferrate beschrieben werden.

Mit Verspätung hat das Virus auch den Westen der Alpen erfasst, die Schweiz ebenso wie die französischen Alpen. Dabei ist allerdings ein wesentlicher Unterschied festzustellen, ein Limes, der jener als »Röschtigraben« bekannten (Kultur-)Grenze zwischen der deutschen und der welschen Schweiz folgt. Während die Klettersteige zwischen Säntis, Grindelwald und dem Oberwallis eher klassischen ostalpinen Vorbildern folgen, also richtige Bergtouren sind, setzt man in der »Grande Nation« ganz auf Spektakel, wird mit extrem viel Eisen (und entsprechend wenig Felsberührung) steilstes Gelände buchstäblich erschlossert. Allerlei Installationen wie waghalsige Hänge- oder Seilbrücken, neuerdings sogar an Überhängen aufgespannte Stahlnetze und Tyroliennes, Seilbrücken zum »Hinüberfahren«, garantieren Nervenkitzel – just for fun! Ausnahmen gibt's allerdings auch, Klettersteige, die das eine (viel Natur) bieten, ohne das andere (les sensations!) zu lassen. Und in einer gelungenen Mischung, meine ich, liegt auch die Zukunft dieser Trendsportart, die sich längst etabliert hat.

Nicht fehlen darf an dieser Stelle ein herzliches Danke an meinen Freund Jürgen Frank aus Freiburg – ein großer Fan der Vie ferrate à la française! –, der für diesen Führer zahlreiche Routen beging, wertvolle Informationen lieferte und viele luftig verwegene Motive aufs Zelluloid gebannt hat. Und – Hand aufs Herz! – gerade der Balanceakt über dem Abgrund, die Querung an senkrechter Wand oder der finale Überhang vermitteln halt (auch) jenen Kick, dem Klettersteige ihre große Popularität verdanken. In diesem Sinne: Viel Spaß auf den »Randonnées du Vertige« in den Westalpen!

Dietramszell, Frühling 2005
Eugen E. Hüsler

INHALT

Einleitung 6

Wichtig: die richtige Ausrüstung 8 • Die Selbstsicherung 8 • Ein Wort zum Umweltschutz 9 • Gefahren 10 • Leicht zu merken - 10 Regeln für Klettersteigler 12 • Objektiv - subjektiv: die Schwierigkeit mit den Schwierigkeiten 12 • Eine Vier-Klassen-Gesellschaft 14 • Die Hüsler-Schwierigkeitsskala 15 • Hülsters-Klettersteigkreuz 16

Die Klettersteige 18

Ost- und Zentralschweiz, Tessin 18

1	Lisengrat	○	20
2	Braunwalder Klettersteig	●	22
3	Ferrata Diavolo	○	26
4	Klettersteig Brunnistöckli	○	28
5	Klettersteig Rigidalstock	○	28
6	Klettersteig Fürenwand	◐	30
7	Klettersteig Graustock	◐	32
8	Via ferrata San Salvatore	●	34
9	Ferrata del Centenario	●	36

Berner Oberland 38

10	Tälli-Klettersteig	◐	40
11	Schwarzhorn-Klettersteig	○	42
12	Schreckhornhütte	○	44
13	Rotstock-Klettersteig	○	46
14	Klettersteig Mürren	◐	48
15	Klettersteig Allmenalp	◐	50
16	Via ferrata de Rougemont	●	52
17	Voie Hohl	●	54

Wallis / Waadt 56

18	Aletsch-Klettersteig	◐	58

19	Baltschieder Klettersteig	◐	60
20	Panorama-Klettersteig Jägihorn	◐	64
21	Via ferrata del Lago	○	66
22	Klettersteig Mischabelhütten	○	68
23	Mittagshorn Klettersteig	◐	70
24	Leukerbadner Klettersteig	● (rouge)	72
25	Via ferrata d' Elvolène	●	76
26	Klettersteig Grande Chenalette	○ (rouge)	78
27	Via ferrata de Tière	◐	80
28	Via ferrata de Prapio	○ (bleu)	82
29	Ferrata de la Tête aux Chamois	●	84
30	Via ferrata de la Tour d'Aï	◐	86

Savoyen   88

31	Vires Büttikofer/Sentier des Etournelles	◐	90
32	Dent d'Oche	○ (vert)	92
33	Via ferrata des Saix de Miolène	●	94
34	Via ferrata du Saix du Tour	●	96
35	Via ferrata du Mont	●	98
36	Via ferrata de la Roche à l'Agathe	●	100
37	Via ferrata de la Tour du Jalouvre	● (rouge)	102
38	Via ferrata Yves Pollet-Villard	● (bleu)	104
39	Ferrate de Golet de la Trouye/Pas de l'Ours	○	106
40	Via ferrata du Roc du Vent	◐	108
41	Via ferrata École de Rossane	◐	111
42	Via ferrata da la Tête de Cheval	◐	112
43	Via ferrata de la Croix des Verdons	◐ (rouge)	114
44	Via ferrata du Lac de la Rosière	◐	116
45	Via ferrata Cascade de la Fraîche	◐	118
46	Via ferrata du Plan du Bouc	○	120

47	Via ferrata des Bettières	🔴	122
48	Via ferrata des Plates de la Daille	⚫	124
49	Via ferrata de la Tovière	🔴	126
50	Via ferrata de la Chal	⚫	129
51	Via ferrata de l'Adret	⚫	132
52	Via ferrata du Télégraphe	◐	134
53	Ferrata du Poingt Ravier	○	136
54	Via ferrata St-Pierre	⚫	138
55	Via ferrata du Diable	⚫	140
56	Via ferrata du Chemin de la Vierge	◐	140
57	Via ferrata d'Andagne	◐	144

Dauphiné — 146

58	Via ferrata de la Cascade de l'Oule	⚫	148
59	Via ferrata de la Bastille	⚫	150
60	Via ferrata des Trois Fontaines	○	152
61	Via ferrata des Lacs Robert	◐	152
62	Via ferrata des Gorges de Sarenne	◐	154
63	Via ferrata des Perrons	◐	156
64	Via ferrata de St-Christophe-en-Oisans	◐	158

Alpes du Sud — 160

65	Via ferrata des Mines du Grand Clot	◐	162
66	Via ferrata de l'Aiguillette du Lauzet	○	164
67	Via ferrata de la Croix de Toulouse	◐	166
68	Via ferrata degli Alpini	○	168
69	Via ferrata des Gorges de la Durance	⚫	170
70	Via ferrata des Vigneaux	◐	172
71	Via ferrata de Freissinières	◐	174
72	Via ferrata de la Marcelinas	◐	176
73	Via ferrata de la Cascade	⚫	176

74	Via ferrata de l'Aiguille de Luce	◐	178
75	Via ferrata de l'Aiguille du Coq	●	178
76	Via ferrata de la Tour d'Août	●	178
77	Via ferrata de l'Ourson	○	178
78	Via ferrata des Étroits	◐	181
79	Via ferrata de Chironne	●	183
80	Via ferrata de la Grande Fistoire	●	184
81	Via ferrata Baus de la Frema	●	186
82	Via ferrata »La Traditionelle«	●	188
83	Via ferrata des Demoiselles des Castagnet	◐	190
84	Via ferrata des Comtes Lascaris	●	192
85	Via ferrata de la Ciappea	◐	194
86	Via ferrata Escale à Peille	●	196

Aostatal und Piemont — 198

87	Sentiero attrezzato Mont Chétif	○	200
88	Via ferrata Béthaz-Bovard	◐	202
89	Via ferrata Sperone di Vorfède	○	204
90	Via ferrata Carlo Giorda	◐	206
91	Via ferrata del Rouas	◐	208
92	Via ferrata delle Barricate	○	210
93	Via ferrata dei Funs di Entracque	●	212

Register — 214

Wichtig: die richtige Ausrüstung

Auf den Vie ferrate, den »Eisenwegen«, braucht man zwar weder Schneidbrenner noch Drahtzange, aber in jedem Fall die richtige Ausrüstung. Das ist einerseits mehr, als Bergwanderer in ihrem Rucksack haben, aber erheblich weniger, als ein Kletterer zum Einstieg schleppt. Geht man auf eine große Tour alpinen Zuschnitts, ist der Ballast natürlich ungleich größer als beim Training am kurzen, talnahen Sportklettersteig. Da wird dann der Biwaksack verstaut, werden im Frühsommer Grödeln aufgepackt. Taschenlampe und Handschuhe sind ohnehin im Rucksack.

Auch das »Outfit« (so nennt sich das heute) hängt weitgehend von der Jahreszeit und dem gewählten Tourenziel ab. Klar, dass im Sommer (oder in den Seealpen) das Beinkleid eher kurz ausfällt, dass die Trinkflasche dafür etwas größer sein darf. An der »Ferrata Tête de Cheval« braucht es kein schweres Gepäck; auf den »Balcons de la Mer de Glace« dagegen sollte man sich gegen alle Unwägbarkeiten bei einer großen Tour wappnen.

Helm auf! Ganz wichtig auf Klettersteigen: die schützende Kopfbedeckung, für alle Fälle. Auf Gratrouten darf man ja durchaus auf das (schweißtreibende) Stück verzichten (ein fesches Stirnband gefällt ohnehin besser), doch in Rinnen und Schluchten, unter Felswänden und auf Bändern gibt man sich doch gerne bedeckt, weiß jede/r den Helm zu schätzen. Und da sind ja noch jene Bergkameraden, die sich gerne als »Abräumer« betätigen ...

Die Selbstsicherung

Klettersteig-Sets. Sicherheit vermittelt dem »Akrobat schöön« am Drahtseil nicht das Netz, sondern seine Ausrüstung. Sie besteht neben dem Helm (siehe oben) aus einem Sitz- und Brustgurt (bzw. Kombigurt) und dem Klettersteig-Set: zwei je etwa einen Meter lange Seilstücke, eine Sturzbremse und zwei Schnappkarabiner mit großer Öffnung. Diese Sets werden von mehreren Herstellern angeboten, in unterschiedlichen Standards. Üblich ist heute die Y-Form, die doppelte Sicherheit bietet, weil jeweils beide Karabiner eingehängt werden.

Eine innovative Neuerung bilden Sets mit angenähter Bandschlinge. Endlich ist Schluss mit dem umständlichen Einbinden des Sets, keine Knoten mehr (die aufgehen können)! Die Bandschlinge wird ganz simpel per Ankerstich mit dem Klettergurt verbunden – da kann wirklich nichts mehr schief gehen! Manche Hersteller sind auch bei den Karabinern vom traditionellen Knoten zugunsten vernähter Bänder abgekommen. Ein echter Fortschritt!

Karabiner. Auch bei den Karabinern sind neue Entwicklungen zu registrieren; wer es sicher und komfortabel mag, greift zum Modell »Attac« von Salewa mit seiner intelligenten Verschlusssicherung. Um ihn einzuhängen, drückt man den Karabiner einfach gegen das Drahtseil oder die Verankerung. Sehr vorteilhaft auch, dass der Karabiner durch eine Öse eingebunden wird; eine Querbelastung ist dadurch unmöglich (Bruchrisiko).

> **Tipp**
> Bei schwierigen Klettersteigen empfiehlt sich die Mitnahme einer kurzen Bandschlinge mit Karabiner. Die Schlinge wird mittels Ankerstich eingebunden, der Karabiner im Bedarfsfall an der Verankerung eingeklinkt. So kann man an Kraft raubenden Passagen, wenn die Kraft nachlässt, gefahrlos eine Verschnaufpause einlegen.

Partnersicherung. Französische Klettersteige sind in der Regel so angelegt, dass eine konventionelle Partnersicherung (wie beim richtigen Klettern) problemlos möglich ist. An jeder Verankerung erlaubt ein »Sauschwänzchen« das Ein- und Ausfädeln des Kletterseils. So können auch weniger Geübte risikolos auf die steilen Routen geführt werden – was Bergführer in den Touristenorten natürlich gerne nutzen.

Ein Wort zum Umweltschutz. Über die enormen Belastungen, denen die Alpen als »Playground of Europe« ausgesetzt sind, muss an dieser Stelle nichts weiter gesagt werden. Von den Besuchermassen darf man wohl nur bedingt erwarten, dass sie – entgegen ihren (schlechten) Gewohnheiten – das Naturwunder Alpen nicht bloß konsumieren, sondern als Individuum sinnvoll erleben. Diese Erkenntnis entbindet aber gerade den Bergsteiger keineswegs von einer Mitverantwortung gegenüber seinen Bergen. Also zumindest dafür sorgen, dass der Müllhaufen nicht weiter anwächst! Was bereits herumliegt, braucht nicht ansteckend zu wirken, im Gegenteil: Ich habe es mir zur (guten) Gewohnheit gemacht, nicht nur die eigenen Abfälle, sondern von jeder Tour auch ein zurückgebliebenes Exponat unserer Wegwerfgesellschaft wieder hinab ins Tal mitzunehmen. Diese kleine »Mühe«, von all jenen praktiziert, die sich als Berg- und Naturfreunde fühlen, müsste eigentlich eine erfreulich reinigende Wirkung auf Gipfel und Wegränder zeitigen.

Gefahren

Wenn das Leben gefährlich ist (wie der Volksmund behauptet), dann ist es das Herumsteigen im Gebirge sowieso. Das wissen die Bergbauern (sofern sie noch nicht Hoteliers geworden sind), und sie begegnen dem Berg deshalb mit Respekt, meiden unnötige Risiken. Der moderne Mensch dagegen, der Natur in seinem Alltag entfremdet, an PC und Handy gefesselt, meist auch sitzend unterwegs (im Auto, im Zug), er sucht das Abenteuer, den spannend-entspannenden Kontrast zu seiner Arbeitswelt. So begibt er sich bewusst auf unbekanntes Terrain – in Gefahr halt. Und die kommt im Gebirge meistens von oben: Regen, Schnee, Gewitter, Steinschlag.

Steinschlag. Er steht in der Liste möglicher Unfallursachen an erster Stelle, wie Statistiken beweisen. Schuld daran sind leider auch rücksichtslose »Bergkameraden«, die durch unsauberes Gehen für gefährlichen »Beschuss« sorgen. Steilrinnen und Geröllschluchten sollte man nach Möglichkeit ohnehin nur betreten, wenn niemand darin unterwegs ist, und selbstverständlich wird man in diesen kritischen Bereichen selber keine Steine lostreten.

Wetter. Immer wieder ist zu beobachten, wie sträflich die Wetterentwicklung von Bergsteigern unterschätzt wird. Wer einmal ein richtiges Gewitter in den Alpen erlebt hat oder bei einem Temperatursturz mit einsetzendem Schneefall über einen Klettersteig abgestiegen ist, wird

Neben längeren Querungen wartet die »Ferrata Yves Pollet-Villard« auch mit ein paar ausgesetzten Steilpassagen auf.

in Zukunft entschieden vorsichtig sein. Deshalb: vorher Infos über die Wetteraussichten einholen! Ein strahlend schöner früher Morgen bietet keinerlei Gewähr, dass es den ganzen Tag über sonnig bleibt, dass weder Gewitter noch Regen drohen. Als Vorboten einer Wetterverschlechterung gelten Morgenrot, fallender Luftdruck (lässt sich am Höhenmesser ablesen), bestimmte Wolkenbilder (z. B. Schäfchenwolken nach längerem Schönwetter, Föhnfische und von Westen aufziehende Federwolken). Bilden sich bereits am Vormittag Haufenwolken, die dann rasch zu mächtigen Türmen anwachsen, sind Schauer, Blitz und Donner zu erwarten. Und das sollte den Klettersteigler auf jeden Fall interessieren, ist sein liebstes Sportgerät doch ein gigantischer Blitzableiter.

Besonders gefährlich ist das auf »eisernen« Überschreitungen, bei denen man auch den Abstieg über eine Ferrata nehmen muss. Da hilft bei Gewittergefahr bloß: rechtzeitig umkehren. Wird man trotzdem vom Unwetter erwischt, heißt die Devise: weg von Eisenleitern und Drahtseilen (aber natürlich nur, wenn das ohne Absturzgefahr geht)! Zu meiden sind herausragende Geländepunkte wie Gipfel, Grate oder isoliert stehende Bäume. Auch Felsnischen bieten keinen sicheren Schutz, da sich ein Blitzschlag über die Wand entladen kann.

Bin nicht schwindelfrei ... Der Blick in bodenlose Tiefe, er gehört auf Klettersteigen natürlich dazu, macht ja (für manche) ihren besonderen Reiz aus: sicher am Abgrund, das kleine Abenteuer, wohliges Kribbeln im Bauch. Doch die Vorstellung, hoch über dem (sicheren) Boden auf ein paar Eisenklammern zu stehen, kann auch ganz andere Reaktionen auslösen: Bin ich schwindelfrei?

Es gibt organisch bedingte Störungen des Gleichgewichtssinns, doch viel häufiger ist ein Schwindelgefühl, dessen Wurzeln psychischer Natur sind: Angst. Und die kann man (manchmal) besiegen, mit viel Geduld und beharrlichem Training. Allmähliche Gewöhnung an die Höhe (bzw. die Tiefe), verbunden mit der langsam wachsenden Gewissheit: Ich schaff' es!

Selbstüberschätzung. Bergsteigen lernt man nicht von heute auf morgen, und das gilt auch fürs Klettersteiggehen. Es ist ein verhängnisvoller Irrtum, zu glauben, das sichernde Eisen wäre eine Versicherung gegen menschliche Unzulänglichkeit; im Gegenteil, manchmal verleitet es zu gefährlichen Fehleinschätzungen. Deshalb der Rat: klein anfangen, allmählich steigern, nicht zu viel Ehrgeiz entwickeln. Und auf keinen Fall vergessen: Der Spaß an der Sache ist wichtiger als das (vielleicht zu hoch gesteckte) Ziel.

Leicht zu merken – 10 Regeln für Klettersteigler

→ Vor der Tour: Infos über Wetteraussichten einholen; bei Gewitterneigung möglichst früh starten, besser Tour verschieben.
→ Tourenplanung dem eigenen Können (bzw. dem des schwächsten Teilnehmers) anpassen. Nicht gleich mit der schwierigsten Ferrata beginnen!
→ Rucksack sorgfältig packen: nichts vergessen?
→ Ausrüstung nicht nur mitnehmen, sondern auch benützen. Der Steinschlaghelm im Rucksack nützt recht wenig ...
→ An der Via ferrata nach Möglichkeit klettern; das Drahtseil dient ja in erster Linie der Sicherung. Wo das nicht mehr möglich ist, darauf achten, dass ein Seilabschnitt jeweils nur von einer Person benützt wird.
→ Sorgfältig gehen, Steinschlag vermeiden. In Rinnen und Schluchten nach Möglichkeit erst einsteigen, wenn das Gelände über einem »frei« ist, also keine anderen Bergsteiger unterwegs sind.
→ Stets aufs Wetter achten. Bei Gewittergefahr weg von Graten und Eisenteilen – wer geht schon gerne an einem riesigen Blitzableiter entlang spazieren?
→ Bei einem Wettersturz umdrehen! Selbst nur mäßig schwierige Klettersteige verwandeln sich bei Regen oder Schneefall, bei einem Temperatursturz (Vereisung) rasch in gefährliche Fallen.
→ Kein blindes Vertrauen in Drahtseile, Haken und Verankerungen; sie können beschädigt sein. Drahtseile nicht unnötig auf Zug belasten.
→ Defekte Sicherungen in der Hütte oder im Talort (Polizei, Tourismusbüro) melden!

Objektiv – subjektiv: die Schwierigkeit mit den Schwierigkeiten

Es ist fast wie in der Schule: Noten müssen her, Bewertungen, ein System halt, das den Klettersteigler informiert, ihm Vergleichsmöglichkeiten eröffnet: leicht, mittel, ziemlich schwierig, schwierig, sehr schwierig.
Das hört sich ganz einfach an, ist in Wirklichkeit aber ziemlich kompliziert (siehe Schule). Nur ein Beispiel: Was haben die »Balcons de la Mer de Glace« am Mont Blanc mit der »Ferrata du Diable« gemeinsam? Die Eisenteile, richtig. Aber das ist – abgesehen von der steiner-

nen »Unterlage« – auch schon alles; bei ersterem handelt es sich um eine hochalpine Unternehmung in Fels und Eis, während an der »Diable« vor allem ein kräftiger Bizeps und absolute Immunität gegen schwindelnde Tiefblicke verlangt werden.

Angst vor der Tiefe. Wer kennt es nicht, das leichte Kribbeln, das einen an sehr ausgesetzten Passagen befällt, bei manchen panische Reaktionen auslöst, während andere es als emotionalen Höhepunkt empfinden – das kalkulierte Risiko, das »sichere« Abenteuer. Wer's ganz extrem auskosten will, springt gleich am Gummiseil von der Brücke. Alles subjektiv, sagt der Verstand – doch das Gefühl?

Immer beliebter auf Klettersteigen: Brücken aller Art, wie hier auf dem »Erlebnisweg Almagellerhorn«

Klettersteigler sind in der Regel Hobbybergsteiger, keine Profis oder Kletterer. Ihr alpines Rüstzeug variiert mindestens so stark wie die Qualität des Frühstückskaffees auf Berghütten: miserabel bis sehr gut. Manche, die sich am Drahtseil und auf der Leiter völlig sicher fühlen, bekommen im ungesicherten Schrofengelände ihre Probleme – und umgekehrt.

Dennoch, eine Skala muss her, Noten sind wichtig (nicht nur in der Schule). Also nochmals von vorn. Eine »Via ferrata« ist als Kletterroute mit fest installierten Sicherungen und künstlichen Haltepunkten zu definieren. Entsprechend hängt ihre Bewertung vor allem von zwei Faktoren ab: dem Schwierigkeitsgrad der naturbelassenen Route (nach der Alpenskala) und der Art bzw. dem Umfang der angebrachten Eisenteile (Drahtseile, Haken, Leitern). Mit zwei Ziffern ließe sie sich verhältnismäßig leicht klassifizieren, beispielsweise V/D (eine Route im V. Schwierigkeitsgrad mit Drahtseilsicherungen) oder III/DL (ein »Dreier«, ausgerüstet mit Drahtseilen und Leitern).

Zu kompliziert? Also doch: leicht bis extrem schwierig.

Eine Vier-Klassen-»Gesellschaft«

Den sehr unterschiedlichen Anforderungen auf gesicherten Routen entsprechen vier Kategorien: **Gesicherte Steige,** klassische **Klettersteige, Alpine Steige, Sportklettersteige.** Sie unterscheiden sich in diesem Führer durch die Farbe der Piktogramme.

Gesicherte Steige Wege oder Steige, die in der Regel nur kürzere gesicherte Passagen aufweisen, z. B. Normalwege auf Gipfel, Gratrouten oder Übergänge von Hütte zu Hütte. Bergerfahrung ist entschieden wichtiger als ein dicker Bizeps.

Klettersteige Die klassische Via ferrata, meistens eine mehr oder weniger aufwändig »aufgerüstete« Kletterroute.

Alpine Routen Mit den »gesicherten Routen« vergleichbar, nur kommt hier anspruchsvolleres ungesichertes Gelände hinzu. Die alpine Route weist leichtere Kletterstellen auf (bis II), sie führt über Eis (Gletscherausrüstung) und/oder in heikles Schrofen- und Felsgelände. Routen für Bergsteiger mit entsprechender Erfahrung.

Sportklettersteige Meistens in Talnähe angelegte Routen, bei denen es mehr um Sport (um nicht zusagen: Spektakel) als um den Berg geht: senkrechte Wandstellen, maximal exponierte Querungen, neuerdings auch mit Gags wie Hänge- oder Dreiseilbrücken.

Klettersteig mit Bahnanschluss: die »Ferrata del Diavolo«

Die neue Hüsler-Schwierigkeitsskala

K 1 (leicht) Selbstverständlich handelt es sich auch hier nicht um einen simplen Wanderweg, der Steig ist in der Regel aber trassiert, die Sicherungen sind in Relation zum Gelände komfortabel. Durchwegs große natürliche Tritte; wo sie fehlen, werden sie durch Leitern, Stege, Eisenbügel und Haken ersetzt. Nur kürzere exponierte (und dann bestens gesicherte) Passagen. Für geübte Bergsteiger ist noch keine Selbstsicherung erforderlich.

K 2 (mittel) Man bewegt sich abschnittsweise bereits im Steilfels; die Routen sind aber recht aufwändig gesichert. Senkrechte Passagen mit Eisenbügeln und/oder Leitern, Drahtseilsicherungen auch in weniger schwierigem Gelände. Selbstsicherung auch für routiniertere Bergsteiger empfehlenswert.

K 3 (ziemlich schwierig) In dieser Kategorie sind viele Klettersteige angesiedelt; es handelt sich um Routen, die teilweise bereits in anspruchsvollem Gelände verlaufen, aber in Relation dazu eher üppig gesichert sind.

K 4 (schwierig) Das Gelände wird steiler, schwieriger; oft finden sich nurmehr kleine Tritte und Griffe, die Sicherungen sind sparsamer gesetzt. Auch an exponierten Stellen hilft oft bloß ein Drahtseil; künstliche Haltepunkte (Haken, Eisenbügel) nur an den schwierigsten Stellen.

K 5 (sehr schwierig) Klettersteige in extremem Felsgelände! Senkrechte bis leicht überhängende Passagen, vielfach bloß mit Fixseilen versehen. Nur für sehr erfahrene Klettersteiggeher mit gut trainiertem Bizeps!

K 6 (extrem schwierig) In diese Kategorie fallen nur ganz wenige »Gänsehautrouten«; etwas für Unerschrockene.

Farblich unterschiedliche Piktogramme erleichtern den Überblick:				
	Gesicherte Steige	Klettersteige	Alpine Steige	Sportklettersteige
K 1/K 2	○	○	○	○
K 3/K 4	◐	◐	◐	◐
K 5/K 6	●	●	●	●

Ganz schön luftig: die Dreiseilbrücke am »Klettersteig Brunnistöckli«

»Hüslers Klettersteigkreuz« (HKK)

Die Anforderungen jeder Tour setzen sich aus zahlreichen, sehr unterschiedlichen Faktoren zusammen. Wer eine Route bewerten will, muss sie berücksichtigen, gewichten. Aus der »Summe« ergibt sich dann der Schwierigkeitsgrad (K 1 bis K 6)

→ Höhenlage: Tal, Mittelgebirge, Hochalpen
→ An- und Abstiegsleistung
→ Geländebeschaffenheit und -neigung: Wald, Gras, Schrofen, Fels, Schnee, Eis
→ Streckenlänge
→ Wegverhältnisse an Zu- und Abstieg: gebahnte Wege, Spur, weglos
→ Orientierung: markiert?
→ Routenbeschaffenheit: Art der Sicherungseinrichtungen, Länge
→ Exposition der Route

Aus all diesen Faktoren ergibt sich die Einstufung: K 1 (leicht) bis K 6 (extrem schwierig). Und das sind die Fähigkeiten, die ein Klettersteiger mitbringen sollte: **Bergerfahrung, Kraft, Ausdauer, psychische Belastbarkeit.** Diese Koordinaten lassen sich grafisch sehr schön mit »Hüslers Klettersteigkreuz« (HKK) darstellen. Seine vier Arme entsprechen den genannten Aspekten, die Farbmarkierung reicht jeweils von einem Viertel (leicht) bis vier Viertel (sehr schwierig), was ein exaktes Anforderungsprofil ergibt. So weiß man genau, was einen erwartet: eine kurze, extrem luftige Route oder eine lange, anstrengende Gratüberschreitung. Bei allen Klettersteigen dieses Führers steht über der Gesamtschwierigkeit (K 1 bis K 6) das HKK – ein Zusatzservice für den Nutzer.

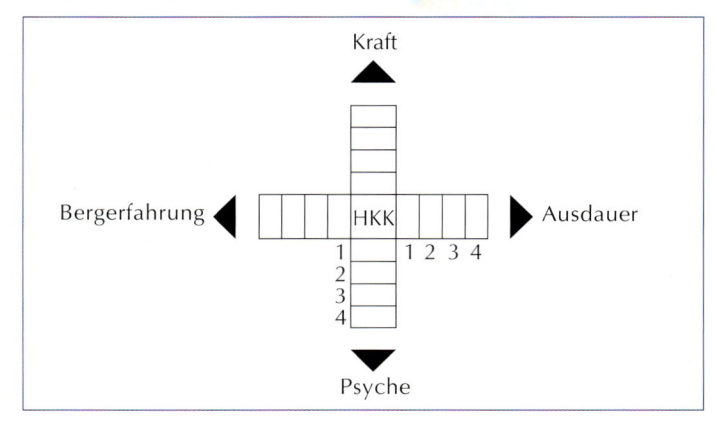

Einleitung 17

Auf einen Blick

1	Lisengrat	K 1	7 Std.
2	Braunwalder Klettersteig	K 3/K 5	2 ½ bis 6 Std.
3	Via ferrata del Diavolo	K 2	3 Std.
4	Klettersteig Brunnistöckli	K 2	1 Std.
5	Klettersteig Rigidalstock	K 2	4 ¾ Std.
6	Klettersteig Fürenwand	K 4	4 Std.
7	Klettersteig Graustock	K 3	3 ¼ Std.
8	Via ferrata San Salvatore	K 5	2 Std.
9	Via ferrata del Centenario	K 5	5 ¾ Std.

OST- UND ZENTRALSCHWEIZ, TESSIN

Obwohl die Entwicklung bei weitem nicht so stürmisch verläuft wie in den Alpen Frankreichs, so vermeldet doch auch die Schweiz eine stetig wachsende Zahl von Klettersteigen, allerdings mit sehr unterschiedlicher geografischer Verteilung. Schwerpunkte sind das Berner Oberland, das Oberwallis und die Zentralschweiz; weitgehend unberührt von der »nouvelle vague« sind dagegen Graubünden (sonst oft Tourismus-Pionier) und das Tessin, trotz der Nachbarschaft Italiens (und der Klettersteige in den Bergen um den Comer See).

Verstreut über die gesamte Schweiz entdeckt man ältere gesicherte Steige; einige besonders lohnende Routen sind beschrieben, allerdings ohne die Zielsetzung, gleich jedem Drahtseil nachzuspüren.

Granitlandschaft in den Urner Alpen.

1 Lisengrat

Säntis, 2502 m
Ein »antiker« Klettersteig in der Ostschweiz

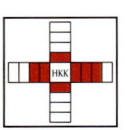

HKK

K 1

7 Std.

1300 m

Routencharakter: Wenig schwierige Gratüberschreitung zum schönsten Aussichtsgipfel der Nordostschweiz, landschaftlich sehr reizvoll. Auch am Abstieg noch einige Sicherungen.
Ausgangspunkt: Thurwis (1207 m), 4 km von Unterwasser auf schmaler Asphaltstraße; Parkplatz. Buslinie Nesslau – Unterwasser – Wildhaus – Buchs.
Gehzeiten: Gesamt 7 Std.; Aufstieg 4½ Std., Abstieg 2½ Std.
Markierungen: Weiß-rot markierte Wege, an den Verzweigungen gelbe Hinweisschilder.
Landkarten: Landeskarte der Schweiz 1:50000, Blatt 227T »Appenzell« mit Wanderwegeaufdruck. Landeskarte der Schweiz 1:25000, Blatt 1115 »Säntis«.
Highlights: Ein paar hübsche Passagen am Lisengrat, Panorama vom Säntis.
Einkehr/Unterkunft: Gasthaus Rotsteinpass (2124 m), ⏱ Mitte Juni bis Ende Oktober; Tel. 071/799 11 41. Berghaus Säntis (2500 m), ⏱ Anfang Mai bis Ende Oktober; Tel. 071/799 11 60. Gasthaus Tierwies (2085 m), ⏱ Pfingsten bis Ende Oktober; Tel. 071/364 12 35.
Fototipps: Der Lisengrat bietet gute Motive, sehr dankbar sind auch die technischen »Wunder« am Gipfel.

Mit Baujahr 1904 ist er ein echter Veteran unter den gesicherten Steigen, ein sehr beliebter dazu, immerhin gilt der »Lisengrat« als schönster Weg auf den berühmten Aussichtsberg. Der musste sich in den vergangenen Jahrzehnten allerhand gefallen lassen, die futuristischen Anlagen der Telecom weisen in die Zukunft, und die von der Schwägalp heraufziehende Seilbahn sorgt auch nicht unbedingt für Ruhe rund um den Gipfel. Überhaupt keinen Abbruch tut das dem großen Panorama, das übers »Schwäbische Meer« weit ins flache Land hinaus reicht und tausend Gipfel im Alpenbogen, von den Lechtaler Alpen bis zu den Viertausendern der Berner Alpen, umfasst.

Die Technik nahm den Gipfel übrigens schon sehr früh in Besitz. Im Herbst 1882 wurde eine erste Wetterstation im Berggasthaus eingerichtet, sieben Jahre später erhielt das Observatorium seinen eigenen (noch heute bestehenden) Bau; erster Beobachter war Jakob Bommer, der zusammen mit seiner Frau dreißig Jahre auf dem Gipfel lebte und arbeitete. 1935 nahm die Seilbahn ihren Betrieb auf.

→ **Anfahrt** Durch das Toggenburg nach Unterwasser (906 m), dann auf schmaler Asphaltstraße hinauf nach Thurwis (1207 m).

> **Tipp**
> Vom Rotsteinpass (2120 m) aus besteigt man in gut einer Stunde den *Altmann* (2435 m), zweithöchster Gipfel des Säntismassivs. Schwierigkeitsgrad I, am Gratrücken einige Eisenstifte.

↗ **Zustieg** Aus dem flachen Boden von Thurwis unter den Westabstürzen des Wildhuser Schafbergs (2372 m) hinauf zum Schafboden (1729 m). Eine knappe halbe Gehstunde höher gabelt sich der Weg: links geht's direkt zum Säntis, rechts weiter in den *Rotsteinpass* (2120 m) mit seinem gastlichen Berghaus.

↑ **Lisengrat**
An der Scharte beginnt der *Lisengrat*. Der gut markierte Steig folgt dem felsigen Kamm, zunächst kräftig steigend, dann an und über die Gratzacken verlaufend, an allen etwas kniffligen Stellen ausreichend gesichert, kaum ausgesetzt. Am Chalbersäntis (2377 m) mündet der direkte Zustieg vom Schafboden. Weiter auf deutlichem Steig am Kamm entlang und hinauf zum total verbauten Gipfel, *2 Std.*

↘ **Abstieg** Den Säntis verlässt man passenderweise gleich durch einen betonierten Stollen. Über eine steile, aber gut gesicherte Verschneidung hinab in die enge Blauschneelücke (2397 m), dann mit kurzer Gegensteigung in den *Girensattel* (ca. 2410 m), wo sich die Wege verzweigen. Im Zickzack links abwärts, dann über ein riesiges Karrenfeld und unter dem Grauchopf (2218 m) hindurch zum *Gasthaus Tierwies* (2085 m). Hier nimmt man den linken Weg, der südwärts über Chlingen (1662 m) hinabzieht nach Thurwis.

Das Säntismassiv von Thurwis

2 Braunwalder Klettersteig

Eggstöcke, 2449 m
Panoramaroute in den Glarner Alpen

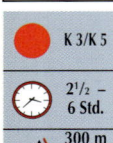

HKK

K 3/K 5

2½ – 6 Std.

300 m bis 550 m

Routencharakter: Absolute Genusstour, optimal gesichert, die beiden ersten Abschnitte ohne extreme Schwierigkeiten; zudem kann das Pensum individuell bemessen werden (Zwischenabstiege). Zu den vielen spannenden Passagen kommt eine großartige Kulisse; an den Eggstöcken blüht im Sommer eine üppig artenreiche Flora. Der letzte Abschnitt der Via ferrata über den Hinter Eggstock, senkrecht und extrem ausgesetzt, wartet mit einer knackig verwegenen Schlüsselstelle auf – nur für Experten (K 5)!
Ausgangspunkt: Gumen (1901 m), Bergstation des Sessellifts; von Ende Juni bis Ende Oktober täglich 8-17 Uhr in Betrieb.
Gehzeiten: Kleine Runde (Leiteregg) 2½ Std., mittlere Runde (Mittler Eggstock) 4½ Std., große Runde (Hinter Eggstock) 6 Std.
Markierung: Weiß-rot und weiß-blau bezeichnete Wege, Hinweistafeln.
Landkarten: Landeskarte der Schweiz 1:50 000, Blatt 246T »Klausenpass« mit Wanderwegaufdruck. Landeskarte der Schweiz 1:25 000, Blatt 1173 »Linthal«.
Highlights: Spannende Wegführung, große Kulisse und natürlich die Hängebrücke. Insgesamt eine Drei-Sterne-Tour!
Einkehr: Berghaus Gumen (1901 m), ⌚ Ende Juni bis Ende Oktober.
Einkehr/Unterkunft: Ortstockhaus (1772 m), 20 Min. vom Abstiegsweg, ⌚ im Sommer; Tel. 055/643 12 50.
Fototipps: Ausreichend Filme mitnehmen!

Beim Stichwort Glarus denken Bergsteiger zuerst einmal an den Tödi (3614 m), Feinschmecker eher an den Schabziger, einen eigenwillig pikanten kleinen Käse, Radler an die vielen Serpentinen des Klausenpasses. Seit ein paar Jahren pilgern auch Klettersteigler in den »Zigerschlitz« (volkstümlicher Name für den Kanton), nach *Braunwald*, denn der autofreie Kur- und Ferienort besitzt seit kurzem einen (sehr attraktiven) Klettersteig, der die Überschreitung der Eggstöcke ermöglicht, vom Gumengrat bis zum Hinter Eggstock. Die bestens gesicherte Route bietet nicht nur eine Vielzahl schönster, teilweise recht luftiger Kletterpassagen, sondern auch ein tolles Panorama der Glarner Alpen, vom Glärnisch über den Kärpf bis zum Tödi (3614 m). Aussicht auf die breite Felsfront der Eggstöcke hat man bereits während der Anfahrt – ebenfalls am Drahtseil! – mit dem altehrwürdigen Sessellift zum Gumen; und da verspüren passionierte »Ferratisti« bereits ein Kribbeln in den Fingerspitzen!

Unterwegs kann man sich überzeugen, dass die Erbauer des Klettersteigs Braunwald um den Bergführer Ruedi Jenny vorbildliche Arbeit geleistet haben: Schweizer Qualität halt.

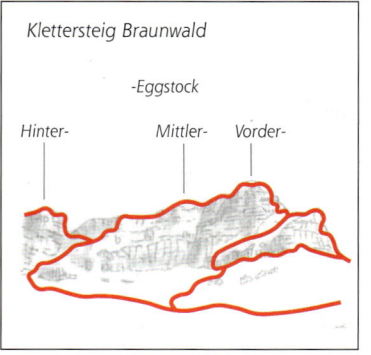

Klettersteig Braunwald

Hinter- Mittler- Vorder- -Eggstock

→ **Anfahrt** Ins hinterste Glarnerland kommt man vom Zürichsee per Bahn oder auf der Straße, 16 km ab Glarus. Von Linthal mit der Standseilbahn hinauf nach Braunwald (1256 m) und weiter per Sessellift zum *Gumen* (1901 m).

↗ **Zustieg** Von der Liftstation Gumen (1901 m) auf bezeichnetem Weg schräg aufwärts zum Gumengrat und an ihm links, zuletzt über Schrofen, zum Einstieg (Eisentür, 2120 m).

↑ **Leiteregg**

Bestens gesichert über den Felsvorbau, dann am Grat zunehmend steiler aufwärts. Nach einer Linksquerung leitet die Route durch einen steilen Kamin. Eine trittarme Platte meistert man an Eisenbügeln, eine Verschneidung unter Überhängen leitet auf einen markanten Absatz. Links an Krampen über eine 10-Meter-Wandstufe, dann leichter (Drahtseile) um ein luftiges Eck herum auf den Grasrücken des *Leitereggs* (2310 m) mit Bank und Routenbuch, *1 Std.*

Tiefblick vom Anstieg zum Leiteregg ins Tal der Linth.

Ausstiegsleiter am Zwischenabstieg; im Hintergrund der Kärpf.

↘ **Zwischenabstieg** Am Kamm kurz bergab zum Fuß des Vorder Eggstocks, wo sich die Ferrata gabelt. Links über Holztreppen unter den Felsen hinunter (keine Steine ablassen!) und links mit Hilfe zweier Leitern zum Felsfuß. Nun entweder gleich im Geröll hinab zum Wanderweg oder links mit kurzem Gegenanstieg (Sicherungen) zurück zum Einstieg der Ferrata.

↑ **Mittler Eggstock**
Die Fortsetzung des Klettersteigs führt am Turmvorbau des Vorder Eggstocks zunächst über leichte Felsen schräg aufwärts, gewinnt dann luftig eine grasige Schulter. Über eine senkrechte Leiter auf ein schmales Band, kurz nach links und in einen senkrechten Kamin (Eisenstifte). Er mündet in gestuftes Felsgelände; ein letzter Aufschwung leitet auf den *Vorder Eggstock* (2449 m). Dahinter leicht abwärts zur 16 Meter

langen Hängebrücke (»Charlotte Bridge«), die eine tiefe Scharte überspannt. Weiter mit Seilsicherung am teilweise recht luftigen Grat zur Gipfelwiese am *Mittler Eggstock* (2420 m), *1 1/2 Std.*

↘ **Zwischenabstieg** Mit durchgehender Seilsicherung über die steile, teilweise grasige Südflanke hinunter (keine Steine ablassen!) zum finalen Gag der Route, einer langen, senkrechten Strickleiter vor einem Überhang. Vom Felsfuß im Geröll weiter abwärts zu dem quer verlaufenden Wanderweg und auf ihm zurück zur Liftstation *Gumen*.

↑ **Hinter Eggstock**

Von der Weggabelung knapp unter dem Gipfel des Mittler Eggstock schräg abwärts in die Scharte (2358 m) vor dem *Hinter Eggstock*. An soliden Sicherungen halblinks in die senkrechte Felsfront. Die Schlüsselstelle ist leicht überhängend, verlangt überlegt-beherztes Zupacken und völlige Immunität gegen bodenlose Tiefe. Nach einer luftigen Querung legt sich der Fels zurück. Drahtseile leiten aufs Gipfeldach, *30 Min.*

↘ **Abstieg** Den deutlichen weiß-blau-weißen Markierungen folgend über die Blumenwiesen des Ober Bodens hinunter zum Bützi, wo man auf einen Wanderweg stößt. Mit ihm über eine Geländestufe hinab und unter den Eggstöcken in leichtem Auf und Ab zurück zur Liftstation *Gumen* (1901 m).

Alles bestens gesichert: »Klettersteig Braunwald«.

3 Via ferrata del Diavolo

Tüfelstalboden, ca. 1860 m
Einfach teuflisch!

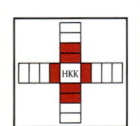

HKK
K 2
3 Std.
460 m

Routencharakter: Wenig schwieriger Klettersteig in dem mäßig steilen Granit der Schöllenenschlucht; viel Gras zwischen den felsigen Passagen. Mit 700 Meter Drahtseil, 265 Eisenstiften und Haken, künstlichen Tritten und zwei Leitern aufwändig gesichert. Ideal für »Einsteiger«.
Ausgangspunkt: Andermatt (1447 m) an der Gotthardstrecke, 36 km von Altdorf. Großer Parkplatz am Bahnhof.
Gehzeiten: Gesamt 3 Std.; Aufstieg 2 Std., Abstieg 1 Std.

Markierung: Immer den »Eisenteilen« nach; Abstieg gut bezeichnet.
Landkarten: Landeskarte der Schweiz 1:50 000, Blatt 255T »Sustenpass« mit Wanderwegeaufdruck. Landeskarte der Schweiz 1:25 000, Blatt 1231 »Urseren«.
Highlights: Tiefblicke in die Schöllenen, Aussicht vom Tüfelstalboden auf das Urserental und seine Berge.
Einkehr/Unterkunft: —
Fototipps: Gut Licht herrscht auf der Ostflanke der Schöllenenschlucht erst am Nachmittag.

Die Geschichte vom Teufel, dem Geißbock und der Brücke ist in der Schweiz fast so bekannt wie die Tellsage, und natürlich zieht der Gehörnte darin den Kürzeren. Das erboste ihn derart, weiß die Legende, dass er einen mächtigen Felsbrocken nach den listigen Bauern schleuderte. Deren Nachkommen ließen sich dann nicht lumpen; beim Bau der Gotthard-Autobahn wurde das schöne Stück für sagenhafte 250 000 Fränkli beiseite gerückt ...

Der Klettersteig in der Schöllenen dürfte nicht ganz so teuer gewesen sein; erbaut wurde er 1997 von Soldaten der Zentralen Gebirgskampfschule in Andermatt, deren Geballere hier öfter die Bergesruh' stört: Festung Schweiz. Drunten in der Schöllenenschlucht ging's vor zwei Jahrhunderten wirklich um Leben und Tod, in den sogenannten Koalitionskriegen, als sich fremde Heere in der Schweiz bekämpften. Berühmt geworden ist dabei ein Russe, Suworow, General von Beruf, der mit seiner ziemlich mitgenommenen Truppe über die Alpen zog. An den unglücklichen Feldzug erinnert das Denkmal bei der Teufelsbrücke (übrigens im Besitz der russischen Nation); ein Bild an dem Gasthaus gegenüber illustriert das Geschehen von damals recht drastisch.

Tiefblick von der »Ferrata del Diavolo« in die Schöllenen.

➜ **Anfahrt** Über die Gotthardstrecke mit der Bahn (umsteigen in Göschenen) oder dem eigenen Fahrzeug nach Andermatt (1447 m).

Steile Passage am Ausstieg der »Ferrata del Diavolo«.

↗ **Zustieg** Vom Bahnhof *Andermatt* (1436 m) neben und mit der Straße/Bahn durchs Urner Loch zur Teufelsbrücke und rechts zum großen, aus dem Granit geschlagenen Denkmal des russischen Generals Suworow (Alpenfeldzug 1799).

↑ **Via ferrata del Diavolo**
Über das Mäuerchen und kurz zum Ansatzpunkt einer markanten Felsrippe. An ihr luftig, aber mit soliden Sicherungen aufwärts in gestuftes Gelände. Weiter fast durchgehend gesichert an plattigen Felsen, durch Rinnen und über Grasflecken mit packenden Tiefblicken in die Schöllenenschlucht bergan. Schließlich mündet die Route auf einen Wiesenhang. Unter Felswänden nach links, teilweise wieder gesichert, zum steilen Finale (Routenbuch in einem Armee-Essnapf): abdrängend um einen bauchigen Felsen herum in einen schattigen Felswinkel und über eine senkrechte Leiter zum Ausstieg. Wenig höher schöner Rastplatz (ca. 1860 m) mit Blick zum Salbitschjien, einem der bekanntesten Urner Kletterberge, 1 $^3/_4$ *Std.*

↘ **Abstieg** Auf blau-weiß markiertem Weg über die (oft feuchten) Wiesen noch etwas bergan zu einer Weggabelung (Tafeln): links zur Bahnstation *Nätschen* (1842 m; Restaurant), rechts in vielen Kehren zwischen den Lawinenverbauungen hinunter zur Kaserne Andermatt und zum Bahnhof.

4 Klettersteig Brunnistöckli
5 Klettersteig Rigidalstock

Ideale Einsteigerrouten über Engelberg
Brunnistöckli, 2020 m; Rigidalstock, 2593 m

K 2

5 Std.

740 m

Routencharakter: Im Gegensatz zu den Steigen an der Fürenwand (sehr sportlich) und am Graustock (alpin) eigenen sich die beiden Klettersteige am Rigidalstock (die ideal zu kombinieren sind) bestens für »Beginners«. Über den Winter werden die Sicherungsseile teilweise abgebaut, bleiben die Steige gesperrt.
Bei der Route am Brunnistöckli handelt es sich um einen vergleichsweise kurzen Übungsklettersteig, bei dem man auch Bekanntschaft mit »artistischen« Elementen (Seilbrücken) macht; der Rigidalstock verbindet Landschafts- und Ferrata-Erlebnis, ohne stärker zu fordern.
Ausgangspunkt: Bergstation des Brunni-Sessellifts unweit der Brunnihütte (1860 m).

Gehzeiten: Runde über das Brunnistöckli gut 1 Std.
Brunnihütte – Rigidalstock 2 3/4 Std., Abstieg über den Klettersteig 1 3/4 Std.; gesamt 4 1/2 Std.
Kombiniert man beide Klettersteige, ergibt sich eine Gesamtgehzeit von etwa 5 Std.
Markierung: Weiß-blau-weiß.
Landkarte: Landeskarte der Schweiz 1:50000, Blatt 245 T Stans.
Highlights: Neben dem prächtigen Panorama vom Rigidalstock die beiden leicht wackeligen Seilbrücken am Brunnistöckli.
Einkehr/Unterkunft: Brunnihütte (1860 m).
Fototipps: Viele packende Actionmotive an beiden Steigen, mit vielen Dreitausendern als Hintergrund.

Im Klettersteig-Angebot Engelbergs ist der Rigidalstock längst zu einer festen Größe geworden. Obwohl nicht ganz so spektakulär wie die beiden Routen an der Fürenwand und am Graustock, bieten die beiden Eisenwege viel Abwechslung. Bestens gesichert und nur mäßig schwierig, eignen sie sich sehr gut für Einsteiger, die hier den Umgang mit Drahtseilen üben können. Ein weiterer Pluspunkt der Routen bildet natürlich die große Bergkulisse, angeführt vom mächtigen, eisgepanzerten Titlis (3238 m).

Im Anstieg zum Rigidalstock

→ **Anfahrt** Nach Engelberg (1000 m) kommt man von Luzern über gute Straßen oder mit der Bahn, 35 km. Mit Seilbahn und Sessellift bequem hinauf zur *Brunnihütte* (1860 m).

↗ **Zustieg** Von der Liftstation kurz Richtung Rugghubelhütte, dann links über den Wiesenhang steil hinauf zum Einstieg.

↑ **Klettersteig Brunnistöckli**
Auf soliden Eisenklammern an einem Felsrücken aufwärts, dann rechts um ein Eck herum zum ersten Gag der Route, einer acht Meter langen Dreiseilbrücke. Am anderen Ende der etwas wacke-

4
5

Einstiegsband zum »Rigidalstock-Klettersteig«

ligen Konstruktion steil, aber gut gesichert auf den kreuzgeschmückten Felskopf, dann über eine lange, solide verankerte und leicht ansteigende Hängebrücke zum Gipfelgrat des *Brunnistöckli* (2020 m). Über ihn zum Ausstieg am Wiesenkamm von Schonegg, *30 Min.*

↗ **Weiterweg** Hier mündet links der blau-weiß markierte direkte Zustieg von der Brunnihütte. Er folgt dem Gratrücken, zuletzt über Geröll, zum Einstieg des Gipfelklettersteigs (ca. 2380 m).

↑ **Klettersteig Rigidalstock**

Auf einem Band (Drahtseil) rechts hinaus, dann über gestufte Felsen in eine Rinne und durch sie steil (Schlüsselstelle) auf den felsigen, teilweise recht schmalen Grat. Er leitet zum Fuß der Gipfelwand. An soliden Sicherungen schräg aufwärts zu einer kompakten, etwa 30 Meter hohen Platte, die man an Eisenbügeln ersteigt. Links haltend auf einen Geröllrücken (Vorsicht: keine Steine ablassen!), dann auf einer Zickzackspur bis unter die Gipfelfelsen und mit Drahtseilhilfe zum Kreuz, *1 Std.*

↘ **Abstieg** Über den Klettersteig bis zum Schonegg, dann rechts über die Wiesen mit der guten Markierung hinunter zur *Brunnihütte*.

6 Klettersteig Fürenwand

Fürenalp, 1840 m
Steiler Klettersteigspaß über dem Engelberger Tal

K 4

4 Std.

760 m

Routencharakter: Sehr spektakulär angelegter Sportklettersteig vor hochalpiner Kulisse. Perfekt gesichert, mit einigen sehr originellen Passagen (Querung auf Eisentritten, 19 Meter hohe Drahtseilleiter). Zwischenausstieg über das Jägerband möglich.
Ausgangspunkt: Talstation der Fürenalp-Seilbahn (1084 m).
Gehzeiten: Gesamt 4 Std., Klettersteig etwa 3 Std.
Markierung: Zustieg weiß-blau bezeichnet, Hinweisschilder.

Landkarte: Erübrigt sich. Zur Orientierung Landeskarte der Schweiz 1:50 000, 245 T Stans.
Highlights: Die extrem luftigen Passagen im oberen Teil der Wand, die hochalpine Kulisse mit dem mächtigen Titlis.
Einkehr/Unterkunft: Bergrestaurant Fürenalp (1840 m).
Fototipps: Die Route bietet jede Menge schönster Actionmotive. Durch die südseitige Exposition hat man den ganzen Tag über gutes Licht.

Steiler Fels, solide Sicherungen: der »Fürenwand-Klettersteig«

Im »eisernen Angebot« Engelbergs ist die Route an der *Fürenwand* das absolute Highlight: lang (gut 500 Höhenmeter), aber mit nur kurzem Zustieg, steil mit spektakulären Einzelstellen in bestem Fels. Den wissen Kletterer schon lange zu schätzen – und jetzt auch die Klettersteiger. Absolute Höchstschwierigkeiten bietet die Route keine, neben Ausdauer (siehe oben) aber ein solides Nervenkostüm. So ein Blick über ein paar hundert Meter geradewegs hinab auf den Talboden hebt den Adrenalinspiegel garantiert.

Klettersteig Fürenwand 31

➔ **Anfahrt** Nach *Engelberg* (1000 m) kommt man von Luzern über gute Straßen oder mit der Bahn, 35 km. Durch den Ort und im flachen Talboden zur Talstation der *Fürenalp-Seilbahn* (1084 m; auch Bus).

↗ **Zustieg** Zunächst auf der Straße taleinwrts, bis links ein Schild zum Klettersteig weist. Auf einem weiß-blau markierten Weglein im Zickzack zum Einstieg (1240 m; Tafel).

↑ **Klettersteig Fürenwand**
Der erste Blick in die Wand macht gleich deutlich, wohin die Reise geht: hinauf, und zwar steil. Eine Verschneidung bildet den Auftakt, dann folgen glatte Felsaufschwünge, die man mit Hilfe von Eisenbügeln und -tritten meistert, im Wechsel mit luftigen Querungen. Die Tiefe nimmt rasch zu, das Hochgefühl auch. Leicht makaber dann das Wandgespenst, entschieden einladender dann eine propere Parkbank – und das mitten in der Wand. Sie steht auf dem *Jägerband*, etwa auf halber Höhe zwischen Talboden und Fürenalp. Hier kann man die Kletterei abbrechen und über einen schmalen Pfad zur Seilbahn aufsteigen.

Ausgesetzte Traverse am »Fürenwand-Klettersteig«

Der zweite Abschnitt der Ferrata ist noch etwas verwegener. Drahtseile leiten bald wieder in die Vertikale; eine haarsträubend luftige Querung auf Eisentritten sorgt für einen heftigen Adrenalinschub, bevor die lange Drahtseilleiter – finale Herausforderung an die Psyche – ins Blickfeld gerät. Anstrengend die rund 60 Metallsprossen vor dem eingebauchten Fels nach oben und den letzten Sicherungen folgend zum Ausstieg. Über Wiesen zur Seilbahnstation *Fürenalp*, *3 Std.*

↘ **Abstieg** Am dicken Drahtseil der Fürenalp-Seilbahn oder – per pedes – auf schönen Höhenwegen an der Sonnseite des Tals via Dagenstal und Zieblen nach *Engelberg*, etwa 3 ½ Std.

7 Klettersteig Graustock

Graustock, 2662 m
Gratroute vor dem Titlis

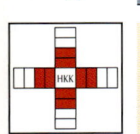

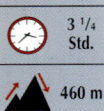

K 3

3 ¼ Std.

460 m

Routencharakter: Landschaftlich sehr schöne Gratroute; Aufschwünge wechseln ab mit Gehgelände. Schlüsselstelle ist der letzte, etwa 80 Meter hohe Gratturm; vorher kann man ins Schaftal absteigen. Im Frühsommer Wechtengefahr am Grat, verdeckte Spalten im verkarsteten Gelände. Nur bei sicherem Wetter gehen – bei Nebel ist der Abstieg nicht leicht zu finden.
Ausgangspunkt: Jochpass (2207 m); Bergbahnen von Engelberg via Trübsee (1764 m) ins Joch.
Gehzeiten: Gesamt 3 ¼ Std.; Aufstieg 2 Std., Abstieg 1 ¼ Std.
Markierung: Weiß-rot-weiß bzw. weiß-blau-weiß.
Landkarte: Landeskarte der Schweiz 1:50 000, 245 T Stans und 255 T Sustenpass.
Highlights: Die alpine Kulisse mit den Bergseen rundum, der finale Pfeiler vor dem Gipfelgrat.
Einkehr/Unterkunft: Berghaus Jochpass (2207 m).
Fototipps: Die Grataufschwünge bieten gute Actionmotive. Fotogen auch der nahe Titlis und die Tiefblicke nach Engelberg.

Wer am Drahtseil auf den Rigidalstock steigt, kann den Graustock nicht übersehen, der mit seinem mächtigen Nordabsturz auf der anderen Talseite Engelbergs aufragt. Und auch drüben, am Südostgrat, stecken Haken im Fels, sind Drahtseile gespannt. Sie entführen die Klettersteigler in alpine Höhen, auf einer abwechslungsreichen Route mit spannendem, steilem Finale.

➔ **Anfahrt** Nach *Engelberg* (1000 m) kommt man von Luzern über gute Straßen oder mit der Bahn, 35 km. Am Ortsrand liegt die Talstation der *Titlisbahnen*. Mit ihr bis zur Zwischenstation Trübsee (1796 m), dann zu Fuß um den See herum zur Talstation des *Jochpass-Sessellifts*.

↗ **Zustieg** Von der weiten Senke, die den Übergang ins Gental vermittelt, mit den weiß-blau-weißen Markierungen zum ersten Grataufschwung.

↑ **Klettersteig Graustock**
Drahtseile helfen über die Felsstufe und weiter auf den Rot Nollen (2309 m). Dahinter folgt Gehgelände, bevor sich der Grat erneut aufschwingt. Gut gesichert auf den *Schafberg* (2522 m), dann flach über Geröll zum letzten Steilstück, einen etwa 80 Meter hohen Pfeiler. An ihm in verwegen-luftiger Routenführung hinauf, dann weiter gesichert am Grat entlang zum *Graustock* mit grandioser Rundschau, 1 ¾ Std.

↘ **Abstieg** Vom Gipfel kurz zurück zu einer bezeichneten Abzweigung. Den weiß-blau-weißen Markierungen folgend abwärts zu einer

Wendenstöcke und Titlis (rechts) über dem Gadmertal. Der Klettersteig in der Südwand des vergletscherten Dreitausenders wurde inzwischen wieder abgebaut. Die Engelberger Bergführer planen bereits Ersatz.

Felsstufe, die den Übergang ins Schaftal vermittelt. Hier stößt man auf den Jochpassweg. Flach zurück zum *Jochpass*.

> **Auf Klettersteige mit Kindern**
>
> Kinder lieben das Abenteuer. Das wissen Eltern, und sie wissen natürlich auch, dass man den Nachwuchs leichter für die Erstürmung einer verwunschenen Burgruine oder eine Schluchten-Expedition als für eine Almwanderung begeistern kann. Dann schon eher für einen Klettersteig!
>
> Voraussetzung ist natürlich, dass die Eltern als Verantwortliche über ausreichend Berg- und Klettersteigerfahrung verfügen und die Familie bereits öfter zwischen Tal und Gipfel unterwegs war. Kinder besitzen in der Regel ausgezeichnete motorische Fähigkeiten, ein günstiges Kraft-Gewicht-Verhältnis (am Klettersteig vorteilhaft) und – sofern sie regelmäßig etwas Sport treiben – auch genügend Ausdauer. Es empfiehlt sich aber, die Kinder erst einmal an dem neuen Abenteuer schnuppern zu lassen – auf einem Übungsklettersteig oder am Einstieg zu einer leichten Ferrata.
>
> Ob Eltern ihre Kinder auf Klettersteige mitnehmen oder nicht, liegt allein in ihrem Ermessen. Verbindliche Empfehlungen sind nicht möglich, denn zu unterschiedlich sind die bergsteigerischen Fertigkeiten bei Jung und Alt – und auch die Ansichten: Wann und wie ist Klettersteiggehen mit Kindern ungefährlich, wo liegen die Grenzen?

8 Via ferrata San Salvatore

Monte San Salvatore, 912 m
Auf den Zuckerhut von Lugano

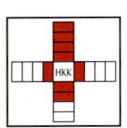

HKK

K 5

2 Std.

420 m

Routencharakter: Kraft raubender Akt im Steilfels. Die Route im Kalkfels des San Salvatore ist eher sparsam gesichert, nach dem Vorbild der Sportklettersteige in der benachbarten Comer-See-Region. Durchlaufendes, in kurzen Abständen verankertes Drahtseil, an den steilsten Passagen ein paar Eisenbügeln. Unangenehm bei Nässe sind die grasigen Passagen – deshalb nur bei trockenem Wetter gehen.
Ausgangspunkt: Station Pazzallo (492 m) der San-Salvatore-Standseilbahn.
Gehzeiten: 2 Std. für den Aufstieg über den Klettersteig.
Markierung: Weiß-rot-weiß und weiß-blau-weiß bezeichnete Wege; Schautafel an der Bahnstation.
Landkarte: Landeskarte der Schweiz 1:25 000, 1353 Lugano.
Highlights: Knackig verwegene, überhängende Wandstellen, Tiefblicke auf Lugano und seinen See.
Einkehr/Unterkunft: Restaurant am Monte San Salvatore.
Fototipps: Action an der Ferrata mit Tiefblick auf den Luganer See. Dabei ist zu beachten, dass die nordseitige Felsflanke fast den ganzen Tag über im Schatten liegt.

Steilfelsen über südlichen Seen – und dazu eine Via ferrata. Eine bewährte Kombination, man braucht nur nach all den populären Klettersteigen rund um den Gardasee oder den Lago di Como zu schauen. Jetzt hat auch der Luganer See seine Ferrata, eine sehr knackige dazu, gespickt mit ein paar überhängenden Passagen auf halber Höhe zwischen den Dächern von Lugano und dem Gipfel des *San Salvatore*. Wer sich auf die Route wagt, sollte über ein solides Nervenkostüm und ordentlich trainierte Armmuskeln verfügen. Ansonsten nimmt er mit Vorteil den gemütlich-aussichtsreichen Wanderweg …

> **Tipp**
> Einen kurzen, recht knackigen Klettersteig gibt's auch am Monte Generoso (1707 m). Zugang von der Bergstation der Zahnradbahn (Generoso Vetta, 1601 m) über den Sentiero Alto, dann gut gesichert (drei Leitern, Drahtseile, eine kleine Brücke) über den Baraghetto (1694 m) auf den Gipfel des Generoso. Gehzeit für die ganze Runde 1 ¼ Std., K 3

➔ **Anfahrt** Von Lugano (277 m) am Seeufer entlang zur Talstation der *San-Salvatore-Standseilbahn*.

➚ **Zustieg** Von der Seilbahnstation *Pazzallo* (492 m) kurz zum Gipfel-Wanderweg und mit ihm aufwärts bis zu einer Schautafel. Hier zweigt rechts der Zustieg zum Klettersteig ab. Zunehmend steiler zum Einstieg (ca. 670 m).

↑ **Via ferrata San Salvatore**
Die Route startet mit dem ersten senkrechten Aufschwung; das brüchige Gestein und die teilweise grasig rutschige Unterlage lassen zunächst wenig Freude an der Kraft raubenden Kletterei aufkommen. Noch steiler dann die zweite Wandstufe, die man nach einem leich-

teren Zwischenabschnitt erreicht. Hier sind die leicht überhängenden Passagen durch Eisenbügel entschärft, der Fels kompakter, das Gras weniger. Vom Ausstieg (ca. 800 m) im Wald flach zum weiß-rot markierten Gipfelweg und mit ihm zum Panoramapunkt, *1 ½ Std.*

↘ **Abstieg** Kurz abwärts zur Seilbahnstation (882 m). Alternativ kann man natürlich auch zu Fuß nach *Lugano-Paradiso* (279 m) absteigen, etwa 1 ¼ Std.

Lugano und sein See vom Monte San Salvatore

9 Via ferrata del Centenario

Monte Grona, 1736 m
Steiler Jubiläumsgrat

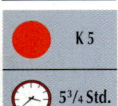

HKK

K 5

5 ¾ Std.

1000 m

Routencharakter: Sehr anspruchsvolle, nach Dolomitenvorbildern nur mit einem Drahtseil gesicherte Route. Zwischen den vier Grattürmen folgen jeweils leichtere Wegabschnitte; Zwischenausstieg zur parallel verlaufenden »Direttissima« möglich.
Ausgangspunkt: Breglia (749 m), kleines Bergdorf oberhalb von Menaggio, Zufahrt 7 km. Parkplatz vor dem Ort. Vor einer Weiterfahrt nach Monti di Breglia (996 m) ist abzuraten (kaum Parkmöglichkeit). Busverbindung mit Menaggio.
Gehzeiten: Gesamt 5 ¾ Std.; Aufstieg 3 ¾ Std., Abstieg 2 Std.

Markierung: Ordentlich bezeichnete Wege, an der Hütte Hinweisschilder.
Landkarte: Kompass 1:50 000, Blatt 91 »Lago di Como – Lago di Lugano«.
Highlights: Knackige Kletterstellen, Aussicht vom Gipfel mit Tiefblicken.
Ferrata 2001 total erneuert.
Einkehr/Unterkunft: Rifugio Menaggio (1380 m), ⏱ Juni bis September durchgehend, sonst nur an Wochenenden; Tel. 0344/3 72 82.
Fototipps: Action am Klettersteig, Tiefblicke auf die Seen (besonders schön in der Regel im Herbst).

Um es gleich vorwegzunehmen: der Monte Grona steht zwar in den Westalpen, aber halt etwas außerhalb des Tessins: ein lombardischer Gipfel also und ein großer Panoramaberg im Winkel über den beiden Seen von Como und Lugano. Letzterer wiederum liegt zum größeren Teil auf Schweizer Boden, und auch ziemlich viele der Gipfel, die man bei guter Sicht – Nordföhn beispielsweise – im weiten Rund ausmachen kann, gehören zu den Schweizer Alpen.

Typisch italienisch ist dagegen die »Via ferrata del Centenario«, ein Jubiläumsweg, zum Hundertjährigen der Alpinvereinigung C.A.O. an den schroffen, mit mehreren Türmen besetzten Südgrat geheftet. Nur ein durchlaufendes, in kurzen Abständen verankertes Drahtseil hilft über steile bis senkrechte Aufschwünge an insgesamt vier Türmen hinweg; dazwischen bieten flachere Abschnitte immer wieder Gelegenheit zum Verschnaufen. Wer sich überfordert fühlt, kann nach rechts zur parallel verlaufenden »Direttissima«, einem Zickzackweg im Südost-Canalone, aussteigen; für Leute mit dickem Bizeps gibt's am zweiten Turm eine »Variante difficile«.

> **Tipp**
> Insider wissen natürlich, dass die Comer-See-Region ein echtes Klettersteigdorado ist; vor allem in den Grigne und am Monte Resegone gibt es zahlreiche gesicherte Routen, von gemütlich bis extrem. Zwei Vie ferrate »besitzen« auch die Corni di Canzo (1371 m), die sich im Triangolo, dem Dreieck zwischen den beiden Südarmen des Sees, erheben: die »Trentennale OSA« am Ostgipfel (schwierig) und die »Venticinquennale« am Westgipfel (mittel). Näheres in »Hüslers Klettersteigatlas Alpen« (Bruckmann, München).

➔ **Anfahrt** Menaggio (203 m) erreicht man von Como bzw. Lugano auf teilweise noch recht schmalen, stark befahre-

9

nen Uferstraßen, 35 bzw. 28 km. Etwas oberhalb vom Ortskern zweigt die Zufahrt nach Breglia (749 m) ab, 7 km.

↗ **Zustieg** Von Breglia auf der asphaltierten Straße über ein paar Kehren hinauf zum ehemaligen Maiensäß Monti di Breglia (996 m), dann links (Hinweis) an einem verstrauchten Rücken bergan. Die Abzweigung des »Sentiero basso« bleibt unbeachtet; man nimmt den »Sentiero alto«, der mit freier Sicht auf den Comer See, die schmale Landzunge von Bellagio und die Grigne in einem weiten Bogen das *Rifugio Menaggio* (1380 m) ansteuert.

Solo per esperti: die »Ferrata del Centenario«.

↑ **Ferrata del Centenario**
Von der hübsch gelegenen Hütte über eine kleine Scharte zum Fuß der Denti di Grona (Tafel), zuletzt etwas absteigend. Steil und ausgesetzt über die ersten beiden Türme, dann am Grat zum Fuß des dritten Felszahns: knapp 15 Meter geht es nahe der Senkrechten hinauf, trittarm und nur am straffen Drahtseil. Wer sich da überfordert fühlt, kann rechts in den Canalone aussteigen. Am fixierten Drahtseil weiter über den vierten Turm, dahinter etwas abwärts und in gestuftem Fels zum Gipfel des *Monte Grona* (1736 m), 2 1/4 Std.

↘ **Abstieg** Für den Abstieg zum Rifugio Menaggio hat man die Wahl zwischen drei markierten Wegen. Am kürzesten ist die »Direttissima« durch den Canalone, etwas weiter der Weg über die Forcoletta (1611 m), am schönsten der »Sentiero Panoramico«, der in einem weiten Bogen westseitig um den Bergstock herum führt und herrliche Aussicht auf die beiden Seen und ihre Kulisse bietet. Von der Hütte auf dem Anstiegsweg hinunter nach Breglia.

Berner Oberland, Freiburger Alpen

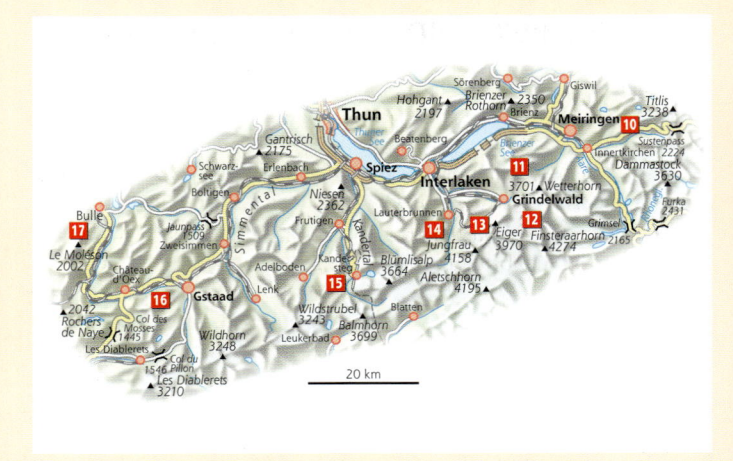

Auf einen Blick

10	Tälli-Klettersteig	K 3	7 Std.
11	Schwarzhorn-Klettersteig	K 1–2	5 Std.
12	Schreckhornhütte	K 1	7 ½ Std.
13	Rotstock-Klettersteig	K 2	2 ¾ Std.
14	Klettersteig Mürren	K 3	3 Std.
15	Klettersteig Allmenalp	K 4	3 Std.
16	Via ferrata de Rougemont	K 2–3/ K 4–5	1 ½ – 2 ½ Std.
17	Voie Hohl	K 4–5	3 Std.

BERNER OBERLAND, FREIBURGER ALPEN

Eigentlich gelten die Berner ja eher als bedächtig. »Nume nüd gschprängt!«, sagt man an der Aare und meint damit: Nur ja nichts überstürzen. Auf Klettersteige bezogen, kann man im Lande Tells ohnehin von einer ziemlich bedächtigen Gangart sprechen; 1993 wurde – endlich! – die erste waschechte Ferrata eingeweiht. Da waren die Berner, genauer: die Haslitaler dann aber am schnellsten; ihr »Tälli« an den wilden Südabstürzen der Gadmer Flue hat mittlerweile schon fast Kultstatus. Und bei der einen Ferrata ist es dann nicht geblieben; inzwischen gibt es allein im Bernbiet ein halbes Dutzend gesicherter Routen. Das Herumturnen am alpinen Eisen wird auch hierzulande immer populärer, und erstaunlicherweise sind bislang kaum kritische Stimmen zu vernehmen. Klettersteige, eine Trendsportart, sogar in der konservativen Schweiz.

Balkon vor der Eiger-Nordwand: der Rotstock. Rechts das Wetterhorn.

10 Tälli-Klettersteig

Horlauipfeiler, 2540 m
Der erste Schweizer Klettersteig!

HKK

K 3

7 Std.

1200 m

Routencharakter: Recht langer Klettersteig (rund 500 Höhenmeter) alpinen Zuschnitts, optimal gesichert. Gute Kondition unerlässlich; wer die Ferrata vor Juli begeht, muss mit Altschnee am Einstieg und auf mehreren Bändern rechnen (Steigeisen). Abstieg auch nordseitig zur Engstlenalp (1834 m; Bushalt) möglich; Gesamtgehzeit dann etwa 6 Std.
Ausgangspunkt: Parkplatz Lägerrain auf der Birchlauialp (1597 m); Zufahrt von der Sustenpassstraße über ein schmales, mautpflichtiges Asphaltsträßchen.
Gehzeiten: Gesamt 7 Std.; Aufstieg 4 Std., Abstieg 3 Std.
Markierung: Weiß-rot-weiße und weiß-blau-weiße Bezeichnungen, gelbe Wegzeiger.
Landkarte: Landeskarte der Schweiz 1:50 000, Blatt 255T »Sustenpass« mit Wanderwegeaufdruck. Landeskarte der Schweiz 1:25 000, Blatt 1210 »Innertkirchen«.
Highlights: Einstieg, großartige Felskulisse, Aus- und Tiefblicke. Blumenpracht am Rückweg.
Einkehr/Unterkunft: Tällihütte (1717 m), ⏲ Mitte Juni bis Mitte Oktober; Tel. 033/975 14 10.
Fototipps: An klaren Herbsttagen lassen sich Action und Fernsicht in der Regel am besten zusammen aufs Zelluloid bringen.

1993. Dieses Datum müssen sich Klettersteigfans hinter die Ohren schreiben: Da wurde nämlich mit dem »Tälli« die erste Schweizer Via ferrata eröffnet, eine besonders schöne dazu, in der mächtigen Felsflucht der Gadmer Flue, mit Sicht auf die vergletscherten Hochgipfel der Urner und Berner Alpen, mit einer gemütlichen Hütte am Start- und Endpunkt. Bei der Anfahrt zeigt sich die breite, von markanten Pfeilern getragene Mauer im besten (Morgen-)Licht, und wer voreilig auf eine extreme Route tippt, liegt falsch. Genussklettersteig ist die zutreffendere Charakterisierung des »Tälli«, der vom Einstieg bis zum Grat mit 1200 Metern Drahtseil, 25 Eisenbügeln und ein paar Leitern gesichert ist, sich listig durch die Wand »mogelt«, immer neue Aus- und Tiefblicke bietend. Dabei könnte man sich glatt in den Dolomiten wähnen, wenn nicht jenseits des Gadmer Tals die Gletscher und Firngipfel um Sustenhorn (3503 m) und Tieralplistock stünden. Beim Rückweg, der über dem Engstlental ins Sätteli führt, kommen dann vor allem die Blumenfreunde voll auf ihre Kosten.

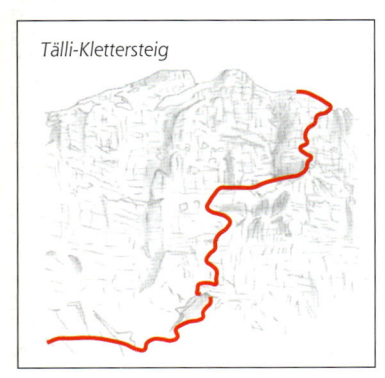

Tälli-Klettersteig

➔ **Anfahrt** Von Meiringen (595 m), dem Hauptort des Haslitals, via Innertkirchen

> **Tipp:** Ein günstig gelegener und dazu sehr sympathischer Stützpunkt für Touren rund um das Haslital ist der Landgasthof *Tännler* in Wyler oberhalb von Innertkirchen, direkt an einer Postbushaltestelle. Gute Küche, gemütliche Zimmer und eine angenehme Atmosphäre: da fühlt man sich wohl. Gasthof Tännler, Wyler, CH-3862 Innertkirchen; Tel. 033/971 14 27, Fax 971 14 47.

ins Gadmer Tal. Zwischen Furen und Gadmen zweigt links das 4 km lange Privatsträßchen zur *Birchlaualp* (1597 m) ab.

↗ **Zustieg** Vom Parkplatz auf der Birchlaualp (1597 m) bergan zur *Tällihütte* (1717 m), die sich einer schönen Aussichtslage über dem Gadmertal erfreut. Weiter auf blau-weiß markiertem Steig über steinige Wiesen aufwärts gegen die Felsen, zuletzt im Frühsommer über Schnee zum Einstieg am Alpligerstock (2067 m).

↑ **Tälli-Klettersteig**
Über die gut dreißig Sprossen der Einstiegsleiter auf ein Horizontalband, das man nach rechts verfolgt, bis die Drahtseile wieder nach oben weisen. Über Steilaufschwünge, grasige Absätze und weitere Bänder gewinnt die Ferrata zügig an Höhe. Dabei genießt man Ausblicke, die immer mehr an Tiefe und Weite gewinnen (Rastbank unter einem Überhang). Nach einer luftigen Traverse steuert der Klettersteig das Terrassenband im oberen Wandbereich an. Am Fuß senkrechter Aufschwünge quert man nach rechts, steigt dann über drei versetzt angeordnete Leitern durch eine Verschneidung auf einen Schrofenhang. Eine letzte Leiter mündet auf ein breites Grasband. Rechts unter den Gipfelfelsen hindurch und im Geröll (Drahtseil) zum Routenbuch und zum Grat (ca. 2550 m).

Steil und ausgesetzt: der Auftakt des »Tälli«.

↘ **Abstieg** Nordseitig, den blau-weißen Markierungen folgend, über Schnee (im Frühsommer) oder Schutt und steinige Wiesen hinunter zum quer verlaufenden Wanderweg. Er führt hoch über dem malerischen Gental mit viel Aussicht ansteigend ins *Sätteli* (2116 m), wo man wieder zurück auf die Südseite der Gadmerflue wechselt. Im Zickzack über die Hubelwang steil bergab zur *Birchlaualp* und zum Parkplatz.

11 Schwarzhorn-Klettersteig

Schwarzhorn, 2927 m
Schönstes Belvedere vor den Berner Viertausendern

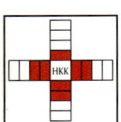

HKK

K 1–2

5 Std.

760 m

Routencharakter: Wenig schwieriger, bestens gesicherter Klettersteig auf einen der schönsten Aussichtsgipfel des Berner Oberlands. Ideal für Einsteiger, auch mit größeren Kindern (und entsprechender Ausrüstung!) möglich.
Ausgangspunkt: Bergstation der First-Gondelbahn (2167 m); Talstation in Grindelwald. Die Anlage ist Ende Mai bis Mitte Oktober von 8-17.30 Uhr in Betrieb.
Gehzeiten: Gesamt 5 Std.; Aufstieg 3 Std., Abstieg 2 Std.

Markierung: Weiß-rot-weiß und weiß-blau-weiß bezeichnete Wege; Hinweisschilder an den Verzweigungen.
Landkarte: Landeskarte der Schweiz 1:50 000, Blatt 254T »Interlaken« mit Wanderwegeaufdruck.
Highlights: Leitern am Gipfelgrat, große Schau auf die Berner Hochalpen.
Einkehr: Bergstation der First-Gondelbahn (2167 m).
Fototipps: Klettersteig und Kulisse ergeben zusammen einen guten Mix für spannende Bilder.

Wer das Schwarzhorn (2927 m) besteigt, hat vor allem eines im Auge, buchstäblich: die Aussicht. Denn neben dem Faulhorn (2681 m), das sich ein paar Kilometer weiter westlich erhebt, ist das Schwarzhorn ganz klar der schönste Balkon vor den Viertausendern der Berner Alpen, ihren Eisströmen und Graten. Um immerhin fast zwei Kilometer überragt es das Gletscherdorf Grindelwald; da ist man ganz froh, dass einem die Firstbahn gut die Hälfte davon abnimmt. Bis zum Gipfel bleiben immer noch drei Stunden Anstieg, nicht allzu viel, und langweilig wird's garantiert nicht. Attraktive Begleitung ist (bei gutem Wetter) garantiert, auch für jene, die solo unterwegs sind: die eisigen Schönheiten im Süden. Und oberhalb vom Chrinnenboden wird's dann eisenhaltig, solide Sicherungen leiten auf den Grat und an ihm zum Gipfel und zum großen Panorama.

> **Tipp**
> Mit ein bisschen Eisen ist auch der Anstieg zur Gleicksteinhütte (2317 m) versehen, auf den Bändern über dem Ischboden und in den Felsen unterhalb der Hütte. Deswegen wird man aber kaum hinaufsteigen zu dem Bergsteiger-Refugium; vielmehr ist es die einzigartige Fels- und Eiskulisse, die den besonderen Reiz dieser Hüttentour ausmacht. Auf halber Strecke sorgt der Wyssbach für eine erfrischende Dusche; kurz darauf führt der Pfad nahe an die Eiskatarakte des Oberen Grindelwaldgletschers heran. In etwa 3 Std. wandert man vom Hotel Wetterhorn (1230 m; Zufahrt von Grindelwald/Bus) hinauf zur Gleicksteinhütte.

→ **Anfahrt** Ab Interlaken mit der Bahn oder auf der Straße via Zweilütschinen nach Grindelwald (1034 m). Vom Gletscherdorf am Drahtseil luftig hinauf nach *First* (2167 m).

↑ **Anstieg über Klettersteig**

Von der Station First kurz abwärts und nordostwärts auf dem viel begangenen Höhenweg zur Verzweigung am Distelboden. Links bergan zum *Chrinnenboden* (2259 m), dann zunehmend steiler in den Karwinkel unter dem Schwarzhorn, wo der weiß-blau-weiß markierte Klettersteig abzweigt (ca. 2520 m). Drahtseile und ein paar Eisenstifte erleichtern den Aufstieg zur *Großen Chrinne* (2635 m); über die senkrechten Aufschwünge am Südwestgrat helfen dann drei Leitern. Alle etwas ausgesetzten Passagen sind zusätzlich mit Drahtseilen gesichert. Zuletzt auf einer Schuttspur zum Gipfel, *3 Std.*

↘ **Abstieg** Über den allmählich schmaler und felsiger werdenden Südgrat (keine Sicherungen!) abwärts zu einer Schulter, dann rechts hinunter in das Kar, wo der Klettersteig abzweigt. Auf dem Anstiegsweg zurück zur Seilbahnstation *First*.

Die Nordwand des Eiger dominiert den Talkessel von Grindelwald.

12 Schreckhornhütte, Zustieg

Schreckhornhütte, 2529 m
Ins eisige Herz der Berner Hochalpen

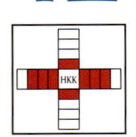

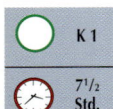

K 1
7 1/2 Std.
1200 m

Routencharakter: Landschaftlich einmalige Hüttenwanderung mit einigen gesicherten Passagen (Leitern, Drahtseile, Ketten).
Ausgangspunkt: Bergstation der Pfingstegg-Seilbahn (1392 m); Talstation Grindelwald (1034 m). Die Anlage ist von Mai bis Oktober von 8.30-18 Uhr (Ende Juni bis Mitte September bis 19 Uhr) in Betrieb.
Gehzeiten: Gesamt 7 1/2 Std.; Anstieg 4 1/2 Std., Abstieg 3 Std.
Markierung: Weiß-rot-weiß und weiß-blau-weiß bezeichnete Wege, gelbe Hinweistafeln.
Landkarten: Landeskarte der Schweiz 1:50 000, Blatt 254T »Interlaken« mit Wanderwegeaufdruck. Landeskarte der Schweiz 1:25 000, Blatt 1229 »Grindelwald«.
Highlights: Die einmalige Eis- und Felskulisse: Gletscherschlucht, Aussicht zum Mittellegigrat und zum Eiger, Nahblicke auf die Eiskatarakte des Oberen Eismeers.
Einkehr: Bergrestaurant Pfingstegg (1392 m), ⏲ Mai bis Oktober. Restaurant Stieregg (1650 m), ⏲ Juni bis Oktober.
Einkehr/Unterkunft: Schreckhornhütte (2529 m), ⏲ Mitte Juni bis Ende September; Tel. 033/855 10 25.
Fototipps: Gletscher und Viertausender geben eine Fülle an packenden Motiven ab.

Wenn's eine Tour gibt, die man sich auch als eingefleischter Klettersteigler in der großen Angebotspalette rund um Grindelwald auf keinen Fall entgehen lassen sollte, dann ist es die Wanderung zur Schreckhornhütte. Viel Eisen gibt's unterwegs zwar nicht, doch das wird durch eine Kulisse wettgemacht, die ihresgleichen sucht. Den Auftakt macht der tiefe Graben der Gletscherschlucht, dann kommt der Fieschergletscher, umstellt von Eiger (3970 m), Mönch (4107 m) und den Fiescherhörnern (4049 m), ins Blickfeld, ehe der Weg, nun teilweise gesichert, über den bizarren Eiskatarakten des Oberen Eismeers ansteigt zur Schreckhornhütte. Dass man auf dem gleichen Weg wieder absteigen muss, stört in diesem Fall, angesichts der grandiosen Hochgebirgslandschaft der Berner Alpen, überhaupt nicht.

➔ **Anfahrt** Von Interlaken über Zweilütschinen nach Grindelwald (1034 m) und durch den Ort zur Talstation der *Pfingstegg-Seilbahn*. Luftig hinauf zur Bergstation (1392 m).

> **Tipp:** Sollten sich die Berner Viertausender für einen Tag in Wolken hüllen, empfiehlt sich eine Verschiebung der Tour; als lohnende Alternative bietet sich ein Besuch der beiden Grindelwaldgletscher an: Eisgrotte und Leiternweg am oberen Gletscher, Gesteinslehrpfad und Gletscherschlucht am unteren Gletscher; insgesamt etwa 5 Std. mit Besichtigungen.

↑ **Hüttenzustieg** Von der Seilbahnstation auf dem Hangweg mit leichtem Höhenverlust hoch über der wilden Gletscherschlucht taleinwärts. Durch die Sockelfelsen des Mettenbergs ansteigend zum Bäregg, wo sich ein erster packender Blick auf den Zusammenfluss der beiden Eisströme des Fieschergletschers und des Oberen Eismeers bietet. Hinter dem *Gasthaus Stieregg* (1650 m) erst kurz bergan und über einen wilden Bergbach (zwei Wegvarianten); nach kurzem Zwischenabstieg an einem licht bewaldeten Hang hinauf zum *Bänisegg* (schöner Rastplatz, 1807 m). Weiter an dem felsdurchsetzten Hang über dem Unteren Eismeer zu den Felsen des *Roten Gufer*. Solide Sicherungen helfen über den Steilaufschwung hinweg; faszinierend dabei die Tiefblicke auf den Gletscherbruch, von dem ein kühler Hauch heraufweht. Ein felsiges Eck ist mit Ketten gesichert; anschließend quert man einen letzten Graben, ehe der Weg zur herrlich gelegenen *Schreckhornhütte* (2529 m) ansteigt, *4 1/2 Std.*

↘ **Abstieg** Auf dem gleichen Weg; statt mit der Seilbahn nach Grindelwald hinunter zu fahren, kann man auch zu Fuß über einen markierten Weg absteigen, etwa 3/4 Std.

Kraxeln über Eiskatarakten: am Weg zur Schreckhornhütte.

13 Rotstock-Klettersteig

Rotstock, 2663 m
Nordwandfeeling am Eiger

K 2

2 ¾ Std.

420 m

Routencharakter: Bestens gesicherter, nur mäßig schwieriger Klettersteig, der im oberen Teil einer »antiken« Route folgt. An den Steilpassagen Leitern, sonst solide Drahtseile. In der Schlucht unterhalb des Rotstocksattels Steinschlaggefahr (Helm). Bei Neuschnee oder Vereisung (Herbst) ist von einer Begehung abzuraten.
Ausgangspunkt: Station Eigergletscher (2320 m) der Jungfraubahn, evtl. auch Kleine Scheidegg (2061 m). Anfahrt von Lauterbrunnen-Wengen oder Grindelwald.

Gehzeiten: Gesamt 2 ¾ Std.; Aufstieg 2 Std., Abstieg ¾ Std.
Markierung: Hinweisschilder, Markierungen, Steinmänner.
Landkarten: Landeskarte der Schweiz 1:50 000, Blatt 254T »Interlaken« mit Wanderwegeaufdruck. Landeskarte der Schweiz 1:25 000, Blatt 1229 »Grindelwald«.
Highlights: Nordwandkulisse und Gipfelpanorama, dazu Leiteraufstieg.
Einkehr/Unterkunft: —
Fototipps: Die Rotstockschlucht hat (wie die Nordwand) erst am Nachmittag Sonne.

Ein Klettersteig an der Eiger-Nordwand, an der berühmtesten Klettermauer der Alpen? Nicht ganz, die *Rotstock-Ferrata* verläuft am rechten Rand der steinernen Riesenphalanx, doch etwas »Nordwandfeeling« kommt trotzdem auf. Schon beim Zugang über den »Eiger-Trail« knistert leichte Spannung, und die düster-abweisende Wand, die himmelwärts schießenden Felstürme des Eiger-Westgrats und des Rotstocks wecken hohe Erwartungen. Da hinauf? Der Eisenweg erweist sich dann als sehr beeindruckend, aber höchstens mäßig schwierig. Das schmälert den Spaß beim luftigen Höhersteigen keineswegs, und oben, auf dem abgeplatteten Gipfel, kann man sich kaum satt sehen: Was für ein Kontrast zwischen dem dunklen Zackenprofil des Eigergrates und dem gleißenden Firndreieck des Silberhorns (3695 m)! Und dann die schwindelnden Tiefblicke auf Almen, zur Zahnradbahn und ins grüne Talbecken von Grindelwald.

Der Klettersteig am Rotstock ist übrigens – ein echtes Kuriosum – gut hundert Jahre alt. Von der Station Rothstock der Jungfraubahn, die »bei Kilometer 2,880 auf einer Meereshöhe von 2530 Metern liegt, ermöglicht ein künstlich angelegter Felspfad die Besteigung des aussichtsreichen Rothstocks, der einen schönen Fernblick nach Norden über das Lauberhorn hinweg auf die vie-

> **Tipp**
>
> Am Ostrand der monumentalen Eiger-Nordwand sitzt auf einem Felssporn die kleine (verschlossene) Ostegghütte (2320 m) der Grindelwalder Bergführer. Sie besitzt einen verwegen angelegten, teilweise gesicherten Zustieg, 3 Std. von der Station Alpiglen (1616 m) der Zahnradbahn zur Kleinen Scheidegg. Sehr alpine Unternehmung (K 3), lässt sich gut mit dem Rotstock-Klettersteig verbinden.

Am Rotstock-Kletterseig.

len Seen des Mittellandes und die Jurakette bietet.« Das war 1899! Später wurde die Station geschlossen, der Steig verfiel, bis sich die Grindelwalder Bergführer der tollen Aussichtswarte erinnerten ...

➔ **Anfahrt** Von Interlaken via Zweilütschinen nach Lauterbrunnen oder Grindelwald, vorteilhaft gleich mit der Bahn, dann an der Zahnstange hinauf in die Kleine Scheidegg (2061 m) und weiter bis zur Station Eigergletscher (2320 m) der Jungfraubahn. Zur Einstimmung empfehlenswert: auf dem Wanderweg von der Kleinen Scheidegg zum Startpunkt des »Eiger-Trail«, ¾ Std. und jede Menge Aussicht.

↗ **Zustieg** Auf dem »Eiger-Trail« hinab in die Karmulde unter dem Rotstock, dann ansteigend auf die Grasschulter Wart (ca. 2300 m) mit packendem Nordwandblick.

↑ **Rotstock-Klettersteig**
Vom »Eiger-Trail« auf Wegspur an dem Wiesenrücken zum Einstieg (ca. 2410 m). Eine Serie von Leitern hilft luftig über den Felsaufschwung an der Mündung der Rotstockschlucht. Weiter in der Klamm aufwärts, teilweise gesichert; eine uralte Leiter knapp unter dem Rotstocksattel geht noch auf den »antiken« Felssteig zurück. Aus jener Zeit stammen auch die künstlichen Felsstufen, die (neben neuen Drahtseilen) den kurzen Gipfelanstieg erleichtern, *1 ¼ Std.*

↓ **Abstieg** Zurück in den Rotstocksattel, dann südwestwärts über plattige Felsen und Geröll (Steinmänner, Seile) hinab zur *Station Eigergletscher* (2320 m).

14 Klettersteig Mürren

Mürren, 1645 m
Quer durch die Mürrenflue

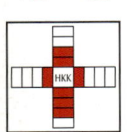

K 3

3 Std.

320 m

Routencharakter: Landschaftlich einmalige Route vor der Kulisse der Berner Hochalpen. Mäßig schwieriger, aber sehr spektakulärer Klettersteig, mit Leitern, Eisenbügeln und Drahtseilen gesichert. Tyrolienne und Hängebrücke können umgangen werden. Die Route soll im Sommer 2005 eröffnet werden.
Ausgangspunkt: Mürren (1645 m) ist ein bekannter, autofreier Ferienort im Berner Oberland.
Gehzeit: 3 Std.
Markierung: Zustieg bestens bezeichnet; Hinweisschilder.

Landkarte: Landeskarte der Schweiz 1:25 000, 2520 Jungfrau Region.
Highlights: Neben den beiden spektakulären Seilbrücken und den faszinierenden Tiefblicken ist es – wie überall im Berner Oberland – die einmalige Hochgebirgskulisse.
Einkehr/Unterkunft: In Mürren und Gimmelwald.
Fototipps: Action am Klettersteig, Tief- und Ausblicke. Man beachte, dass die Mürrenflue am Nachmittag im Schatten liegt.

Grandioses Berner Oberland:
Jungfrau und Silberhorn
über dem Tal von Lauterbrunnen

Talschluss von Lauterbrunnen, rechts die Mürrenflue

Wer von Lauterbrunnen hinein fährt nach Stechelberg, kann die lang gestreckte, jäh abfallende Felsmauer der *Mürrenflue* nicht übersehen, auch wenn er mehr nach den großen Bergen im Talschluss schielt. Klettersteigler werden in Zukunft wohl mit großen Augen ins steile Gemäuer gucken, verläuft an ihrem oberen Rand doch eine spektakuläre Via ferrata. Spektakulär, was die Kulisse, die atemberaubenden Tiefblicke angeht, fast mehr noch durch eine Tyrolienne und eine Hängebrücke, beide etwa 60 Meter lang. Dass die Route meist quer, gelegentlich hinab, aber kaum aufwärts führt, stört da bestimmt niemand.

➜ **Anfahrt** *Mürren* (1645 m) erreicht man von Lauterbrunnen (795 m) oder Stechelberg (862 m) mit Berg- bzw. Seilbahnen.

↑ **Klettersteig Mürren**

Vom Bahnhof auf der Hauptstraße ins Dorf. Bei der großen Infotafel links schräg abwärts zum Randabbruch der Mürrenflue. Mit packenden Aus- und Tiefblicken zur ersten Schlucht. Am 60-Meter-Drahtseil der *Tyrolienne* luftig über den Mürrenbach; wer lieber Bodenhaftung behält, benützt die eingerichtete und gesicherte Umgehung. Weiter bestens gesichert im obersten Wandbereich zur zweiten Schlucht, die man auf einer soliden Hängebrücke – etwa 60 Meter lang – überquert, und über eine Felsstufe auf die Terrasse von *Gimmelwald*. Auf markiertem Weglein zur nahen Seilbahnstation (1363 m).

15 Klettersteig Allmenalp

Undere Allme, 1723 m
Steile Route über Kandersteg

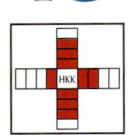

K 4
3 Std.
540 m

Routencharakter: Sportklettersteig in ausgesprochen alpiner Kulisse. Hervorragend gesichert mit einigen spektakulären Passagen: eine einzigartige Leiternkonstruktion, mit deren Hilfe ein zehn Meter nach außen hängendes Dach überwunden wird, zwei Seilbrücken über den rauschenden Wasserfällen des Allmibachs sowie eine Tyrolienne. Zwei weitere Tyroliennes, die von der Ferrata auf einen Felskopf und wieder zurückführen, sind geplant.
Ausgangspunkt: Bahnhof Kandersteg (1176 m) oder Talstation der Allmenalp-Seilbahn (1181 m).
Gehzeiten: Gesamt 3 Std., Zustieg etwa 15 Min.
Markierung: Zustieg bezeichnet, Hinweistafeln.
Landkarte: Erübrigt sich; zur Orientierung Landeskarte der Schweiz 1:50 000, 263 T Wildstrubel.
Highlights: Die bereits erwähnten besonders aufregenden Passagen, die Kulisse mit den Wasserfällen des Allmibachs, die Bergumrahmung von Kandersteg.
Einkehr/Unterkunft: Restaurant Allmenalp
Fototipps: Beste Möglichkeiten zu spektakulären Actionmotiven auf der Ferrata, allerdings nur vormittags (Sonne!).

Bergkulisse von Kandersteg

Höhenflüge gibt's von der *Allmenalp* herab schon lange, die Thermik hoch über Kandersteg, durch die Morgensonne und eine etwa 350 Meter hohe Felsmauer in Gang gesetzt, sorgt für Auftrieb. Den verspüren seit dem Sommer 2005 auch Klettersteigler beim Blick in die steile, stark gegliederte Mauer südwestlich über dem bekannten Berner Oberländer Ferienort. Seit diesem Sommer helfen Drahtseile, Eisenbügel und -stifte und kühn zwischen die Felsen gespannte Brücken hinauf zu dem sonnigen Almrevier unter dem First. Die Route wartet mit sehr spektakulären Passagen auf – alles in einer wildromantischen Kulisse. Dazu gehört auch der Allmibach, der sich hier tief in das Gestein gegraben hat und stiebend und gischtend über mehrere Kaskaden zu Tal stürzt.

➔ **Anfahrt** *Kandersteg* (1176 m) liegt am Nordportal des Lötschberg-Eisenbahntunnels. Beste Bahn- und Straßenverbindung mit Bern bzw. Spiez.

➚ **Zustieg** Vom Bahnhof Kandersteg erst mit den Gleisen, dann rechts der Kander taleinwärts. Vor der Mündung des Allmibachs rechts zum Einstieg am Wandfuß (ca. 1250 m). Alternativ von der Talstation der Allmenalp-Seilbahn, den Hinweisen folgend, über den Bach zum Zugangsweg.

↑ **Klettersteig Allmenalp** Der Auftakt ist gleich als Schlüsselstelle angelegt, führt links haltend über eine nahezu senkrechte, etwa hundert Meter hohe Wandstufe. Auf einer *Dreiseilbrücke* quert man anschließend den rauschenden Allmibach, dann geht's weiter über einen grasigen Hang zu einer Felsstufe unter einem weit nach außen hängenden Dach. Mit Hilfe einer waghalsigen Konstruktion (aufgehängter Steg, »gedrechselte« Leiter) meistert man das Hindernis. Weiter sehr luftig an einer Kante empor, dann folgt nochmals eine Dreiseilbrücke (alternativ 40-Meter-Tyrolienne). Über eine steile Wandstufe (atemberaubende Tiefblicke) gewinnt man den Ausstieg (ca. 1600 m). Auf einem Wiesenweg zur Bergstation der *Allmenalpbahn*, 2 ¾ Std.

↘ **Abstieg** Mit der Bahn oder zu Fuß über Ryharts und Schneitböde auf markiertem Weg, 1 ½ Std.

Tiefblick auf Kandersteg – aber nicht vom Klettersteig!

16 Via ferrata de Rougemont

Le Rubli, 2284 m
Französisch-deutsch: Via ferrata an der Sprachgrenze

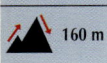

HKK

K 2–3
K 4–5

2½ Std.

160 m

Routencharakter: Drei gesicherte, verhältnismäßig kurze Routen unterschiedlicher Schwierigkeit, üppig nach französischen Vorbildern gesichert: »voie 1« leicht, »voie 2« anspruchsvoller, »voie 3« sehr schwierig mit spektakulär-verwegenem Verlauf.
Ausgangspunkt: Bergstation der Télécabine Rougemont – La Videmanette (2160 m); die Anlage ist von Mitte Juni bis Mitte September (bei Schönwetter bis 10. Oktober) von 9-16.30 Uhr in Betrieb.
Gehzeiten: Gesamt 1 ½ bis 2 ½ Std., je nach Routenwahl.
Markierung: Hinweisschilder, dann immer den Eisenteilen entlang…
Landkarten: Landeskarte der Schweiz 1:50 000, Blatt 262T »Rochers de Naye«.
Highlights: Steile Passagen an der schwierigeren Variante, Aussicht und Tiefblicke.
Einkehr/Unterkunft: Restaurant an der Bergstation der Seilbahn.
Fototipps: Gute Actionmotive; am späteren Nachmittag liegt der Klettersteig weitgehend im Schatten. Mit etwas Glück sind Steinböcke in der Nordflanke des Rubli zu sehen.

Ziemlich genau auf der Sprachgrenze zwischen Deutsch und Französisch liegt – der Name verrät es schon – Le Rubli, von Gstaad etwa so weit entfernt wie von Château-d'Oex. Seine Ferrata allerdings ist ganz »à la française«: kurz der Zustieg, exponiert im Verlauf, aber üppige Sicherungen, also nur wenig Felsberührung. Das schmälert den Kletterspaß kaum, dazu hat man die Wahl zwischen drei unterschiedlichen Parcours: einen für trittsichere Bergwanderer (»voie 1«), eine recht luftige Route (»voie 2«), gut geeignet für Einsteiger, und eine echte »Gänsehautroute« über die Westwand (»voie 3«). Das stimmungsvolle Panorama ist dann für alle Gipfelstürmer das gleiche, es reicht tief in die Berner Alpen und im Süden bis zum Mont Blanc.

➔ **Anfahrt** Nach Rougemont (1007 m) kommt man vom Simmental über Saanen, aus dem unteren Rhonetal über den Col des Mosses (1445 m), 52 km von Spiez, 39 km von Aigle. Mit der Seilbahn hinauf zur Bergstation Videmanette (2160 m).

↗ **Zustieg** Von der Seilbahnstation links vom Grat hinunter in die Scharte (2121 m) am Westfuß des Rubli und zum Einstieg der Ferrata (große Tafel).

↑ **Voie 2**
Der Kletterspaß beginnt rechts des Grates; Sicherungen leiten über gestufte Felsen, Schrofen und grasige Bänder schräg aufwärts. Unter einer Wand hindurch und luftig über einen Abbruch zur Verzweigung: geradeaus (»Voie 1«) wenig schwierig weiter zum Gipfel (Drahtseile). Links (»Voie 2«) sehr steil, mit Eisenbügeln und künstlichen Tritten aber gut gesichert, etwa 15 Meter hinauf, dann sehr exponiert nach

rechts querend und in bestem Fels über einen zweiten senkrechten Aufschwung. Am Drahtseil leicht zum Grat (Abstecher zum Westgipfel mit packendem Tiefblick) und rechts – teilweise noch gesichert – zum Hauptgipfel, 1 1/4 Std.

↑ **Westwand-Ferrata (Voie 3)**
Aus der Scharte (2121 m) im Geröll halblinks bergab zum Einstieg der Westwandroute. Nach den steilen Einstiegsfelsen (Leiter) quert man auf Bändern zur Mündung des Wasserfallkamins. Auf Eisenbügeln in ihm hinauf, dann weiter sehr steil durch die senkrechte Westwand. Nach einem kleinen Überhang kann man aufatmen; die letzten Seile leiten zum Westgipfel. Über den Grat erreicht man raschen den Hauptgipfel, 1 1/4 Std.

↘ **Abstieg (Voie 1)** Kurz zurück, dann links über die »Voie 1« hinunter zum Wandfuß und auf dem markierten Weg zurück zur Seilbahn.

Luftige Passage in festem Kalkfels: am Rubli.

17 Voie Hohl

Le Moléson, 2002 m
Die Schattenwand

K 4–5
3 Std.
520 m

Nicht mehr weit zum Gipfel: unter dem Moléson

Routencharakter: Spannender, überraschend alpiner Klettersteig mit spektakulären Querungen und senkrechten Wandpartien. Verhältnismäßig wenig Felskontakt – die Route ist »französisch« gesichert: Eisenbügel, Drahtseile, Griffeisen. Man sollte die Ferrata nur bei sicherem Wetter gehen – bei einem Gewitter gibt's keinen Fluchtweg. Im Frühsommer und spät im Jahr muss aufgrund der nordseitigen Ausrichtung eventuell mit Eis gerechnet werden. Mit rund 1300 Metern Drahtseil und etwa fünf Tonnen (!) Eisenbügeln opulent gesichert.
Achtung: Für die Begehung wird eine Gebühr erhoben!
Ausgangspunkt: Zwischenstation Plan Francey (1517 m) der Moléson-Bahn
Gehzeiten: Insgesamt 3 Std., Klettersteig 2 ½ Std.

Markierung: Zustieg bezeichnet, »Abstieg« normalerweise mit der Seilbahn.
Landkarten: Erübrigt sich. Zur Orientierung Landeskarte der Schweiz 1:50 000, 262 T Rochers de Naye.
Highlights: Spektakuläre Passagen im oberen Teil der Wand, teilweise sehr luftig, wie die Querung unter einem mächtigen Felsdach.
Einkehr/Unterkunft: Restaurant bei der Bergstation der Seilbahn. Sie verkehrt Juli/August jeweils Freitag/Samstag bis 22.30 Uhr. Da ist noch reichlich Zeit für ein Käsefondue – im Greyerzerland.
Fototipps: Da die Wand praktisch den ganzen Tag über im Schatten liegt, ist man auf den Blitz angewiesen. Auf den Bändern bieten sich auch Schattenrisse mit Berghintergrund als Motive an.

Als Aussichtspunkt ist der *Moléson* schon seit langem bekannt, bei seiner Alpenrandlage auch kein Wunder. Weit spannt sich der Horizont, von den Jurahöhen und vom Genfer See bis zum Mont Blanc und weit in die Berner Alpen. Seit dem Sommer 2004 hängen nun neben den dicken Kabeln der Seilbahn in der schroffen Nordwand weitere Drahtseile: die »Voie Hohl«, ein verwegen angelegter Klettersteig. Er folgt im Wesentlichen einer alten Kletterroute, wobei Bänder und Terrassen mit steilen Wandpartien abwechseln.

➔ **Anfahrt** Über die Autobahn A 12 nach Bulle, dann via Gruyères nach Moléson Village (1108 m). Mit der Standseilbahn hinauf nach Plan Francey (1517 m).

↗ **Zustieg** Von der Bahnstation leicht abwärts, dann auf schmalem Steiglein in Kehren über den licht bewaldeten Rücken bergan bis zum Einstieg (ca. 1660 m).

↑ **Voie Hohl**

Die Sicherungen leiten über gestufte Felsen auf ein schmales Band, dem man nach rechts leicht abwärts folgt. Hier macht die »Voie Hohl« ernst: Im Wechsel von sehr luftigen Querungen und senkrechten Passagen arbeitet man sich nach oben – Klettersteiggenuss pur! Auf halber Wandhöhe tangiert die Route die mächtige Grasterrasse an ihrem rechten Rand. Weiter sehr steil aufwärts, dann unter gewaltigen Felsdächern nach links (Routenbuch). Nach dieser spektakulärsten Stelle folgen mehrere steile, Kraft raubende Aufschwünge, dazwischen jeweils kürzere Querungen. Zuletzt leichter zum Kreuz am grasigen Vorgipfel (1936 m). Dahinter kurz abwärts, dann – immer noch gesichert – steil hinauf zum großen Panorama am *Moléson*.

↘ **Abstieg** Vom Gipfel zur Seilbahnstation und am dicken Drahtseil hinunter nach Plan Francey. Wer zu Fuß absteigen mag, hat die Wahl zwischen einem west- und einem ostseitigen Weg, bis Plan Francey etwa 1 ½ Std., bis Moléson Village 2 ½ Std.

Luftig-verwegene Passage an der »Voie Hohl«

Wallis/Waadt

Auf einen Blick

18	Klettersteig Aletsch	K 3	3 ½ Std.
19	Baltschieder Klettersteig	K 3–4	8 Std.
20	Klettersteig Jägihorn	K 3–4	6 Std.
21	Via ferrata del Lago	K 2	15 ½ Std.
22	Klettersteig Mischabelhütten	K 2	5 ¾ Std.
23	Mittaghorn-Klettersteig	K 2–3	4 ½ Std.
24	Leukerbadner Klettersteig	K 4 / K 5–6	8 Std.
25	Via ferrata d'Evolène	K 4 / K 2 / K 5	2 ½ Std.
26	Klettersteig Grande Chenalette	K 1	4 Std.
27	Via ferrata de Tière	K 3–4	2 ½ Std.
28	Via ferrata de Prapio	K 2	6 ½ Std.
29	Via ferrata de la Tête aux Chamois	K 5	3 Std.
30	Via ferrata de la Tour d'Aï	K 4	4 ½ Std.

WALLIS, WAADT

Im Südwesten der Schweiz stehen die höchsten Gipfel des Landes, fließt am meisten (Gletscher-)Eis zu Tal. Drunten an der Rhone gedeihen Reben und Aprikosen, auf den Hochgipfeln steigt die Temperatur auch im Sommer nur selten über den Gefrierpunkt: eine große Landschaft mit großen Kontrasten, der Provence vielleicht näher als dem kalten (Beamten-)Bern ...

Mit starken Gegensätzen wartet auch das »eiserne« Angebot des Wallis auf: hochalpin im (deutschsprachigen) Oberwallis, eher »französisch« im welschen Teil des Kantons und in den Waadtländer Alpen. Auf das Jägihorn bei Saas führt der höchste »Dreitausender-Klettersteig« der Westalpen, der großartige »Leukerbadner« kitzelt die magische Höhenkote immerhin. Ganz anders die Sportklettersteige bei Nax, Champéry oder über dem Col du Pillon: der Weg ist das Ziel, Spektakel gefragt. Hat da jemand etwas vom »Röschtigraben« gesagt? (Für Nicht-Eidgenossen: Kulturgrenze zwischen der Deutsch- und der Westschweiz, der Romandie.)

Mont Blanc-Massiv von der Chenalette.

18 Klettersteig Aletsch

Stausee Gibidum, 1460 m
Eine Seerunde

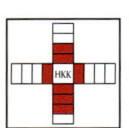

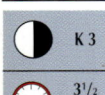

K 3
3 1/2 Std.
100 m

Die Hängebrücke über dem Gibidum-Stausee

Routencharakter: Mit rund zwei Kilometern Drahtseil und zahllosen Eisenstiften gesicherter Klettersteig über dem Stausee Gibidum. Nur für Leute, denen es nichts ausmacht, in schwindelnder Höhe über eine fast 90 Meter (!) lange Hängerücke zu spazieren und zum Abschluss der Runde am Drahtseil einer Tyrolienne luftig einen Abgrund zu queren. Je nach Wasserstand variiert das »Tiefengefühl«; bei Vollstau bewegt man sich gelegentlich nur eine Handbreit über dem eisigen Wasser.
Wichtig: Vor dem Losgehen an der großen Tafel die Infos zur Benützung der Tyrolienne genau studieren!
Ausgangspunkt: Staumauer des Speichers Gibidum (1436 m); Zufahrt von Blatten (1327 m) etwa 3 km. Parkmöglichkeit.
Gehzeiten: Für die Runde etwa 3 1/2 Std.
Markierung: Erübrigt sich: immer am Ufer entlang.

Hinweis: Wer den Namen gebenden Gletscher zu Gesicht bekommen möchte, fährt mit der Seilbahn auf die Belalp (2094 m), wandert dann zum herrlich gelegenen Hotel gleichen Namens (2130 m) und steigt zur Hängebrücke am Klettersteig ab. Am rechten (leichter) oder linken Seeufer zurück zur Staumauer und nach Blatten, 4 1/2 Std.
Landkarte: Landeskarte der Schweiz 1:50 000, Blatt 264T »Jungfrau« mit Wanderwegeaufdruck.
Highlights: Neben der Hängebrücke die Tyrolienne und die ständige Nähe des kühlen Aletschwassers.
Einkehr/Unterkunft: In Blatten.
Fototipps: Im Herbst liegt die Ferrata nur um die Mittagszeit ganz im Sonnenlicht. Gute Motive bieten die direkt ins Wasser abfallenden Felsen – und natürlich die Brücke!

Klettersteige gibt's mittlerweile an Stadtfelsen, in Cañons und Höhlen; sie folgen historischen Kriegswegen und alten Triftsteigen, führen quer durch Felswände; gelegentlich muss man zum Einstieg gar absteigen. Vor allem für Wasserratten unter den Ferratisti haben Bergführer von Blatten eine Seerunde angelegt, üppig gesichert und mit einem ganz besonderen Gag: der 86 Meter langen Hängebrücke, die den *Speicher Gibidum* in 40 Meter Höhe überquert. Wer nicht schwindelfrei ist, kann natürlich den Wasserweg wählen. Aber Vorsicht: der See wird vom Aletschgletscher gespeist, und der ist bekanntlich sehr kalt …

Nach dem größten Eisstrom der Alpen haben die Erbauer auch ihre Ferrata benannt, doch von dem Gletscher ist auf der Runde nichts zu sehen. Wer sich diese Schau nicht entgehen lassen will, kann alternativ oben auf der Belalp starten – die hat ihren Namen wirklich zu Recht (⇨ Hinweis).

➔ **Anfahrt** Durchs Rhonetal zum Verkehrsknotenpunkt Brig, vom Nachbarort Naters hinauf nach Blatten (1327 m), das sich einer prächtigen Terrassenlage erfreut, weiter durch den Ort und auf einer asphaltierten Straße zum *Stausee Gibidum* (1436 m).

↑ **Aletsch-Klettersteig**

Gleich am Straßenende startet die Ferrata. Gut gesichert steigt man durch eine Rinne ab gegen das Ufer, spaziert dann auf natürlichen und (sehr vielen) künstlichen Tritten, die linke Hand am Drahtseil, »au bord du lac« taleinwärts. Zwei-, dreimal verläuft die Route so knapp über dem Wasserspiegel, dass man leicht eintauchen könnte, dann folgen wieder kleine Aufstiege. Allmählich kommt das gegenüberliegende Ufer näher, und schließlich wird auch der absolute Gag der Ferrata, die längste Klettersteig-Hängebrücke in den Alpen, sichtbar.

Nach dem luftigen Gang hoch über dem Gletscherwasser führt die Route am Ostufer zurück zur Staumauer; längere Wegstücke wechseln dabei mit gesicherten, teilweise sehr luftigen Passagen ab. Originell ein mächtiger Holzbalken, der über eine kleine Rinne leitet. Zuletzt schwebt man am Doppelseil der Tyrolienne über einen tiefen Graben zum »Landeplatz« bei einem Baum (Wichtig: Vor dem Ausklinken aus der Seilrolle wieder sichern!).

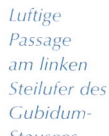

Luftige Passage am linken Steilufer des Gubidum-Stausees.

19 Baltschieder Klettersteig

Wiwannihütte, 2470 m
Traumlandschaft über dem Rhonetal

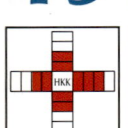

K 3–4
8 Std.
1500 m

Routencharakter: Landschaftlich großartige Route von alpinem Zuschnitt; schwierigste Passagen am Einstieg und dem markanten Gratturm, dazwischen viel Gras (bei Nässe nicht ratsam!). Mit Drahtseilen und Eisenbügeln gesichert.
Abstiegsvariante durch die »Nasenlöcher«: einmaliges Naturerlebnis mit Abstecher ins Bergesinnere. Taschen- bzw. Stirnlampe, dazu ein 20-Meter-Seil und einige Karabiner zur Zwischensicherung erforderlich.
Ausgangspunkt: Ausserberg (1008 m), Terrassendorf über dem Rhonetal, Station der BLS (Bern-Lötschberg-Simplon-Bahn); Zufahrt und Bus von Visp.
Gehzeiten: Gesamt 8 Std.; Aufstieg 5 ½ Std., Abstieg 2 ½ Std.

Markierung: Zu- und Abstieg weiß-rot-weiß markiert; Abzweigung im Baltschieder Tal blau bezeichnet, rotes Ausrufezeichen am Einstieg.
Landkarten: Landeskarte der Schweiz 1:50000, Blatt 274 T »Visp« mit Wanderwegeaufdruck. Landeskarte der Schweiz 1:25000, Blatt 1288 »Raron«.
Highlights: Die herrliche Landschaft, Tief- und Ausblicke, dann die knackigen Passagen am großen Turm.
Einkehr/Unterkunft: Wiwannihütte (2470 m), ⌚ Ende Juni bis Mitte Oktober; Tel. 027/946 74 78.
Fototipps: Action am Klettersteig, aber auch herrliche Landschaftsmotive; der alte Wasserweg »Niwärch«.

Ein alter Wasserweg, ein unter Naturschutz stehendes Tal, tausend Blumen am Weg, eine gastliche Hütte am »Gipfel« mit unvergleichlichem Panoramablick – und ein alpiner Klettersteig: ganz schön viel für einen Bergtag! Langeweile kommt da garantiert nicht auf, weder am romantischen Zustieg über das »Niwärch« noch an der Ferrata. Und als Tüpfchen aufs »i« kann man – nach einer Nacht auf der Wiwannihütte – anderntags durch die »Nasenlöcher« ins Bietschtal absteigen.

Der »Baltschieder Klettersteig« ist zwar nicht extrem schwierig, er darf aber aufgrund seiner Länge keinesfalls unterschätzt werden. Insgesamt 1500 Höhenmeter, davon gut ein Drittel am Drahtseil, schlauchen weniger gut Trainierte ganz ordentlich, und die Schlüsselstelle – ein schroffer Gratturm – ist sehr ausgesetzt. Dafür gibt's auf der kleinen *Wiwannihütte* dann eine zünftige Brotzeit mit der bereits erwähnten Aussicht dazu – falls der Wettergott mitspielt. Doch der soll ja ein naher Verwandter vom alten Stockalper sein ...

> **Tipp**
> Drahtseile gibt es auch im Bietschtal: Im Herbst 2000 wurde in dem wilden Cañon ein Seilparcours angelegt. Drei bis vier Stunden dauert das (trockene) Vergnügen: ein tolles Naturerlebnis und viel (gefahrloser) Nervenkitzel. Nur mit Führer; Infos bei Aktiva GmbH, Bahnhofstraße, 3942 Raron; Tel. 079/213 98 05.

➔ **Anfahrt** Mit der BLS oder über die Straße aus dem Rhonetal nach Ausserberg (1008 m).

➚ **Zustieg** Von Ausserberg auf einem Asphaltsträßchen, den Hinweisen »Niwärch« und »Baltschiederklause« folgend, zum Beginn des alten Wasserweges (heißen im Wallis »Bisses« oder »Suonen«). Nun dem Waal entlang fast eben ins wildromantische *Baltschieder Tal*, an den Hütten des Üsser Senntums (1287 m) vorbei; links wird der mächtige Graben sichtbar, der direkt von der Wiwannihütte herabzieht. Blaue Markierungen leiten vom Talweg (Wegzeiger) über steinige Wiesen und Schrofen hinauf zur Mündung der Klamm und rechts zum Einstieg mit großem rotem Ausrufezeichen (ca. 1790 m).

19

Klettern im Berg: an der »Nasenlöcher-Route«.

↑ Baltschieder Klettersteig

Die Ferrata ist durchgehend gesichert; sie folgt dem markanten Rücken rechts des erwähnten Grabens. Zunächst steil und anstrengend über einige felsige Absätze und durch Rinnen auf die grasbewachsene Schräge (im Sommer herrliche Flora!) und an ihr bergan bis zu dem namenlosen Gratturm. Dahinter in großer Ausgesetztheit schräg abwärts in eine Scharte, dann über gestufte Felsen und eine harmlose Gratrippe wieder ins Gras und zum Ausstieg (ca. 2440 m). Der Wegspur folgend in einem Linksbogen noch leicht ansteigend zu der bereits lange sichtbaren *Wiwannihütte* (2470 m), 2 ¾ Std.

19

Rechte Seite: Luftige Schlüsselstelle am »Baltschieder«.

↘ **Abstieg** Auf gutem Weg aussichtsreich abwärts gegen den Lerchwald, dann links zu den Lawinenverbauungen über dem Riggau und im Zickzack hinunter zu einer Fahrspur. Auf ihr bis zur Wegteilung am Tennbiel (1488 m). Weiter durch Wald, die Schleifen des Alpsträßchens abkürzend, bergab zu den Hütten von Niwärch (1189 m) und zurück nach Ausserberg.

↘ **Nasenlöcher-Route**

Von der Hütte mit dem Normalabstieg bis zum Grieläger (2340 m), dann auf einer Wegspur durch die Südhänge des Augstkrummenhorns und an dem bewaldeteten Rücken abwärts zum *Trosiboden* (1765 m). Hier rechts, einer Wegspur folgend, an dem felsdurchsetzten Steilhang hinunter Richtung Bietschtal. Eine 40 Meter lange Kette erleichtert die Querung plattiger Felsen und steiler Rinnen (zusätzlich Bohrhaken). Nun durch das linke »Nasenloch« ins Bergesinnere, in der allmählich geräumiger werdenden Höhle abwärts ins »Gehirn«, weiter zu einem kleinen See und schließlich durchs »Ohr« zurück ans Tageslicht. An einem Wasserlauf etwa 150 Höhemeter hinab, dann rechts haltend, teilweise mit Kettensicherung hinunter zur Brücke über den Bietschbach (1339 m). Auf markierten Wanderwegen nach *Ausserberg*, 5 1/2 Std. Nur für erfahrene Alpinisten; Infos auf der Wiwannihütte!

Was für ein Platz! Die Wiwannihütte mit Blick zur Mischabelgruppe.

Baltschieder Klettersteig 63

20 Panorama-Klettersteig Jägihorn

Jägihorn, 3206 m
Ein richtiger Dreitausender!

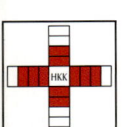

Routencharakter: Alpiner Klettersteig vor großer Kulisse, entsprechend wichtig ist sicheres Wetter. Mit fünf Leitern, 400 Haken und etwa einem Kilometer Drahtseil bestens gesichert. Für den Abstieg (ungesichert) ist absolute Trittsicherheit erforderlich!
Ausgangspunkt: Station Kreuzboden (2400 m) der Hohsaas-Gondelbahn; die Anlage ist ab Mitte Juni bis Mitte Oktober von 8-16.45 Uhr in Betrieb (Anfang Juli bis Mitte September ab 7.30 Uhr).
Gehzeiten: Gesamt 6 Std.; Aufstieg 4 ½ Std., Abstieg 1 ½ Std.
Markierung: Weiß-blau-weiß markierter Alpinsteig.

Landkarten: Landeskarte der Schweiz 1:50 000, Blatt 284T »Mischabel« mit Wanderwegeaufdruck. Landeskarte der Schweiz 1:25 000, Blatt 1309 »Simplon«.
Highlights: Viertausenderkulisse, Tiefblicke ins Saastal, schöne Kletterpassagen in festem Fels.
Einkehr: Panoramarestaurant Kreuzboden (2400 m).
Einkehr/Unterkunft: Weissmieshütten (2726 m), ⏱ 20. Juni bis Ende September; Tel. 027/957 25 54.
Fototipps: Tolle Motive am Klettersteig, auch mit Viertausendern und Gletschern in der Kulisse.

HKK
K 3–4
6 Std.
950 m

Die Saastaler wollten hoch hinaus mit ihrer Via ferrata. Und das ist ihnen auch bestens gelungen, in doppelter Hinsicht sogar. Die einmalige Kulisse – Mischabel & Co. – hat die Natur hingestellt, für den Klettersteig zeichneten Bergführer aus Saas verantwortlich. Sie legten eine echte Genussroute in den steilen Fels des *Jägihorns*, optimal gesichert, mit spannenden Kletterpassagen. Und sie führt – als erste Via ferrata in den gesamten Westalpen – auf einen richtigen Dreitausender. Bei schönem Wetter eine fantastische Tour vor dem weißen Rund vieler Walliser Viertausender (Dom, 4545 m; Weissmies, 4023 m), mit angenehm kurzem Zustieg dazu.

➔ **Anfahrt** Von Visp (650 m) via Stalden ins Saastal und nach Saas Grund (1559 m). Mit der Hohsaas-Gondelbahn bis zur Mittelstation *Kreuzboden* (2400 m).

↗ **Zustieg** Auf gut markiertem Bergweg hinauf zu den *Weissmieshütten* (2726 m) in schöner Terrassenlage. Links über den Bach ins Tälli zu einer Verzweigung und mit weiß-blau-weißen Markierungen an einem Moränenrücken mühsam bergan, dann links querend zum Einstieg (ca. 2820 m; Tafel).

Tipp
Ganz im Trend zum »Fun-Urlaub« liegen die beiden Cañon-Klettersteige oberhalb von Saas Grund (*Gorge* Alpine) und Zermatt (*Gornerschlucht*): gesicherte Abstiege mit Leitern, Hängebrücken, Pendelquerungen und Highspeed. Begehung nur mit Bergführer gestattet! Infos durch die Tourismusbüros.

↑ **Panorama-Klettersteig Jägihorn**
Am sichernden Drahtseil links um ein felsiges Eck herum und ansteigend zur Mün-

dung einer markanten Rinne. In ihr zunehmend steiler aufwärts; nach oben hin sind einige künstliche Griffe gesetzt, genau an den richtigen Stellen. Hier keine Steine lostreten – Nachfolgende werden es danken! Weiter in anregender Kletterei an dem rauen, blockigen Fels zur ersten Leiter. Die in kürzeren Abständen verankerten Drahtseile schlängeln sich über die Steilwand; zwei weitere trittarme Aufschwünge sind durch Leitern entschärft. Über einen Schrofenhang gelangt man zur letzten Wandstufe unter dem Vorgipfel (3150 m) und zur nächsten Leiter. Sie mündet auf ein bequemes Band. Es mündet auf den recht schmalen Westgrat. An ihm durchgehend gesichert (eine Leiter) hinab in die Scharte (3096 m) vor dem *Jägihorn*. Links an der scharfen Gratschneide, über die das Drahtseil läuft (sehr originell – stemmen!) zum Ansatzpunkt des eigentlichen Gipfelgrats. In blockigem Gestein erst wenig schwierig, dann zunehmend steiler und luftiger hinauf. Ein paar Meter weit läuft die Route (Eisenbügel) direkt auf der Felskante, dann legt sich der Grat zurück. Zuletzt leicht zum geräumigen Gipfel, *3 Std.*

↘ **Abstieg** Über den geröllligen Westrücken, weiß-blau bezeichnet, abwärts zu einer Senke, dann links haltend in eine steile Blockrinne. In ihr absteigen (I), zuletzt im Zickzack über einen Schrofenhang hinab ins Täli. Hier rechts zur Seilbahnstation *Kreuzboden*.

Dreitausender mit Klettersteig: das »Jägihorn«.

21 Via ferrata del Lago

Sonnigpass, 3147 m
Zwei Länder – ein Klettersteig

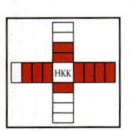

K 2
15 ½ Std.
2750 m / 1930 m

Routencharakter: Zweitagetour dies- und jenseits der Schweizer Grenze in den Walliser Alpen. Der Klettersteig ist nur wenig schwierig, doch muss in Rechnung gestellt werden, dass man sich am Sonnigpass in hochalpinem, teilweise vergletschertem Gelände bewegt. Am ersten Tag landschaftlich sehr reizvolle Wanderung; der Aufstieg über die »Via ferrata del Lago« ist mit Drahtseilen, Eisenbügeln und langen Leitern gesichert. Vom Sonnigpass zur Almagellerhütte weitgehend weglos, aber bestens markiert: Firn, Geröll und leichte Felsstufen.
Ausgangspunkt: Gondo (855 m) an der Südrampe der Simplon-Passstraße. Bei Bedarf Taxi ins Zwischbergental; Tel. 027/979 13 79.
Endpunkt: Saas Almagell (1670 m) im Saastal.
Gehzeiten: Gesamt 15 ½ Std.; Gondo – Passo Andolla – Rifugio Andolla 7 Std., Rifugio Andolla – Sonnigpass 4 Std., Sonnigpass – Almagellerhütte – Saas Almagell 4 ½ Std.
Markierung: Weiß-rot-weiß und blau-weiß-blau markierte Wege.
Landkarten: Landeskarte der Schweiz 1:50 000, Blätter 274 T »Visp« und 284 T »Mischabel«; Landeskarte der Schweiz 1:25 000, Blätter 1309 »Simplon« und 1329 »Saas«.
Highlights: Zwei ausgefüllte, erlebnisreiche Bergtage fernab alpiner Touristenzentren mit ihrem Gewusel. Der Ausblick vom Sonnigpass – mit Glück bis zum Lago Maggiore!
Einkehr/Unterkunft: Rifugio Andolla (2061 m), Mitte Juni bis Ende September; Tel. 0324/57 59 80. Almagellerhütte (2894 m), Juli bis September; Tel. 027/957 11 79. Berghotel Almagelleralp (2194 m), Mitte Juni bis Anfang Oktober; Tel. 027/957 38 48.
Fototipps: Von Almen (Blumen!) bis Gletscher, von Hüttenleben bis Klettersteig, von Lago bis Pizzo gibt's auf dieser Tour jede Menge Motive.

Mischabel vom Sonnigpass

Eine ganz besonders schöne Route vom Wallis ins Wallis haben sich da die Bergführer aus dem Saastal ausgedacht. Dass sie über italienischen Boden führt, stört überhaupt nicht, kann vielmehr als Beispiel für grenzenlose, gute Zusammenarbeit gelten.

Wer an der »Via ferrata del Lago« allerdings nach einem kristallklaren Bergsee Ausschau hält, wird enttäuscht werden; der Name des Klettersteigs verweist auf einen fernen, viel größeren »Lago«, den Maggiore. Vom *Sonnigpass* aus, den man über lange, schräge Leitern gewinnt, geht der Blick – wenn einem keine Nebel die Schau vermasseln – über das Tocetal bis zur glitzernden Wasserfläche des Langensees.

Die Ferrata ist Kernstück einer Zweitagetour, die hinterm Simplonpass in Gondo startet und ins Saastal führt, durch einen abgelegenen Landstrich, der vor allem eines en masse bietet: Natur. Übernachtet wird in der properen Andolla-Hütte, etwa auf halbem Weg zwischen Wallis und Wallis, aber in Bella Italia.

↗ **1. Tag, zum Rifugio Andolla** Von *Gondo* (885 m) zunächst auf schmaler Straße ins Zwischbergental nach Cheller (1774 m). Hier quert man den Talbach und folgt dem markierten Weg in erst sanftem, dann kräftigerem Anstieg über zwei Geländestufen in den *Passo Andolla* (2418 m). Jenseits über Geröll und magere Wiesen hinab zum *Rifugio Andolla* (2061 m) in schöner Hanglage.

Steine, Steine: die Almagellerhütte

↗ **2. Tag, Zustieg** An der sonnseitigen Flanke des innersten Introna-Tals ansteigend zum *Bivacco Città di Varese* (2560 m). Um den vom Portjengrat herabziehenden Felsgrat herum und über einen steinigen Hang zum Einstieg (ca. 2880 m).

↑ **Via ferrata del Lago**

Drahtseile und Eisenbügel führen über plattige Felsen, grasige Bänder und Verschneidungen bergan. Zuletzt helfen lange, schräge Leitern hinauf in den *Sonnigpass* (3147 m), *1 ¼ Std.*

↘ **Abstieg** Vom Joch am rechten Rand des spaltenfreien Rotblattgletschers sanft abwärts in das vom Eis gezeichnete Vorgelände. Deutliche Markierungen leiten durch die Trümmerlandschaft, vorbei an einer seichten, milchig grünen Lacke und mit kurzer Gegensteigung zur *Almagellerhütte* (2894 m). Von dem Schutzhaus mit freier Sicht zur Mischabel hinab ins Almagellertal, vorbei am Berghotel Almagelleralp (2194 m) und über eine letzte Geländestufe hinab nach *Saas Almagell* (1670 m).

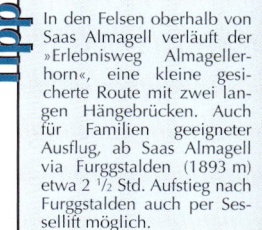

> **Tipp**
> In den Felsen oberhalb von Saas Almagell verläuft der »Erlebnisweg Almagellerhorn«, eine kleine gesicherte Route mit zwei langen Hängebrücken. Auch für Familien geeigneter Ausflug, ab Saas Almagell via Furggstalden (1893 m) etwa 2 ½ Std. Aufstieg nach Furggstalden auch per Sessellift möglich.

22 Klettersteig Mischabelhütten

Mischabelhütten, 3335 m
Adlerhorst unter dem Dom

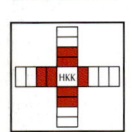

HKK

K 2

5 ¾ Std.

1000 m / 1540 m

Routencharakter: Hochalpiner Hüttenanstieg, mit Drahtseilen, Eisenbügeln und einer Leiter gesichert. Grandiose Viertausenderkulisse mit viel Eis im weiten Rund. Der auch für Einsteiger durchaus geeignete Klettersteig ersetzt den alten, wegen großer Steinschlaggefahr gesperrten Hüttenweg.
Ausgangspunkt: Bergstation der Hannigalp-Gondelbahn (2350 m).
Gehzeiten: Gesamt 5 ¾ Std.; Aufstieg 3 ¼ Std., Abstieg 2 ½ Std.

Markierung: Zustieg weiß-rot-weiß, Klettersteig weiß-blau-weiß bezeichnet.
Landkarte: Landeskarte der Schweiz 1:50 000, 284 T »Mischabel«.
Highlights: Hübsche Kletterstellen am Grat, großartige Hochgebirgskulisse.
Einkehr/Unterkunft: Mischabelhütten (3335 m).
Fototipps: Die Gratroute bietet schönste Motive, mit Viertausendern und Gletschern im Hintergrund.

Die höchste Ferrata der Schweiz führt auf keinen Gipfel, sondern zu den Mischabelhütten. Die wiederum dienen als Stützpunkt für hochalpine Unternehmungen am *Mischabelmassiv:* Dom (4545 m), Lenzspitze (4294 m), Nadelhorn (4327 m), Ulrichshorn (3925 m). Da der alte Zustieg – bedingt durch die Klimaerwärmung bzw. den Rückzug des Permafrosts – mehr und mehr durch Steinschlag gefährdet war, verlegte man ihn kurzerhand auf den Grat. Auf knapp 500 Höhenmetern gesichert, entstand so eine ideale Ferrata für Einsteiger, landschaftlich einmalig und nirgends schwierig.

➔ **Anfahrt** Nach Saas Fee (1809 m) kommt man von Visp im Oberwallis auf guten Straßen. Im Ort befindet sich die Talstation der Gondelbahn zur *Hannigalp.*

↗ **Zustieg** Hinter der Liftstation weisen Wegzeiger in den Graben des Torrenbachs. Übers Wasser zu einer Verzweigung; hier rechts und an dem steilen, felsdurchsetzten Hang hinauf zum Schönegge (2449 m) mit umfassendem Blick auf die stark vergletscherte Bergkulisse von Saas Fee. In Kehren an dem steinigen Rücken weiter aufwärts, unter dem Unteren Distelhorn hindurch und rechts zum Felsfuß (ca. 2760 m).

↑ **Klettersteig Mischabelhütten** Gut gesichert über Bänder und leichte Felsstufen auf den blockigen Grat, der am Oberen Distelhorn (2806 m) gewonnen ist. Nun mit üppigen Sicherungen in anregender, aber nirgends schwieriger Kletterei an dem felsigen Rücken bergan; ein Aufschwung ist durch eine stabile Eisenleiter entschärft. Zuletzt im Zickzack über Schrofen und Geröll zu den beiden *Mischabelhütten, 2 ¼ Std.*

↘ **Abstieg** Nur über den Klettersteig! Bei der Verzweigung am Schönegge (2449 m) geradeaus und in vielen Kehren nach Saas Fee (1809 m).

Die einzige Leiter am Zustieg zu den Mischabelhütten

Klettersteig Mischabelhütten 69

23 Mittaghorn-Klettersteig

Mittaghorn, 3143 m
Was für eine Schau!

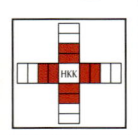

HKK

K 2–3

4 ½ Std.

570 m

Routencharakter: Höchstens mäßig schwierige und bestens gesicherte Route. Da man sich in hochalpinen Regionen bewegt, sind gute äußere Bedingungen wichtig (kein Schnee oder Eis, stabiles Wetter). Zu- und Abstieg führen über Schrofen und Geröll – da ist ein sicherer Tritt wichtig.
Ausgangspunkt: Station Morenia (2572 m) der Felskinn-Seilbahn (Alpin Express Saas Fee).
Gehzeiten: Gesamt 4 ½ Std., Zustieg 1 ½ Std., Klettersteig 1 ½ Std., Abstieg 1 ½ Std.
Markierung: Weiß-rot-weiß und weiß-blau-weiß bezeichnete Wege.
Landkarte: Landeskarte der Schweiz 1:50 000, 284 T Mischabel.
Highlights: Die hochalpine, stark vergletscherte Kulisse von Saas Fee.
Einkehr/Unterkunft: Unterwegs keine.
Fototipps: Action im Vordergrund (Gratklettersteig), große Berge als Kulisse.

Mittaghorn-Klettersteig

Der Berg trägt seinen Namen zu Recht, steht er doch – von Saas Grund aus gesehen – in der Mitte des Sonnenbogens und damit inmitten der Saaser Hochgebirgswelt. Wer das Mittaghorn über die neue, 2004 eröffnete Via ferrata besteigt, weiß also genau, was ihn oben erwartet: eine Rundschau, die sogar im Oberwallis ihresgleichen sucht. Da stehen sie Parade, die Viertausender, vom Dom (4545 m) bis zum Weissmies (4017 m), gleißen rundum zerklüftete Gletscher, über den grünen Talfluren. Was für eine Schau!

➜ **Anfahrt** Nach Saas Fee (1809 m) kommt man von Visp im Oberwallis auf guten Straßen. Im Ort befindet sich die Talstation der Seilbahn *Alpin Express* (Felskinn, 2989 m).

↗ **Zustieg** Von der Zwischenstation Morenia bei Masten IV (2572 m) zunächst mit dem weiß-rot bezeichneten Wanderweg leicht bergab, bis rechts der weiß-blau markierte Zustieg zur Ferrata abzweigt. Er führt quer über die verblockte Karmulde von Ritz zum Nordwestgrat des Mittaghorns und zum Einstieg (ca. 2800 m).

↑ **Mittaghorn-Klettersteig** Mit durchlaufenden Drahtseilsicherungen an dem nur mäßig steilen Grat aufwärts; zwei etwas exponierte Passagen sind zusätzlich durch künstliche Tritte entschärft. Zuletzt über den Trümmerrücken zum großen Gipfelkreuz.

↘ **Abstieg** Kurz am Kamm entlang, dann steil über die felsdurchsetzte Ostflanke des Mittaghorns hinunter zum Verbindungsweg Plattjen – Britanniahütte und links haltend mit schöner Aussicht übers Saastal zur Seilbahnstation *Plattjen* (2570 m).

Saastaler Viertausender: Alphubel und Täschhorn. Links hinter der Weissmieshütte versteckt sich das Mittaghorn.

24 Leukerbadner Klettersteig

Daubenhorn, 2942 m
Die Superferrata über dem Gemmipass

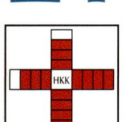

K 4
K 5–6

8 Std.

900 m

Routencharakter: Sehr langer, anstrengender Klettersteig, mit über zwei Kilometern Drahtseil und gut 200 Metern Eisenleitern sowie vielen Eisenstiften optimal gesichert. Bereits der »Kleine Klettersteig« zur Oberen Gemsfreiheit ist anspruchsvoll mit einer extrem ausgesetzten Leiternserie (K 4). »Großer Klettersteig« dann noch um einiges schwieriger, sehr steil und durch die Länge (insgesamt über 900 Höhenmeter!) Kraft raubend. Nur bei sicherem Wetter gehen, dazu müssen Kondition und Ausdauerkraft in den Armen stimmen. Wer auf dem ersten Abschnitt Probleme bekommt, steigt auf jeden Fall über Mieläss nach Leukerbad ab.
Ausgangspunkt: Gemmipass (2322 m), historischer Übergang vom Berner Oberland ins Wallis; Bergstation der von Leukerbad (1401 m) ausgehenden Seilschwebebahn. Die Anlage ist von Anfang Juni bis Ende September von 8.30-18 Uhr in Betrieb.

Gehzeiten: Gesamt 8 Std.; Zustieg 20 Min., Aufstieg 6 Std., Abstieg 1 ½ Std. Begeht man nur den »Kleinen Klettersteig«, so ergibt sich eine Gesamtgehzeit von 5 Std. (mit Abstieg nach Leukerbad).
Markierung: Zu- und Abstieg bezeichnet, Hinweistafel am Einstieg.
Landkarte: Landeskarte der Schweiz 1:50 000, Blatt 263T »Wildstrubel« mit Wanderwegeaufdruck. Landeskarte der Schweiz 1:25 000, Blatt 1267 »Gemmi«.
Highlights: Neben den fantastischen Aus- und Tiefblicken vor allem die riesige Höhle, die man durchsteigt, dann die Steilpassagen im oberen Teil der Route, luftige Querungen und das Gipfelpanorama. Eine Traumroute!
Einkehr/Unterkunft: Berghotel Wildstrubel, Gemmipass, ☐ Juni bis November; Tel. 027/470 12 01.
Fototipps: Siehe Highlights!

Es ist fast wie in einem guten Film: Während der Fahrt nach Leukerbad kommen die ersten Gipfel über dem Talschluss ins Blickfeld; mit jedem Kilometer wachsen sie dann etwas weiter in den sonnigen Morgenhimmel. Und während der Seilbahnfahrt zur Gemmi bietet sich ausgiebig Gelegenheit, die riesige Felsfront links des Gemmipasses genauer in Augenschein zu nehmen. Pikanterweise hängt man dabei am Drahtseil, und das wird auch während der folgenden Stunden so bleiben, die meiste Zeit wenigstens. Mehr als zwei Kilometer Stahlkabel sichern zusammen mit über 200 (überwiegend senkrechten) Leitermetern und Eisenstiften den »Leukerbadner Klettersteig«, der durch die Südostwand des *Daubenhorns* verläuft: eine Route der Superlative – aber nichts für Anfänger: zu lang, zu steil. Das war auch den Leukerbadner Bergführern klar, weshalb sie eine kürzere (und leichtere) Variante

Leukerbadner Klettersteig

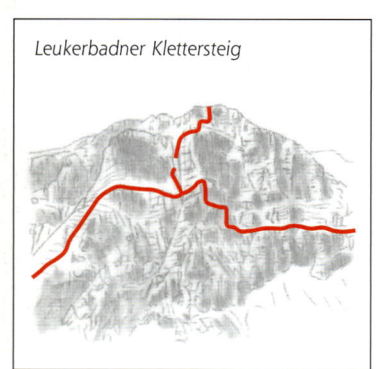

Leukerbadner Klettersteig 73

anlegten, die von der Oberen Gamsfreiheit (2303 m) über Mieläss hinableitet nach Leukerbad. Mit der langen, senkrechten und maximal ausgesetzten Leiternserie darf aber auch sie nicht unterschätzt werden – nur für völlig Schwindelfreie! Der große Klettersteig bietet dann gehobeneres »Ferrata-Feeling«, atemberaubend luftige und teilweise auch originelle Passagen wie die Durchsteigung einer gut 100 Meter hohen Höhle. Und dazu stehen die Viertausender der Walliser Alpen Parade – Klettersteigler, was willst du mehr?!

➜ **Anfahrt** Von Susten im Rhonetal via Leuk nach Leukerbad (1401 m), 16 km. Mit der Seilschwebebahn hinauf zum *Gemmipass* (2322 m).

↘ **Zustieg** Vom Pass auf dem alten Gemmiweg hinab bis zur Unteren Schmitte (2070 m). Infotafel und Wegzeiger zur Ferrata.

↑ **Kleiner Klettersteig**
Vom Gemmiweg zunächst über Wiesen zum Eingang in einen beeindruckenden Felskessel. Auf Horizontalbändern (Drahtseile) um die

24

Große Kulisse: am Einstieg zum »Leukerbadner«.

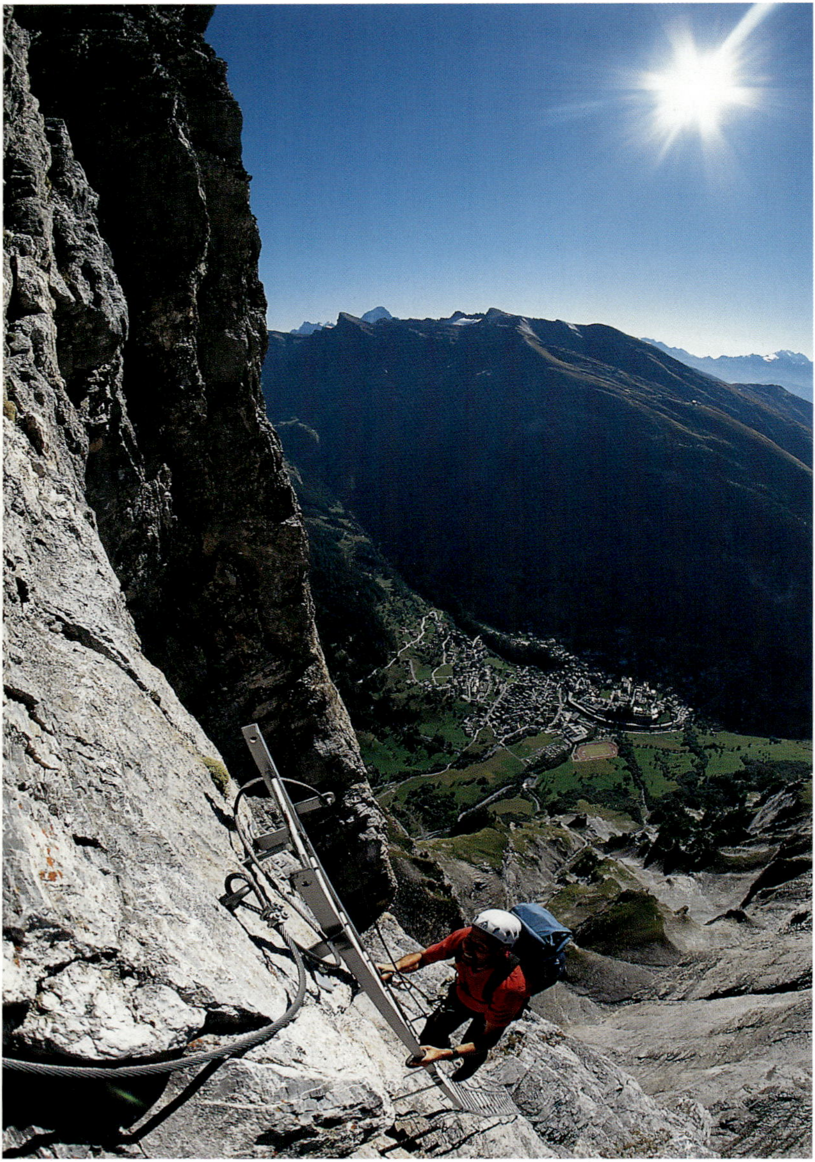

Nase (Tiefblick auf Leukerbad!) herum zur Unteren Gemsfreiheit. Steil und Kraft raubend über die erste Wandstufe auf eine Grasterrasse (Zum Lärch), dann nach links zu einer langen, Schwindel erregenden Leiternreihe (76 Meter). Über sie senkrecht hinauf zur *Oberen Gemsfreiheit* (2303 m), einem grasigen Wandvorsprung mit herrlich freier Aussicht auf die Walliser Alpen. Auf schmaler Spur flach in einen ummauerten Felswinkel, 2 $^1/_2$ Std.

Eine echte Himmelsleiter!

↘ **Zwischenabstieg** Wer nur den »Kleinen Klettersteig« begehen will, quert hier auf komfortablen Bändern (Drahtseile) links hinaus auf den Wiesenrücken von *Mieläss* (ca. 2330 m). Nun mit weiß-blauen Markierungen, Felsabbrüchen ausweichend (Drahtseile) hinunter in die Grasmulde von Tysche (1832 m). Weiter auf gut markiertem Weg bergab, über den Pischürgraben zu den Hütten von Fiess und auf dem »Geissenweg« mit kleinen Gegensteigungen zurück nach Leukerbad.

↑ **Großer Klettersteig**
Die Gipfelferrata führt von der Oberen Freiheit zunächst in gestuftem Fels (Eisenstifte) schräg bergan zu einer längeren Leiter, dann sehr steil in die *Höhle*, einen 100 Meter hohen, zwischen fünf und zwanzig Meter breiten Felsschacht, der zu durchsteigen ist: ein faszinierender Abstecher ins Bergesinnere! Man verlässt das Loch über zwei Leitern (leichter) oder alternativ über zwei kurze Hängebrücken und eine leicht überhängende, versetzte Klammernreihe (schwierigste Stelle). Weiter sehr steil, teilweise auch ausgesetzt (Leitern) auf den Grat (Notbiwak in einer Höhle). Über einen Geröllhang zur letzten, endlos langen Leiter und über sie direkt auf den Gipfel des *Daubenhorns* (2942 m), 6 Std.

↘ **Abstieg** Auf weiß-blau-weiß markierter Spur über den (spaltenfreien) Daubenhorngletscher hinunter zum Lämmerenboden und zurück zum *Gemmipass*.

Linke Seite: Atemberaubend: die Tiefblicke auf Leukerbad

25 Via ferrata d'Evolène

Rocs de Villaz, ca. 1680 m
Steiler Klettersteigpass im Val d'Hérens

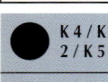

HKK

K 4 / K
2 / K 5

2 ½ Std.

330 m

Routencharakter: Sehr sportlich angelegte Route in den Felsen über Evolène, mit einem Finale für kräftige Jungs/Mädchen. Die Grand Mur verlangt totalen Einsatz, leichter, aber keineswegs leicht ist der erste Abschnitt, fast schon eine Erholung, die Querung, die beide Abschnitte verbindet. Mit viel Eisen ausgestattet, daher wenig Felsberührung. Von Juni bis Dezember begehbar – Brutrevier des Uhus.
Ausgangspunkt: Ortsumfahrung von Evolène (1371 m); Parkmöglichkeit an der Straße bzw. beim Fußballplatz.
Gehzeiten: Für die kleine Runde (erster Abschnitt) 1 ½ Std., für den ganzen Parcours 2 ½ Std.
Markierung: Zu- und Abstiege bezeichnet, am Klettersteig immer dem Eisen nach …
Landkarte: Erübrigt sich; zur Orientierung Landeskarte der Schweiz 1:50 000, Blatt 283 T Arolla.
Highlights: Tiefblicke auf Evolène, Panorama der Walliser Hochgipfel; für Oberturner die Überhänge an der Grand Mur.
Einkehr/Unterkunft: In Evolène.
Fototipps: Action, Tiefblicke und Aussicht. Dabei ist zu beachten, dass die Rocs de Villaz erst am Nachmittag in der Sonne liegen.

Ganz schön luftig, der Felsgang über Evolène

Nun hat auch *Evolène* im Val d'Hérens seine Via ferrata, ganz nach französischer Art mit kurzem Zustieg, viel Eisen, wenig Felskontakt, dafür aber jede Menge Luft unter den Schuhsohlen. Die Route in den *Rocs de Villaz* oberhalb des malerischen Walliser Dorfes Evolène gliedert sich in drei unterschiedlich schwierige Abschnitte: steil der erste, als Traverse angelegt der zweite, knackig verwegen der dritte an der »Großen Mauer« (Grand Mur) mit Kraft raubenden Überhängen. Packend die Tiefblicke auf die Hausdächer von Evolène, richtig großartig der Blick taleinwärts zu den richtig großen Bergen: Walliser Hochgebirgswelt.

➔ **Anfahrt** Von Sion auf guten Straßen via Hérémence oder St-Martin nach *Evolène*, 24 km.

↗ **Zustieg** An der Umfahrungsstraße weist eine große Tafel zum Klettersteig. Auf deutlicher Spur am Wiesenrand entlang und kurz bergan zum Wandfuß (ca. 1440 m)

↑ **Via ferrata d'Evolène, 1 Abschnitt**

Den Auftakt macht gleich ein kleiner Überhang. Der weitere Anstieg vollzieht sich – weitgehend auf Eisenbügeln – mehr oder weniger in der Falllinie. Eine Linksquerung führt zu der bereits vom Einstieg aus

Via ferrata d'Evolène 77

25

An der Ferrata d'Evolène muss man kräftig zupacken.

sichtbaren Leiter. Über sie zu einer Verzweigung: rechts Zwischenausstieg, links zur Fortsetzung der Ferrata.

↘ **Zwischenabstieg** Auf markiertem Weglein, absteigend einen Graben querend, hinunter in den Wald und zurück zur Talstraße.

↗ **2. Abschnitt**

Er führt ohne größere Höhenunterschiede über grasige Absätze und Bänder zu einer Felsschulter. Dahinter in einen trittlosen Felsabbruch, den man bestens gesichert auf künstlichen Tritten quert, zur Abzweigung des dritten Abschnitts.

↘ **Zwischenabstieg** Am Fuß der *Grand Mur* im Geröll schräg abwärts und auf einem Zickzackweglein hinunter zur Ortsumfahrung.

↑ **3. Abschnitt, Grand Mur**

Gleich zum Anfang ist ein knackiger Überhang zu meistern, danach arbeitet man sich von Eisenbügel zu Eisenbügel über die senkrechte Mauer. Dabei wechseln kurze Überhänge mit etwas weniger Kraft raubenden Passagen. Unter dem Wandabbruch nach links zum Ausstieg.

↘ **Abstieg** Über die Prés de Villaz (markierte Spur) mit schöner Aussicht auf die grandiose Bergkulisse des Val d'Hérens abwärts zum Ausstieg des ersten Ferrata-Abschnitts und auf dem Serpentinenweglein zurück zum Ausgangspunkt.

> **Tipp**
>
> **Via ferrata du Belvédère**
> Unterhalb von Nax (1265 m), das sich einer schönen Lage über der Mündung des Val d'Hérens erfreut, gibt es ebenfalls einen Sportklettersteig, die »Via ferrata du Belvédère«. Zustieg von der Straße Bramois – Nax, Steighöhe etwa 230 Meter, Gehzeit insgesamt etwa 2 Std., K 3.
> *Achtung:* Die Route ist seit längerem gesperrt wegen einer Klage von Naturschützern (Vogelbrutgebiet). Infos über Begehbarkeit Office du Tourisme Nax, Tel. +41(0)27/203 17 38, www.nax.ch

26 Klettersteig Grande Chenalette

Grande Chenalette, 2889 m
Kleiner Klettersteig – großes Panorama

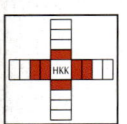

K 1

4 Std.

600 m

Routencharakter: Leichter gesicherter Steig in hochalpiner Kulisse; Selbstsicherung für weniger Geübte.
Ausgangspunkt: Großer St. Bernhard (2469 m), uralter Übergang aus dem Wallis ins Aostatal; Anfahrt von Martigny 44 km, auch per Postbus. Parkplätze im Bereich der Scheitelhöhe.
Gehzeiten: Gesamt 4 Std.; Aufstieg zur Grande Chenalette 1 1/2 Std., Übergang zum Pointe de Drône 1 Std., Abstieg 1 1/2 Std.
Markierung: Ordentlich markierte Route bis ins Fenêtre d'en Haut, Rückweg schwach bezeichnet, aber leicht zu finden.
Landkarten: Landeskarte der Schweiz 1:50 000, Blatt 282T »Martigny« mit Wanderwegeaufdruck. Landeskarte der Schweiz 1:25 000, Blatt 1365 »Grand St-Bernard«.
Hinweis: Grenzbereich, also Ausweispapiere nicht vergessen!
Highlights: Die Hochgebirgskulisse mit Blick zum Mont Blanc.
Einkehr/Unterkunft: Am Großen St. Bernhard.
Fototipps: Siehe »Highlights«!

Hauptattraktion des kleinen Gipfelabstechers ist nicht das Eisen am Weg; spannender als die paar Sicherungen ist das Hochalpenpanorama, das sich nach und nach auftut und an der Grande Chenalette von den Berner Alpen bis zum Gran Paradiso reicht. Blickfang ist allerdings das eisstarrrende Mont Blanc-Massiv.

➔ **Anfahrt** Von Martigny am Unterwalliser Rhoneknie auf bestens ausgebauter Straße über Sembrancher und Orsières zum Nordportal des Straßentunnels. Nun nicht durch den Berg, sondern auf der alten Passstraße weiter zur Scheitelhöhe des *Col du Grand St-Bernard* (2469 m), 44 km.

Grand Combin vom Weg zur Pointe de Drône

↗ **Zustieg** Vom Passscheitel rechts, am »Barry«-Zwinger sowie an der Talstation der (aufgelassenen) Sesselbahn vorbei, und durch ein steiniges Kar aufwärts gegen die Petite Chenalette (2789 m; Panoramatafel).

↑ **Klettersteig Grande Chenalette**
Rechts haltend in die Felsen und mit Sicherungen (Drahtseile, Leitern) durch die Südflanke der *Grande Chenalette* zum Gipfel. Jenseits

Leiter im Anstieg zur Grande Chenalette

an einem lockeren Drahtseil an einer plattig seichten Verschneidung abwärts, dann mit einigem Auf und Ab (eine gesicherte Querung) an dem felsigen Rücken hinüber zur *Pointe de Drône* (2949 m). An dem Grat über ein paar Felsstufen hinab zum westlichen Vorgipfel (2861 m), von dem man freie Sicht auf die Lacs de Fenêtre genießt. Die wenigen Sicherungen sind ziemlich überflüssig, teilweise auch arg zerfleddert (Hanfseile) und dienen eher der Verunsicherung.

↘ **Abstieg** An dem Geröllrücken abwärts ins *Fenêtre d'en Haut* (2724 m; nicht zu verwechseln mit dem etwas niedrigeren Fenêtre de Ferret). Aus der Scharte mit einer Spur südseitig hinunter in die Karmulde unter der Pointe de Drône, dann weitgehend weglos (Steinmännchen) links haltend zu einem Weg, der flach an einem felsdurchsetzten Hang zurückleitet zum *Großen St. Bernhard*. Beim großen Denkmal für den Heiligen stößt man auf die alte Passroute. Oberhalb des Sees zurück zum Hospiz.

> **Tipp:** Viel Interessantes über den Pass und seine (lange) Geschichte erfährt man im Hospizmuseum auf dem Großen St. Bernhard.

27 Via ferrata de Tière

Falaise de Tière, 1239 m
Sportklettersteig im Unterwallis

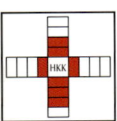

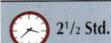

HKK

K 3–4

2½ Std.

420 m

Routencharakter: Sportklettersteig »à la française«, bestens gesichert, mit zwei Hängebrücken und luftigen Felspassagen. Hübscher Rückweg über die »Galerie Défago«.
Ausgangspunkt: Champéry (1053 m), Ferienort im Val d'Illiez; Anfahrt von Monthey 13 km. Bahnanschluss, Parkplätze im Ortsbereich.
Gehzeiten: Gesamt 2½ Std.; Aufstieg 1½ Std., Rückweg 1 Std.

Markierung: Wegzeiger in Champéry und an der Brücke über die Vièze, Farbmarkierungen. Rückweg nach Schweizer Norm ausgeschildert und bezeichnet.
Landkarte: Landeskarte der Schweiz 1:25 000, Blatt 1304 »Val d'Illiez«.
Einkehr/Unterkunft: Zahlreiche Möglichkeiten in Champéry.
Fototipps: Hübsche Motive am Klettersteig, am besten nachmittags – am Morgen liegt die Wand im Schatten.

Feuchtes Spektakel: an der »Ferrata de Tière«.

Wie drüben im savoyischen Abondance gibt es auch im Walliser Ferienort Champéry einen Klettersteig, ganz »französisch« auch er: kurzer Zustieg, viel Spektakel unterwegs (u.a. zwei Hängebrücken) – und als Zugabe einen hübschen Rückweg. Der besteht allerdings bereits länger, ein luftig lustiger Pfad quer durch den Felsabbruch unterhalb der Rives.

→ **Anfahrt** Von Monthey auf der Straße oder mit der Schmalspurbahn ins Val d'Illiez nach Champéry (1053 m).

↘ **Zustieg** Von der Ortsmitte, den Hinweisen und Markierungen folgend, über den »Chemin de Tavis« hinunter zum Pont de Sous Scex (913 m). Über die Brücke und links im Wald bergan zum Einstieg (ca. 1000 m).

↑ **Via ferrata de Tière**
Der Klettersteig beginnt eher gemütlich, führt über ein bewaldetes Band zu den beiden Hängebrücken, der »Passerelle du Bourthiö« und der längeren »Passerelle des Grandes Cascades«, die kühn über das stiebende Wasser gespannt ist. Nach einer Linksquerung geht die Route dann erstmals in die Vertikale; oberhalb der markanten Terrasse der »Vire de la Bêkette« folgt die Schlüsselstelle, eine etwas

Via ferrata de Tière   81

Ferrata de Tière

überhängende Wandstelle, mit Eisenbügeln aber bestens gesichert. Die anschließende, sehr luftige Querung beschert weniger Geübten leicht eine Gänsehaut, dann geht's nochmals steil nach oben, ehe die Ferrata auf der Wiese von *Tière* (1126 m) ausläuft, *1 Std.*

↘ **Abstieg** Flach hinüber zu dem Sträßchen, das die Höfe an der linken Flanke des Val d'Illiez miteinander verbindet. Man folgt ihm taleinwärts, bis rechts ein Schild zur »Galerie Défago« weist. Kurz abwärts und dann auf hübsch angelegtem Pfad quer durch den felsigen Abbruch. In einem Bogen über den Bach und zurück nach *Champéry*.

Nichts für ängstliche Gemüter: die luftige Traverse an der »Ferrata de Tière«.

28 Via ferrata de Prapio

Col de Prapio, 2848 m
Fels und Eis an den Diablerets

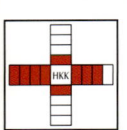

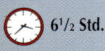

K 2

6½ Std.

1820 m

Routencharakter: Alpiner Aufstieg in kombiniertem Gelände; komplette Eisausrüstung (Seil, Steigeisen, Pickel) erforderlich. Klettersteigpassagen nur mäßig schwierig, am Glacier du Prapio Spalten, evtl. auch Blankeis.
Ausgangspunkt: Les Diablerets (1151 m), Ferienort in den Waadtländer Alpen; Anreise von Gstaad über den Col du Pillon (1546 m) oder von Aigle im Rhonetal. Die große Seilbahn »Glacier 3000« ist Anfang Juli bis Ende August von 8-17 Uhr, ab Anfang September von 8.40-16.30 Uhr in Betrieb. Buslinie Les Diablerets – Col du Pillon – Gstaad.
Gehzeiten: Gesamt 6½ Std.; bis zur Hütte 3½ Std.
Markierung: Wegzeiger, weiß-rot-weiße und weiß-blau-weiße Bezeichnungen.
Landkarten: Landeskarte der Schweiz 1:50 000, Blatt 272T »St-Maurice« mit Wanderwegeaufdruck. Landeskarte der Schweiz 1:25 000, Blatt 1285 »Les Diablerets«.
Highlights: Hochalpine Kulisse mit dem weiten Glacier de Tsanfleuron, finaler Leiternausstieg.
Einkehr: Restaurant an der Bergstation der Diablerets-Seilbahn.
Einkehr/Unterkunft: Refuge de Pierredar (2293 m), ⏰ Mitte Juni bis Mitte Oktober; Tel. 024/492 13 03.
Fototipps: Gute Motive bereits während des Hüttenzustiegs, interessant dann der Wechsel zwischen Firn und Fels, schließlich die fast nordische Landschaft am Tsanfleuron-Gletscher und das Architektur-Highlight des Mario Botta, das Bergrestaurant.

Wer schon einmal zum Bergsteigen in den Pyrenäen war, fühlt sich beim Blick von Les Diablerets in das große Felshalbrund des *Creux de Champ* unwillkürlich an den berühmten Cirque de Gavarnie erinnert. Horizontal geschichteter Kalkfels hier wie dort, und ein paar Wasserfälle stieben auch von den vergletscherten Diablerets (3210 m) herab. Anders als in den Pyrénées gibt es allerdings eine Seilschwebebahn, die vom Col du Pillon hinaufzieht zum Sex Rouge (2971 m). Nicht weit von der Bergstation, in der Firnsenke des *Col de Prapio*, läuft die »Ferrata de Prapio« aus. Wohl kein Zufall, aber immerhin eine (angenehme) Möglichkeit, nach dem langen, Kraft raubenden Aufstieg bequem wieder hinunter ins Tal zu kommen.

➔ **Anfahrt** Den Waadtländer Ferienort Les Diablerets (1151 m) erreicht man von Gstaad über den Col du Pillon (1546 m) oder von Aigle (auch mit der Bahn) via Le Sépey, 22 bzw. 19 km.

↗ **Zustieg** Der Hüttenweg verläuft am linken Rand des Talkessels; er steigt von den Alphütten Creux de Champ (1320 m) im Wald an nach Prapio (1644 m), umgeht dann, weiter ansteigend, felsig schroffe Abbrüche und führt schließlich über steinige Wiesenhänge zu der Felsbarriere unterhalb des *Refuge de Pierredar* (2293 m). Auf gut bezeichneter Spur ostwärts über einen Geröllkegel zum Einstieg (ca. 2450 m).

Via ferrata de Prapio 83

28

Der felsige Talkessel von Creux de Champ.

↑ Ferrata de Prapio

Ketten und Drahtseile sichern die Route, die über Felsstufen und Bänder hinaufzieht zum Rand des kleinen Glacier de Prapio. Man betritt das Eis bei einer großen roten Markierung (2754 m), quert den Gletscher in nordöstlicher Richtung (Spaltengefahr!), zuletzt an einem Steilhang (Steigeisen). Links der steilen Rinne, die vom *Col de Prapio* herabzieht, stößt man wieder auf Drahtseile. In gestuftem Fels zum Fuß der »Gipfelmauer« und über eine Leiternserie sehr luftig auf den Firnsattel (2842 m), *2 Std.* Links zur Seilbahnstation mit dem grandiosen Restaurant-Neubau des Schweizer Stararchitekten Mario Botta (2940 m).
Eine Treppe führt auf den Ostgipfel (2965 m) des Sex Rouge.

↘ **Abstieg** Mit der Seilschwebebahn oder zu Fuß auf markiertem Weg über die *Cabane des Diablerets* (2485 m) hinunter zum Col du Pillon (1546 m), *2 1/2 Std.* Postbus nach Les Diablerets.

> **Tipp**
> Vom Col de Prapio (2842 m) steigt man in 1 1/2 Stunden auf zum Sommet des Diablerets (3210 m), dem höchsten Punkt des »teuflischen« Bergmassivs. Leichte Hochtour über den Glacier des Diablerets.

29 Via ferrata de la Tête aux Chamois

Tête aux Chamois, 2525 m
Quer durch die Wand

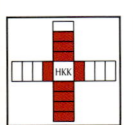

K 5

3 Std.

225 m

Routencharakter: Sportklettersteig »à la française« mit extrem ausgesetzten Querungen. Kurze, leicht überhängende Passagen, aber alles hervorragend gesichert. Nach gut einem Streckendrittel Ausstiegsmöglichkeit.
Ausgangspunkt: Zwischenstation der großen Diablerets-Seilbahn am Tête aux Chamois (2525 m); die Anlage ist Anfang Juli bis Ende August von 8-17 Uhr, ab Anfang September von 8.40-16.30 Uhr in Betrieb.
Gehzeiten: Für die Runde 3 Std.
Markierung: Zustieg rot-weiß bezeichnet, dann immer den Drahtseilen nach ...

Landkarte: Erübrigt sich; zur Orientierung Landeskarte der Schweiz 1:50000, Blatt 272T »St-Maurice« mit Wanderwegeaufdruck.
Highlights: Die atemberaubenden Querungen, vor allem natürlich jene am »Rocher Jaune«.
Einkehr/Unterkunft: Cabane des Diablerets (2485 m), etwas unterhalb der Seilbahnstation, ⊕ Mitte Juni bis Mitte September; Tel. 024/492 21 02.
Fototipps: Tolle Actionmotive. Wichtig: Die nordwestseitig orientierte Wand bekommt erst nach Mittag Sonne.

Es soll ja, hab' ich gehört, Klettersteigler geben, die gar nicht gerne mit einer Gondelbahn oder einem Sessellift fahren ... Klingt paradox, binden sie sich doch hinterher an viel dünnere Drahtseile, ganz ohne (?) Angst dazu. Die »Ferrata de la Tête aux Chamois« bietet beides: erst die Seilbahnfahrt und dann die – ungleich luftigere – Querung an der Felsbarriere unterhalb des *Tête aux Chamois*. Auf dem »Gamskopf« wiederum befindet sich die Zwischenstation der großen Diablerets-Seilschwebebahn, und wer genau hinguckt, kann durch die Scheibe der Großkabine vielleicht ein paar bunte Punkte in der senkrechten Wand darunter entdecken: Ferratisti als Fliegen an der Wand. So jedenfalls fühlt man sich an einigen Passagen dieser Gänsehautroute, die zwar optimal gesichert ist, aber überwiegend zwischen zwei Vertikalen verläuft: den Felsen unter deinen Füßen und jenen über dir.

Der Höhenunterschied hält sich auf der rund 800 Meter langen Route in Grenzen; gerade mal 40 Meter Differenz zwischen Ein- und Ausstieg, zusammen mit einigem Auf und Ab gut 100 Meter. Und wer nach dem ersten Drittel der Ferrata genug hat, keine Lust mehr auf weitere »sensations« verspürt, kann zum Felsfuß aussteigen.

➔ **Anfahrt** Von Gstaad bzw. Aigle auf den Col du Pillon (1546 m), 17 bzw. 24 km. Mit der Großkabinen-Seilbahn hinauf zum *Tête aux Chamois* (2525 m).

> **Tipp**
>
> **Via ferrata à la Cascade**
> Knapp westlich unterhalb des Col du Pillon, erreichbar über den Weg nach Les Diablerets, gibt es einen weiteren Sportklettersteig, ebenfalls mehr quer als hoch durch einen Felsabbruch verlaufend, mit einer Zweiseilbrücke, einer Leiter und einer langen Tyrolienne (ausgestattet mit einer Seilrolle). Gehzeit für die »Via ferrata de la Cascade« samt Zustieg und Rückweg etwa 2 ½ Std., K 4

Via ferrata de la Tête aux Chamois

29

↘ Zustieg Von der Seilbahnstation kurz zur Cabane des Diablerets, dann rechts auf dem rot-weiß markierten Hüttenweg abwärts zum Einstieg (ca. 2390 m).

↑ Via ferrata de la Tête aux Chamois

Gleich der Auftakt leitet über ein Grasband, das bald zum schmalen Felsabsatz wird, hinaus in die Vertikale. In der Folge wechseln quer und hoch ab; senkrechte Wandstufen führen jeweils auf das nächste Horizontalband. Nach dem ersten Routendrittel kann man zum Wandfuß aussteigen. Die Fortsetzung der Ferrata ist noch anspruchsvoller, weist auch ein paar überhängende Passagen auf. Auf einem schmalen Holzbalken balanciert man (Halteseil) kurz überm Abgrund. Die Querung eines gelben Wandausbruchs unter Felsdächern (Rocher Jaune), mit Tritteisen, Bügeln und Drahtseilen optimal gesichert, aber auch maximal ausgesetzt, bringt einen heftigen Adrenalinschub. Ein glatter Felsrücken, in den man schwierig einsteigt, führt auf das oberste Band. Über gestufte Felsen und einen letzten Steilaufschwung gewinnt man den Ausstieg (2430 m), *2 1/4 Std.*

↗ Rückweg Durch das Val d'entre la Reille hinauf zur Seilbahnstation am Tête de Chamois (2525 m).

Hinaus in die Vertikale! Am Beginn der »Ferrata de la Tête aux Chamois«.

30 Via ferrata de la Tour d'Aï

Tour d'Aï, 2331 m
Steiler Zahn über Leysin

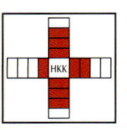

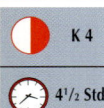

K 4
4½ Std.
430 m

Routencharakter: Sehr sportliche Ferrata »à la française«: steil, ausgesetzt, aber bestens gesichert. Vom Gipfel großes Westalpenpanorama. Bei Neuschnee oder Eis kann der (an sich harmlose) Abstieg gefährlich sein!
Ausgangspunkt: Bergstation Berneuse (2048 m) der von Leysin ausgehenden Gondelbahn; die Anlage ist von Juni bis Ende Oktober von 9-18 Uhr in Betrieb.
Gehzeiten: Gesamt 4½ Std.; Aufstieg 2¼ Std., Abstieg bis Leysin 2¼ Std.
Markierung: Wegzeiger, Farbmarkierungen.
Landkarten: Landeskarte der Schweiz 1:50 000, Blatt 262T »Rochers de Naye« mit Wanderwegeaufdruck. Landeskarte der Schweiz 1:25 000, Blätter 1264 »Montreux« und 1284 »Monthey«.
Highlights: Die steilen Klettersteigpassagen, Panorama.
Einkehr: Restaurant an der Bergstation der Gondelbahn.
Fototipps: Action in der Wand, Gipfelpanorama, Tiefblick auf den Lac Léman. Achtung: die Westwand bekommt erst im Laufe des Vormittags Sonne!

Ein bisschen erinnert der Zacken ja an alte John-Ford-Filme, doch wir sind hier in den Waadtländer Alpen, Postkutschen und Indianer gibt's weit und breit keine. Dafür Kletterer, die sich an den senkrechten Abbrüchen der Tour d'Aï versuchen – und Ferratisti. Letztere sind oft sogar in der Überzahl, kein Wunder, denn die 320 Meter lange Route an der Westwand des Turmes, erst vor ein paar Jahren eröffnet, gilt als sehr spektakulär. Viel Luft unter den Schuhsohlen ist geboten, im oberen Teil sind ein paar knackige, leicht überhängende Passagen zu meistern, und vom Gipfel genießt man bei schönem Wetter ein fantastisches Panorama von den Jurahöhen bis zum Mont Blanc.

➔ **Anfahrt** Nach Leysin (1253 m) kommt man von Aigle im Rhonetal mit der Zahnradbahn oder über Le Sépey auf guter Straße. Eine Gondelbahn führt von dem Kur- und Ferienort auf die Kuppe der *Berneuse* (2048 m).

➚ **Zustieg** Von der Bergstation auf markiertem Weg zunächst hinab in die Wiesensenke links des Lac d'Aï (1872 m), dann durch ein Tälchen mit einem Schlepplift aufwärts gegen das kleine Joch zwischen Chaux de Mont (2205 m) und Tour d'Aï. Knapp vor der Höhe rechts (Hinweis »Via ferrata«) zum Einstieg am Wandfuß mit Infotafel (ca. 2210 m).

↑ **Via ferrata de la Tour d'Aï**
Gleich zum Auftakt geht's an Eisenbügeln ein paar Meter senkrecht hinauf, dann quert die Ferrata auf seilgesicherten Bändern nach rechts und führt, etwas an Höhe verlierend, zu einem Risssystem. An Klammern senkrecht hinauf, dann in der überhängenden Wand durch einen Felsspalt. Extrem ausgesetzt und anstrengend auf ein Felsband. Nach

Via ferrata de la Tour d'Aï 87

30

> **Tipp**
>
> In den Felsen oberhalb des schön gelegenen Waadtländer Kur- und Ferienorts Leysin (1253 m) kann man in einem Klettersteiggarten das Gehen am Drahtseil ausgiebig üben – ideale Vorbereitung für die »Via ferrata de la Tour d'Aï« und weitere Sportklettersteige der Region. Die Anlage wartet mit Brücken, Leitern, Stegen und gesicherten kurzen Überhängen auf, die sich verschieden kombinieren lassen; leicht (K 1) bis sehr schwierig (K 5)

links, den Sicherungen folgend, und über eine letzte Wandstufe steil zum Ausstieg knapp unter dem abgeflachten Gipfel, 1 1/4 Std.

↘ **Abstieg** An dem lang gestreckten Südgrat auf markiertem Weg abwärts. Einige kürzere Passagen sind mit Drahtseilen gesichert, über eine Felsstufe hilft eine Eisenleiter. Zuletzt in Kehren hinunter zu einem geteerten Fahrweg. Auf ihm zum kleinen Lac de Mayen und mit freier Sicht zu den Dents du Midi hinunter nach Leysin.

Steile Route vor großer Kulisse: die Ferrata an der Tour d'Aï.

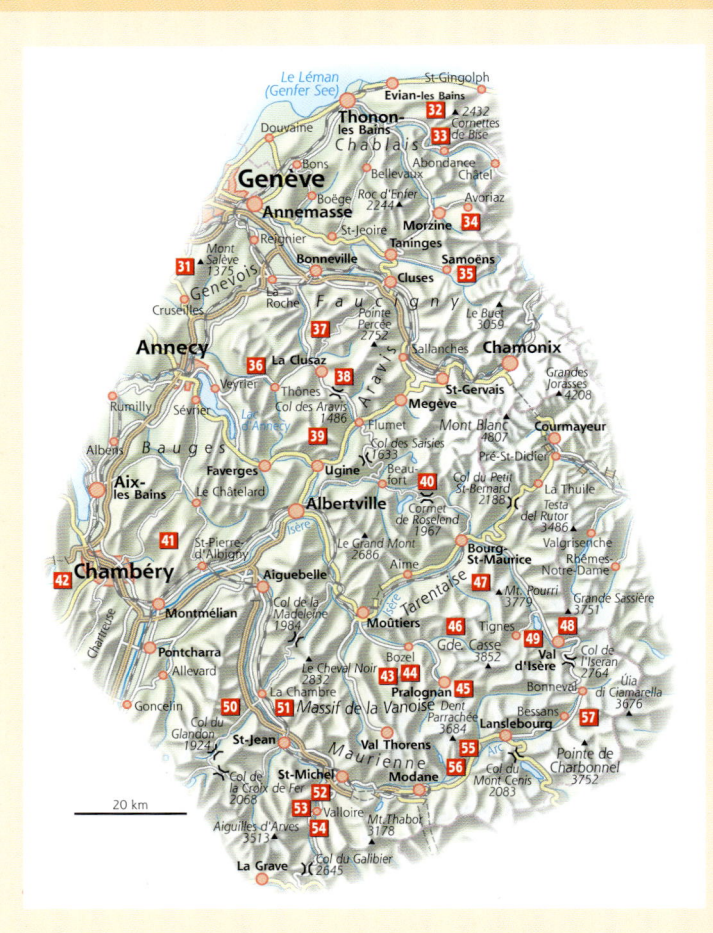

SAVOYEN

Gab es Anfang der neunziger Jahre noch keine einzige echte Via ferrata in den Alpen Savoyens, so gehören die großen Täler der Tarentaise und der Maurienne mittlerweile zu den Dorados der Klettersteigler, haben Routen wie die »Ferrata St-Pierre« oder die Klammsteige »Diable« schon fast Kultstatus. Und die »Ferrata de la Tovière« mit ihren maximal exponierten Passagen gilt inzwischen als echter Prüfstein für Könner.

Auch in den savoyischen Voralpen breitet sich das »eiserne« Virus unaufhaltsam aus; zwischen dem Salève und den Höhen um Chambéry gibt es auch bereits mehr als ein Dutzend ausgewachsene Klettersteige, überwiegend Sportrouten in Talnähe wie die »Ferrata du Mont« oder die »Ferrata de la Roche à l'Agathe«.

Daneben gibt es aber auch einige gesicherte Routen, bei denen das Landschaftserlebnis, weniger das Eisen im Vordergrund stehen, wie etwa die Überschreitung des Dent d'Oche oder die Steige am Mont Charvin. Und dann sind da ja noch die ganz großen Gipfel: viel Eis – kein Eisen …

Auf einen Blick

31	**Vires Büttikofer/Sentier des Etournelles**	K 2–3	5 $^1/_2$ Std.
32	**Dent d'Oche**	K 2	5 Std.
33	**Via ferrata des Saix de Miolène**	K 5	4 Std.
34	**Via ferrata du Saix du Tour**	K 3 / K 4 / K 5	3 Std.
35	**Via ferrata du Mont**	K 3 / K 4–5	3 Std.
36	**Via ferrata de la Roche à l'Agathe**	K 4 / K 5	3 Std.
37	**Via ferrata de la Tour du Jalouvre**	K 4–5	5 Std.
38	**Via ferrata Yves Pollet-Villard**	K 4	4 Std.
39	**Ferrate du Golet de la Trouye/Pas de l'Ours**	K 2	6 $^1/_2$ Std.
40	**Via ferrata du Roc du Vent**	K 2 / K 3	4 $^1/_2$ Std.
41	**Via ferrata École de Rossane**	K 1–K 4	1 $^1/_2$ Std.
42	**Via ferrata de la Tête de Cheval**	K 3	2 $^1/_4$ Std.
43	**Via ferrata de la Croix des Verdons**	K 4	4 $^1/_2$ Std.
44	**Via ferrata du Lac de la Rosière**	K 3	2 $^3/_4$ Std.
45	**Via ferrata Cascade de la Fraîche**	K 4	1 $^1/_2$ Std.
46	**Via ferrata du Plan du Bouc**	K 2	3 Std.
47	**Via ferrata des Bettières**	K 4 / K 5	3 $^1/_2$ Std.
48	**Via ferrata des Plates de la Daille**	K 4–5	3 Std.
49	**Via ferrata de la Tovière**	K 2–3 / K 4 / K 6	5 $^1/_2$ Std.
50	**Via ferrata de la Chal**	K 4–5	3 Std.
51	**Via ferrata de l'Adret**	K 3 / K 5	3 Std.
52	**Via ferrata du Télégraphe**	K 4	4 $^1/_4$ Std.
53	**Via ferrata du Poingt Ravier**	K 1	2 Std.
54	**Via ferrata St-Pierre**	K 5 / K 3–4	3 $^1/_2$ Std.
55	**Via ferrata du Diable**	K 2–K 5	4–7 Std.
56	**Via ferrata du Chemin de la Vierge**	K 4 / K 5 / K 2	4 Std.
57	**Via ferrata d'Andagne**	K 2 / K 4	4 Std.

31 Vires Büttikofer und Sentier des Etournelles

Grand Salève, 1309 m
Über den Dächern von Genf

K 3
5½ Std.
650 m

Routencharakter: Teilweise recht luftige Steige in der Nordwestwand des Salève, nicht durchgehend gesichert. Alpine Erfahrung notwendig.
Ausgangspunkt: Restaurant Le Refuge (660 m) oberhalb von Collonges-sous-Salève. Zufahrt von Genf via Carouge; Buslinie.
Gehzeit: Gesamt 5 ½ Std.; Aufstieg 3 ½ Std., Abstieg 2 Std.
Markierung: Hinweisschilder, an den Verzweigungen Farbmarkierungen.
Landkarte: Didier Richard 1:50 000, Blatt 3 »Chablais-Faucigny-Genèvois«.
Highlights: Die luftigen Bänder am Klettersteig Büttikofer, Tiefblicke und Panorama.
Einkehr: Restaurant Le Refuge.
Fototipps: Die schmalen Bänder bieten gute Motive, die Wand liegt allerdings vormittags im Schatten. Aussicht vom Salève-Rücken.

Der lang gestreckte Höhenrücken des Salève gehört zwar zu Frankreich, doch die Genfer sahen in ihm schon immer ihren Haus- und Kletterberg. Und Bergsteigen hat hier (das wird in Bayern vielleicht überraschen) eine große Tradition; immerhin initiierte der Naturforscher Horace-Bénédict de Saussure die Erstbesteigung des Mont Blanc (1787), die gemeinhin als Geburtsstunde des Alpinismus gilt. Er war auch mehrfach auf dem Salève, im Gegensatz zu einem anderen Genfer Bürger, Jean-Jacques Rousseau, dessen »Retour à la nature« aber in uns allen noch und immer wieder nachhallt.

Im Genfer Musée d'Histoire kann man auch die älteste Darstellung des Salève besichtigen; Konrad Witz malte sie 1444 als Hintergrund zu seinem »Wunderbaren Fischzug Petri«, Teil eines Flügelaltars. Im 19. Jahrhundert mauserte sich der Salève zum bevorzugten Trainingsgelände der Genfer Kletterer, und damals wurden auch einige Routen, vor allem schmale Felsbänder (= vires), in der steilen Nordwestflanke des Massivs mit Eisen leichter begehbar gemacht. Sie sind längst verfallen, doch bestehen Pläne, einige dieser »antiquités« zu rekonstruieren. Gesicherte Wegpassagen gibt's in der Nordwestflanke des Salève bereits, etwa in der Grande Gorge, am »Sentier des Etournelles« oder am »Sentier Etiollets«. Schon fast eine ausgewachsene Ferrata verläuft über die »Vires Büttikofer«: steiler Fels, Drahtseile, Eisenbügel – und dazu faszinierende Tiefblicke auf die Calvinstadt.

Vires Büttikofer und Sentier des Etournelles **91**

31

→ **Anfahrt** Von Genf via Carouge bis nach Collonges-sous-Salève (550 m), durch den Ort hinauf zum Restaurant Le Refuge (660 m).

↗ **Zustieg** Vom Restaurant in südöstlicher Richtung aufwärts gegen den Roche Fendue, einen mächtigen, abgespalteten Block. Über Felsstufen (Drahtseil) bergan zur Abzweigung des »Sentier des Etiollets«.

↑ **Vires Büttikofer und Sentier des Etournelles**
Rechts über Felsstufen, dann mit Hilfe eines dicken Drahtseils über eine senkrechte Stelle (Armzug!). Von der folgenden Verzweigung rechts auf den »Vires Büttikofer« luftig durch die Wand hinauf zum »Sentier de Chafardon«. Ihm folgend links zur Einmündung des »Etiollets-Weges«, dann auf dem »Sentier des Etournelles« gesichert über das Schrofengelände unterhalb der Grotte de Mule aufwärts zu einer sehr exponierten Querung. Im Wald steil zum *Trou de la Tine*, einem mächtigen Felsloch, und auf dem Höhenweg (»Sentier de la Corraterie«) rechts zu einer Wegkreuzung. Bei gutem Wetter wird man den kleinen Abstecher zur Gipfelwiese natürlich nicht versäumen, schon allein des Mont Blanc-Blicks wegen, *3 Std.*

↘ **Abstieg** Vom Höhenweg auf markiertem Weg rechts abwärts zur originellen *Grotte d'Orjobet*. Weiter im Wald steil hinunter nach Le Coin (666 m) und auf der Straße zurück zum »Refuge«.

Luftige Querung: am Büttikofer-Band.

32 Dent d'Oche, Überschreitung

Dent d'Oche, 2221 m
Steiler Zahn über dem Genfer See

K 2
5 Std.
1020 m

Routencharakter: Gipfelüberschreitung auf teilweise sehr exponierten, mit Drahtseilen und Eisenbügeln gesicherten Wegen. Absolute Schwindelfreiheit wichtig, etwas Klettererfahrung vorteilhaft.
Ausgangspunkt: La Fétiuère (1206 m) südöstlich des Bergdörfchens Trossy; Zufahrt von Évian-les-Bains über Bernex. Bus bis Trossy, Parkmöglichkeit bei La Fétiuère.
Gehzeiten: Gesamt 5 Std.; Aufstieg 3 Std., Abstieg 2 Std.
Markierung: Bezeichnete Bergwege.
Landkarte: Didier Richard 1:50 000, Blatt 3 »Chablais-Faucigny-Genèvois«.
Highlights: Kletterpassagen am Grat, Tiefblicke auf den Lac Léman, Panoramablick.
Einkehr: Bar-Restaurant in La Fétiuère.
Einkehr/Unterkunft: Refuge de la Dent d'Oche (2113 m), Juni bis September; Tel. 04 50 73 62 45.
Fototipps: Gute Motive am felsigen Grat, Tiefblicke auf den Genfer See, Fernsicht zum Mont Blanc.

Über 1800 Höhenmeter, aber nur gut fünf Kilometer in der Horizontaldistanz liegen zwischen Wasserspiegel und Gipfelkreuz. Das sagt eigentlich schon alles über die Qualität der Dent d'Oche als Aussichtswarte. Und wer in der herrlich gelegenen Hütte übernachtet, kann den Sonnenuntergang über den fernen Jurahöhen nebst einem Fondue savoyarde genießen ...

Der markante »Zahn« erhebt sich nicht weit von der Schweizer Grenze über bewaldeten, sanfter profilierten Vorbergen; man kann ihn auf teilweise gesicherten Wegen überschreiten: ein luftiger, aussichtsreicher Spaß mit etwas Ferrata-Feeling.

➔ **Anfahrt** Von Évian-les-Bains (376 m) via Bernex nach Trossy (984 m) und weiter zum Parkplatz von La Fétiuère (1206 m), 18 km.

➚ **Zustieg** Auf einem Saumpfad teilweise angenehm schattig bergan zu den Chalets d'Oche (1630 m) in schöner Lage unter dem »Zahn«. Nun links auf gelb bezeichnetem, ordentlichem Weg aufwärts gegen den *Col de Rebollion* (1925 m).

> **Tipp**
> Ein bisschen Eisen gibt's auch noch an zwei weiteren Gipfeln des Chablais. Eine fast 20 Meter hohe Eisenleiter, die »Échelle des Chasseurs«, führt hinauf in den Col de Pertuis (1512 m), wo die aussichtsreiche Kammwanderung an den *Montagnes des Mémises* (1686 m) beginnt; ab Trossy etwa 5 ½ Std. Ein felsiges, mit Ketten gesichertes Finale bietet der *Mont Ouzon* (1880 m), den man vom Col du Corbier (1237 m) in etwa 2 Stunden besteigt.

↑ **Dent d'Oche, Überschreitung**
Knapp vor dem Sattel zweigt rechts der Hüttenweg ab; er steigt, mit Drahtseilen und ein paar Eisenbügeln gesichert, durch steile Rinnen (Vorsicht: Steinschlaggefahr!) hinauf zu dem prächtig gelegenen *Refuge de la Dent d'Oche* (2113 m). Weiter am Westgrat recht

Dent d'Oche, Überschreitung 93

32

ausgesetzt über Felsstufen zum Gipfel des *Dent d'Oche* (2221 m). Teilweise gesichert ist auch der Abstieg über den Ostgrat; besondere Vorsicht verlangen neben einer Querung in der Nordflanke die brüchigen Platten in der schrofigen Südflanke. Ein Felsturm wird am sichernden Seil etwas heikel umgangen; dann quert man gegen den *Col de Planchamp*.

↘ **Abstieg** Vor der Scharte rechts durch eine Geröllrinne steil abwärts auf den von den Chalets d'Oche heraufkommenden Weg. Auf ihm zurück zu den Hütten und talauswärts nach La Fétiuère.

Mini-Ferrata: die »Échelle des Chasseurs« in den Montagnes des Mémises«.

33 Via ferrata des Saix de Miolène

Saix de Miolène, 1250 m
Viel Luft unter den Schuhsohlen

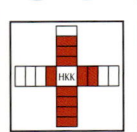

HKK

● K 5
🕐 4 Std.
▲ 240 m

Routencharakter: Typisch französischer Sportklettersteig, in Talnähe an einen markanten Felsriegel montiert. Drei Teilstrecken mit Zwischenausstieg, alles vorbildlich gesichert. Felskontakt eher die Ausnahme. Maximal ausgesetzte Querungen, Kraft raubende Wandstufen mit finalem Überhang. Kaum Felskontakt, man steigt von Eisen zu Eisen. Erstes Teilstück schwierig (K 4), zweiter und dritter Abschnitt sehr schwierig (K 5). Aufgrund der südseitigen Exposition ist die Wand fast das ganze Jahr über schneefrei.
Ausgangspunkt: Parkplatz am westlichen Ortseingang von La Chapelle-d'Abondance (1021 m); hier große Infotafel.
Gehzeiten: Gesamtzeit für das erstes Teilstück 1 ½ Std., für das erste und zweite Teilstück 2 ½ Std., für die große Runde (drei Abschnitte) 4 Std.
Markierung: Zu- und Abstieg bezeichnet.
Landkarten: Erübrigt sich. Für die Anreise Michelin 1:200 000, Blatt 70 »Beaune – Evian«.
Highlights: Spektakuläre, maximal ausgesetzte Passagen in senkrechtem Fels.
Fototipps: Zahlreiche spektakuläre Passagen, die geradezu zu Schnappschüssen einladen.

Man suche: einen möglichst breiten, senkrechten Felsriegel in Ortsnähe. Man nehme: Ein oder zwei Kilometer Drahtseil, ein paar hundert Eisenhaken, dazu ein schönes Sortiment an Eisenbügeln, verankere alles im Steilfels. Dazu kommen ein paar Hinweisschilder und am Einstieg eine große Infotafel – fertig ist der französische Sportklettersteig. Ein Gipfel wird dabei nicht betreten, doch das ist auch nebensächlich. Auf den Spaß, den Kitzel in der Steilwand kommt's an – Tanz überm Abgrund. Bergsteigen?

➔ **Anfahrt** Nach La Chapelle-d'Abondance (1021 m) kommt man von Thonon-les-Bains bzw. von Monthey über den Pas du Morgins (1369 m) auf guten Straßen.

↗ **Zustieg** Von der Talstraße auf dem »Sentier du Menhir« durch den Wald hinauf zum Wandfuß bzw. zum Einstieg (1030 m), 15 Min.

↑ **Teilstück »Cabri«** Eisenbügel schaffen gleich Abstand zur Horizontalen: zehn Meter senkrecht hinauf, daran anschließend eine längere Querung. Erster Gag ist dann ein schmaler Holzbalken (Pont du Goléron) mit Handlauf. Weiter mehr quer als hoch durch die Mauern zum »Pscheu de l'Orge«

Via ferrata des Saix de Miolène   33

(1080 m), wo der erste Abschnitt endet. Gesicherter Zwischenausstieg zum Abstiegsweg.

↑ **Teilstück »Chamois«** Der zweite Abschnitt führt weiter nach rechts in die Wand; der Abstand zum Waldboden wird allmählich größer, die Exposition wächst. Über die »Traversée du Coucou« gelangt man, teilweise auf sehr luftigen, schmalen Bändern, zum »Jardin du Miolène«, einem bewachsenen Band über dem Abgrund. Weiter im Wechsel von horizontal und vertikal zur »Para Néra«, wo man über den »Sortie du Vionnet« nach oben aussteigen kann.

↑ **Teilstück »Bouquetin«** Mit dem »Steinbock« geht's zunächst leicht abwärts zur »Traversée des Poupées«, einer maximal ausgesetzten Querung, ehe der finale Kraftakt beginnt: gut 70 Meter senkrecht an Eisenbügeln über die glatte Mauer mit einem kleinen Überhang als Kraft raubende Zugabe.

↘ **Abstieg** Auf einem teilweise gesicherten Steig oberhalb der Wandflucht links hinunter zum Einstieg und zurück zur Talstraße, etwa 40 Min.

Ein Kraftakt: die »Ferrata des Saix de Miolène«

34 Via ferrata du Saix du Tour

Saix du Tour, 2023 m
Vom Hochhaus in den Steilfels

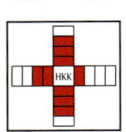

HKK

K 3 /
K 4 /
K 5

3 Std.

230 m

Routencharakter: Aus mehreren Abschnitten zusammengesetzte Route in der Felswand oberhalb von Avoriaz. Teilweise nicht sehr zuverlässiger Fels und recht viel Gras, insgesamt aber bestens gesichert, mit schönen Querungen. Drei Zwischenausstiege, eine Zwei- und eine Dreiseilbrücke.
Ausgangspunkt: Avoriaz (1814 m), Retortenstation oberhalb von Morzine. Anfahrt von Genf via Taninges und den Col des Gets, 75 km. Großer Parkplatz am Ortseingang.
Gehzeit: Gesamte Route mit Abstieg 3 Std.
Markierung: Einstieg nicht zu verfehlen, große Infotafel.
Landkarte: Erübrigt sich; für die Anfahrt Michelin 1:200 000, Blatt 74.
Highlights: Packende, teilweise sehr luftige Querungen, dazu die Seilbrücken. Vom Rücken des Saix du Tour genießt man eine schöne Rundschau.
Einkehr/Unterkunft: In Avoriaz.
Fototipps: Kontraste!

Ein Bild mit Symbolwert: der Klettersteigler im »armierten« Steilfels, gleich dahinter der armierte Beton einer Bettenburg; senkrechte Felskante vor vertikaler Hausfront. Da bleiben kritische Gedanken nicht aus, und angesichts all der malträtierten Natur rund um den Retortenort Avoriaz wird das Klettervergnügen kein ganz ungetrübtes sein. Dazu kommt, dass der Fels am Saix du Tour auch nicht der beste ist, auf den Bändern und Absätzen überall Gras wächst. Immerhin, der lang gestreckte Gratrücken bietet – wenn man die modernen Zutaten einmal ausspart – eine stimmungsvolle Aussicht auf die Bergketten des Chablais und des Faucigny.

➜ **Anfahrt** Von Genf über Taninges nach Morzine, dann auf breiter Serpentinenstraße nach Avoriaz (1814 m).

↗ **Zustieg** Vom Parkplatz durch den Ort. Gleich hinter der Résidence Snow links hinauf zum Wandfuß (Tafel, ca. 1850 m).

↑ **Ferrata du Saix du Tour**

Den Auftakt macht eine luftige, aber mit viel Eisen gesicherte Querung, »Emotion«, die bei weniger Geübten auch gleich einen ersten leichten Adrenalinschub verursacht. Wer sich überfordert fühlt, kann nach einem kurzen, senkrechten Zwischenabstieg gleich wieder zum Wandfuß aussteigen (échappatoire). An der Ferrata folgt eine längere, recht luftige Traverse (»Passage du Génépi«), dann gabelt sich die Route. Unerschrockene turnen über die etwa 20 Meter lange Zweiseilbrücke und kraxeln

Tipp
Nach Flaine (1650 m), einer Skistation, die in den sechziger Jahren nach den Plänen eines amerikanischen Architekten erbaut wurde, kommen vor allem die Wintersportler. Im Sommer bietet die Region gute Wandermöglichkeiten und – an den *Crêtes de Flaine* – sogar einen kleinen gesicherten Steig. Er folgt dem felsigen Kamm vom Straßenpass Pierre Carrée (1844 m) ostwärts bis zur Pointe de Véret (2122 m). Rundtour auf markierten Wegen, etwa 2 ½ Std.

anschließend an Eisenbügeln über eine senkrechte Platte hinauf zur »Grotte des Ardoisiers«; wer auf die akrobatische Einlage verzichten möchte, kann die Höhle auch direkt anpeilen. Hier gibt es seit kurzem einen Zwischenausstieg nach oben (»Sortie de la Rive du Berger«). Es folgen längere Querungen in der teilweise überhängenden Wand, mit packenden Tiefblicken auf den Lac d'Avoriaz. Schließlich gabelt sich die Route erneut: Zwei Varianten leiten nach oben – links der »Surplomb du Saix« (K 4), rechts (leichter) die »Passage du Rasoir«. Sie stoßen nach 20 Metern wieder zusammen; wer gut drauf ist, steigt noch nicht aus auf den Rücken des Saix du Tour, sondern nimmt den letzten Abschnitt der Ferrata in Angriff. Eine längere Traverse leitet zu einer etwa zehn Meter langen Dreiseilbrücke, anschließend eine leicht überhängende Querung und als finale Sensation der überhängende Ausstieg. Zuletzt über den gesicherten Grat leicht zum höchsten Punkt.

↘ **Abstieg** Er verläuft links über den lang gestreckten Nordwestgrat des Saix du Tour, vorbei an der Bergstation des Brocheau-Sessellifts und zuletzt links auf einem Fahrweg hinunter zum Parkplatz.

Zweimal vertikal: Beton und Fels.

35 Via ferrata du Mont

Le Mont, 1010 m
Kraxelspaß im Tal der Giffre

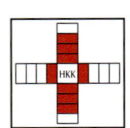

HKK

K 3 / K 4–5

3 Std.

240 m

Routencharakter: Ein typischer Sportklettersteig »à la française«: mehr quer als hoch, mit einigen Gags und üppigen Sicherungen. Insgesamt 800 m lange Route; im Steilgelände praktisch kein Felskontakt, dafür gibt's eine Hängebrücke und eine senkrechte Leiter. Die Route besteht aus mehreren Abschnitten; das erste Teilstück ist mäßig schwierig (K 3), das zweite schwierig bis sehr schwierig (K 4–5). Beim Abstieg kann man nochmals in die Wand einsteigen (K 3). Aufgrund der südseitigen Exposition fast das ganze Jahr über begehbar.

Ausgangspunkt: Parkplatz an der bewaldeten Talenge zwischen Samoëns (714 m) und Sixt (757 m); Anfahrt von Genf via Taninges, 51 km bis Samoëns, dann noch knapp 5 km. Große Schautafel rechts.
Gehzeiten: Gesamt 3 Std.
Markierung: Hinweistafeln.
Landkarte: Erübrigt sich; zur Orientierung Michelin 1:200 000, Blatt 244 »Rhône-Alpes«.
Highlights: Luftige Kletterpassagen im mittleren und oberen Abschnitt der Ferrata.
Einkehr/Unterkunft: In Samoëns und Sixt.
Fototipps: Schöne Actionmotive: Leiter, Bänder, Hängebrücke.

Die alpine Sensation im Tal der Giffre ist sein Abschluss, der grandiose Cirque de Fer à Cheval; hier scheint die Welt wie zugemauert, himmelhoch türmen sich die Berge rundum. Daneben wirkt der lang gestreckte Felsriegel über der kleinen Talenge zwischen Samoëns und Sixt recht harmlos, und die meisten dürften ihn auf der Vorbeifahrt einfach übersehen haben. Das ist vorbei, seit die Firma Prisme hier eine Via ferrata montiert hat: rund 800 Meter Klettersteig, teilweise sehr luftig, aber nicht extrem schwierig, dafür mit einigen originellen Passagen wie einer leicht überhängenden Leiter und der Hängebrücke Ou Izès – alles natürlich top gesichert.

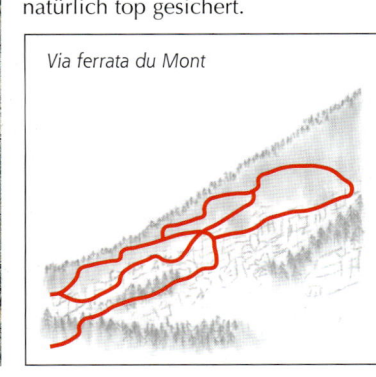

Luftige Traverse an der »Ferrata du Mont«

Via ferrata du Mont

Ein schönes Tourenrevier: die Berge rund um den Lac d'Annecy, aber (noch) ohne richtige Ferrata.

➔ **Anfahrt** Von Genf via Annemasse und Taninges nach Samoëns und weiter bis zu der bewaldeten Talenge vor Sixt.

↗ **Zustieg** Über die Straße und im Wald aufwärts zum Einstieg (860 m).

↑ **Ferrata du Mont, 1. Abschnitt**
Der Klettersteig startet eher gemütlich, die Sicherungen leiten rechts ansteigend auf das bewachsene »Bärenband« (Vire de l'Ours). Nun an einem Pfeiler etwa zehn Meter steil aufwärts auf eine grasige Schulter, dann senkrecht, aber bestens gesichert über die Wand (Dalle des Paresseux; kleiner Überhang) zum Zwischenausstieg.

↑ **Ferrata du Mont, 2. Abschnitt**
Er startet mit einer extrem luftigen Querung (La Becque), die bei weniger Geübten leichtes Nervenflattern hervorruft. Über einen gut gesicherten Pfeiler erreicht man dann die etwa 15 Meter lange Hängebrücke »Passerelle de l'Ou Izès«. Weiter auf schmalen, sehr ausgesetzten Felsbändern zu einer etwa acht Meter hohen Leiter. Die Querung endet mit schöner Sicht über das Tal von Sixt unter einer leicht überhängenden Wandstufe. Auf den Eisenbügeln über dieses letzte Hindernis zum Ausstieg.

↘ **Abstieg** Oberhalb der Wand im lichten Wald hinunter zur Straße.

↗ **Vire de Raffour**
Wer noch nicht genug Eisen geschmeckt hat, kann am Abstiegsweg nochmals in die Wand einsteigen. Das »Raffour-Band« verläuft – teilweise sehr ausgesetzt – hoch in dem Abbruch und mündet schließlich wieder in den Abstiegsweg.

36 Via ferrata de la Roche à l'Agathe

Roche à l'Agathe, 895 m
Senkrecht bis überhängend!

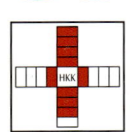

Routencharakter: Sportklettersteig in Tal- bzw. Ortsnähe. Erster Teil schwierig, zweiter Teil sehr schwierig mit einer extremen Ausstiegsvariante. Nur für Leute mit starkem Bizeps! Die Route ist fast das ganze Jahr über begehbar; beste Sicherungsmöglichkeit auch für Partner. Nach Regenfällen ist von einer Begehung abzuraten.
Ausgangspunkt: Parkplatz mitten in Thônes (627 m). Anfahrt von Annecy 20 km.
Gehzeiten: Gesamt 3 Std.

Markierung: Hinweise im Ort (Ferrata, Sentier du Calvaire).
Landkarte: Erübrigt sich; zur Übersicht und für die Anfahrt Michelin 1:200 000, Blatt 244 »Rhône-Alpes«.
Highlights: Die Dreiseilbrücke zum Auftakt, luftige Kletterpassagen, Ausstiegsüberhang und Leiter.
Einkehr/Unterkunft: —
Fototipps: Action, Action ... Die Route liegt am Morgen im Schatten.

K 4 / K 5

3 Std.

270 m

Eigentlich ist Thônes ja vor allem für seinen Käse, den würzigen Reblochon, bekannt. Seit kurzem verzeichnet der Flecken aber auch Besucher, die Appetit auf ganz anderes haben: Klettersteigler. Sie wollen auf den »Hausberg«, die Roche à l'Agathe, die direkt über dem Talboden ansetzt und in westseitiger Exposition gut 250 Meter hoch ansteigt. Der solide Kalkfels ist gespickt mit Haken und Eisenbügeln; Drahtseile ziehen eine verwegen-steile Linie bis zum Ausstieg. Der wartet als besondere Attraktion (Variante) mit einem Überhang auf, den man an Eisenklammern zu meistern hat – nur für gestählte Muskeln ein Vergnügen!

➔ **Anfahrt** Von Annecy auf guter Straße nach Thônes (627 m), 20 km.

➚ **Zustieg** Vom Parkplatz durch die Unterführung, dann auf dem »Kalvarienweg« links zum Einstieg (660 m).

↑ **Ferrata de la Roche à l'Agathe**

Den Auftakt macht eine kleine Mutprobe: der »Pont du Calvaire«, eine etwa zehn Meter lange, ziemlich wackelige Dreiseilbrücke. Anschließend steil und ausgesetzt in bestem Fels aufwärts; Eisenbügel leiten über den »Rocher du Grand Rappel« und die »Rampe aux Chamois«. Da wird man allerdings kaum eine Gämse (chamois) antreffen, so we-

Tipp

Wem nach der Hangelei am Agathafelsen der Sinn nach einer richtigen Bergtour steht, kann sich die *Tournette* (2352 m) im Südosten des Lac d'Annecy vornehmen. Sie ist der höchste (und schönste) Gipfel der Region, berühmt für ihr großes Panorama und eine besonders reiche Flora. Mit etwas Glück ist in den gebänderten Felsflanken sogar Steinböcke zu beobachten. Und ein bisschen Eisen gibt's auch: zwei Leitern und ein paar Drahtseile. Günstiger Ausgangspunkt ist der Weiler Montmin an der Straße über den Col de la Forclaz; Aufstieg von Süden, Abstieg über das Refuge de la Tournette, Gehzeit gesamt etwa 7 Std.

Ferrata de la Roche à l'Agathe

nig wie an der »Rampe r'tournes y pas«. Die bietet dafür einen packenden Tiefblick auf Thônes, und wer genug hat, kann gleich oberhalb der »Mauer«, etwa auf halber Wandhöhe, nach rechts aussteigen (»Sortie du Pin Sec«).

Die Fortsetzung der Via ferrata ist noch etwas anspruchsvoller. Eine senkrechte Felsstufe leitet auf die »Vire d'la Sieste«, die sich für eine kurze Verschnaufpause anbietet. Nach zwei weiteren Steilaufschwüngen erreicht man schließlich den »Überhang des Eremiten« mit spärlichen Überresten der 1916 erbauten Einsiedelei (rechts Ausstiegsmöglichkeit). Unerschrockene wagen sich hier an den mit Klammern versehenen »Surplomb de l'Ermite« (K 6); entschieden weniger anstrengend, aber ebenfalls sehr luftig ist die Alternative, eine 12 Meter hohe Leiter, die man mit dem Rücken zur Wand (!) besteigt. In griffigem Fels aufwärts zum Ausstieg (895 m), *2 ¼ Std.*

↘ **Abstieg** Teilweise gesichert (Drahtseile) über den steilen, bewaldeten Rücken abwärts zum Kalvarienberg (Kapelle von 1515) und auf gutem Weg zurück nach Thônes.

Ganz schön luftig! Die nach außen geneigte Leiter an der Roche à l'Agathe.

37 Via ferrata de la Tour du Jalouvre

Tour du Jalouvre, 2025 m
Ein steiler Zahn

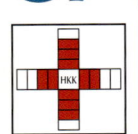

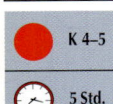

HKK

K 4–5

5 Std.

610 m

Routencharakter: Eine alpine Route, trotz Straßennähe. Im Frühsommer kann der Abstieg heikel sein (Altschnee!); keinesfalls nach Regen oder bei unsicherer Witterung gehen! Nur mit guten Bergschuhen; signalisierte Ausstiegsmöglichkeit vor der Hängebrücke (»Sortie à Fred«). Auseilen erst nach dem (gesicherten) Abbruch am Rückweg.
Ausgangspunkt: An der Straße von Le Grand-Bornand zum Col de la Colombière (1613 m). Parkplatz und Schautafel wenig oberhalb der Chalets de Cuillery (1410 m); Anfahrt von Annecy via Thônes oder von Genf über Bonneville.
Gehzeiten: Gesamt 5 Std.; Aufstieg 3 ½ Std., Abstieg 1 ½ Std.
Markierung: Hinweistafeln, Abstieg eher dürftig bezeichnet (Vorsicht bei Nebel!).
Landkarte: Erübrigt sich; für die Anfahrt evtl. Michelin 1:200 000, Blatt 244 »Rhône-Alpes«.
Highlights: Kletterei an der Tour du Jalouvre, Hängebrücke und alpine Kulisse mit schönen Aus- und Tiefblicken.
Einkehr/Unterkunft: Gut aufgehoben ist man im Hotel Vermont, F-74450 Le Grand-Bornand; Tel. 04 50 02 36 22, Fax 04 50 02 39 36.
Fototipps: Tolle Actionmotive an der Tour du Jalouvre.

Noch attraktiver, auch etwas schwieriger als die Route drüben am Col des Aravis (⇨ Tour 38) präsentiert sich die »Via ferrata de la Tour du Jalouvre«. Und im Namen steckt gleich auch das absolute Highlight dieses Klettersteigs: die 50-Meter-Vertikale des Jalouvre-Turms, zu der man über eine schwankende Hängebrücke einsteigt.

Natürlich hat die Route noch mehr zu bieten, nicht zuletzt beeindruckt auch die Bergkulisse rund um La Clusaz mit der lang gestreckten Araviskette als Blickfang (Pointe de Percée, 2750 m). Und nach eher gemütlichem Auftakt bildet dann der »Dévers (= schiefe Kante) du Cul tourné«, leicht überhängend, eine erste ernsthafte Prüfung für Ferratisti. Wer die Passage mit Anstand schafft, wird auch an der Tour de Jalouvre kaum Probleme bekommen. Im weiteren Verlauf ist dann ein sicherer Tritt entschieden wichtiger als ein dicker Bizeps.

Ferrata de la Tour du Jalouvre

➔ **Anfahrt** Von Annecy bzw. Genf nach St-Jean-de-Sixt (950 m), dann weiter Richtung Col de la Colombière bis zum Parkplatz (ca. 1440 m).

↗ **Zustieg** Von der Straße kurz hinab zu den Chalets de Cuillery (1410 m), dann über den Bach und auf bezeichnetem Weg hinauf zum Felsfuß (ca. 1550 m).

37 Ferrata de la Tour du Jalouvre

Die Drahtseile leiten zunächst auf ein begrüntes Band, dann steigt man über gestufte Felsen schräg nach links an gegen die »Arche des Bouquetins«. Unter Überhängen durch zur ersten Schlüsselstelle der Route, dem »Dévers du Cul tourné«. Nun in leichterem Gelände weiter bergan; nach kurzem Zwischenabstieg kann man links über die »Sortie à Fred« aussteigen. Rechts über einen kurzen Aufschwung zu der etwa 15 Meter langen »Passerelle du Gypaète«. Manche wünschen sich an dieser Stelle möglicherweise die Schwingen eines Geiers (= gypaète«), auch mit Blick auf den senkrecht aufragenden »Pilier des Courants d'Air«. Immerhin vermitteln solide Eisenklammern auch jenen, die nicht fliegen können, ein luftiges Erlebnis. Am Pfeilerkopf links und weiter ausgesetzt mit packenden Tiefblicken durch den Westabbruch der Tour du Jalouvre. Über die »Passerelle au bostriche«, eine Holzbrücke (mit Handlauf), anschließend über einen Vorgipfel zum Grat und an ihm, zunächst noch gesichert, zum »Gipfel« (ca. 2025 m), *3 1/2 Std.*

↘ Abstieg Den spärlichen Markierungen folgend über eine Felsflanke bis zu einem Abbruch (Drahtseil, unten lose). Vorsichtig hinunter in den düsteren Winkel. Nun nicht über die Schuttreiße »abfahren«, sondern der deutlichen Spur nach rechts folgen. Sie führt in kurzen, steilen Kehren abwärts zur Colombière-Route (ca. 1540 m). Hier rechts und abseits der Passstraße zurück zu den Chalets de Cuillery (1410 m) und zum Parkplatz.

An der Tour du Jalouvre.

38 Via ferrata Yves Pollet-Villard

Rochers de Borderan, 1820 m
Luftige Route über dem Aravispass

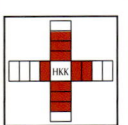

K 4

4 Std.

440 m

Routencharakter: Sportlicher Klettersteig mit kurzem Zustieg, geländebedingt mehr Querungen als vertikale Passagen. Sehr schwieriger Überhang am Ausstieg kann umgangen werden.
Ausgangspunkt: An der Westrampe der Straße über den Col des Aravis (1486 m). Große Tafel und Parkplatz in der dritten Kehre unter dem Passscheitel; Anfahrt von Annecy via Clusaz bzw. von Albertville über Flumet, 37 bzw. 34 km.
Gehzeiten: Gesamt 4 Std.; Aufstieg 3 $^1/_4$ Std., Abstieg $^3/_4$ Std.
Markierung: Hinweistafeln, Zu- und Abstiegsweg bezeichnet.
Landkarte: Erübrigt sich; zur Anreise evtl. Michelin 1:200 000, Blatt 244 »Rhône-Alpes«.
Highlights: Luftige Querungen, Passerelle.
Einkehr/Unterkunft: —
Fototipps: Gute Actionmotive, vor allem auf den luftigen Traversen.

Bei der Fahrt zum Col des Aravis (1498 m) ist das schräg nach rechts ansteigende Felsband nordwestlich über dem Passscheitel kaum zu übersehen, so wenig wie die große Tafel an der Westrampe: »Via ferrata Yves Pollet-Villard« kann man da lesen; eine Ansicht des Klettersteigfelsens mit markiertem Routenverlauf und allerlei Ermahnungen für die Begeher gibt's auch – mehrsprachig sogar. Dergestalt vorbereitet nimmt man dann den kurzen Anstieg zum Einstieg unter die Füße. Der erste Augenschein verspricht eine recht abwechslungsreiche, auch luftige Route in bestem Fels, und die Erwartungen werden nicht enttäuscht: exponierte Querungen wie die am »Donjon des deux Nisches« oder die »Traversée des Jardiniers« wechseln ab mit kurzen Aufschwüngen etwa am »Mur du bon Geste«. Für einen leichten Adrenalinschub sorgt die knapp 20 Meter lange Hängebrücke, und beim Ausstieg aus der Felsmauer hat man dann die Wahl zwischen zwei Varianten; die »Sortie à la r'tourne« – ein knackiger Überhang – verlangt Mut und einen ordentlichen Bizeps.

Ferrata Yves Pollet-Villard

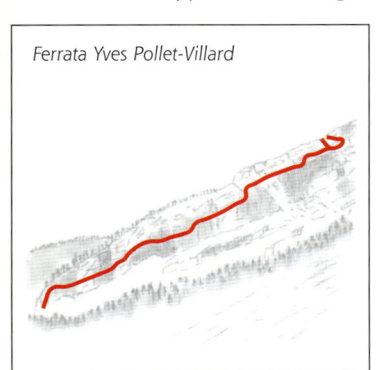

➔ **Anfahrt** Von Annecy über La Clusaz (1040 m) zum *Col des Aravis* oder von Albertville via Flumet über den Pass.

➚ **Zustieg** Vom Parkplatz (1390 m) an der Westrampe des Passes auf markiertem Weg hinauf zum Einstieg rechts des Klettergartens (site d'escalade).

↑ **Ferrata Yves Pollet-Villard**
Die anregende Kraxelei beginnt nach rechts

ansteigend mit der »Traversée du bon Pied«. Gute Tritte finden die Füße auch weiterhin, natürliche auf den schmalen Bändern, eiserne an den Steilaufschwüngen. Luftig unter Überhängen an zwei markanten Felsnischen vorbei (»Donjon des deux nisches«); auf den steilen »Mur du bon Geste« folgt dann als Highlight der Route die luftige Passerelle. In der Folge weiterer Wechsel zwischen quer und hoch; sehr reizvoll die exponierte »Au bonheur des Dames« (da sollten sich Männer nicht zu weit hinauslehnen!). Und wer seiner Liebsten dann noch zeigen will, wie toll er drauf ist, nimmt für den Ausstieg natürlich nicht die (leichte) »Sortie des Aravis«, sondern den knackigen Überhang.

↘ **Abstieg** Auf gutem Weg über den nordseitigen Rücken der Rochers de Borderan hinunter zum Zustieg und auf ihm zurück zum Parkplatz.

Die Hängebrücke an der »Ferrata Yves Pollet-Villard«.

39 Vie ferrate du Golet de la Trouye und Pas de l'Ours

Mont Charvin, 2409 m
Eine Überschreitung mit viel Aussicht

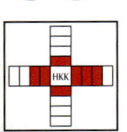

K 2

6 ½ Std.

900 mt

Routencharakter: Alpine Überschreitung, eher etwas für Bergsteiger als für reine »Ferratisti«. Im Golet de la Trouye besteht erhebliche Steinschlaggefahr durch Voraussteigende! Steile Grashänge, abschüssige Bänder, deshalb: bei Nässe meiden!
Ausgangspunkt: Kleiner Parkplatz (1520 m) knapp unterhalb des Col de l'Arpettaz; Zufahrt von Ugine (408 m) über eine Serpentinenstraße.

Gehzeiten: Gesamt 6 ½ Std.; Aufstieg 4 Std., Abstieg 2 ½ Std.
Markierung: Rot bezeichnete Wege, Hinweisschilder.
Landkarte: Didier Richard 1:50 000, Blatt 8 »Mont Blanc«.
Highlights: Aus- und Tiefblicke, im Sommer die Blumenpracht.
Einkehr/Unterkunft: —
Fototipps: Blickfang ist immer wieder der Mont Blanc; stimmungsvolle Tiefblicke.

Der *Mont Charvin* (2409 m), südlicher Eckpfeiler der Aravis-Kette, gilt als einer der schönsten Aussichtsgipfel in der weiteren Umgebung der Olympiastadt Albertville, und dass an seinen Steilflanken vor ein paar Jahren Sicherungen installiert worden sind, macht ihn für Klettersteiger erst richtig attraktiv. »Eisenfresser« seien aber gewarnt: bei dieser Gipfelüberschreitung kommt das Landschaftserlebnis ganz klar vor der Turnerei am Metall. Im Frühsommer blüht es auf den Wiesen hier besonders üppig, und der Herbst beschert naturgemäß den klarsten Blick auf das »Dach« der Alpen, den Mont Blanc (4807 m).

➔ **Anfahrt** Das Industriestädtchen Ugine (408 m) liegt ein paar Kilometer nördlich von Albertville am Arly. Durch den Ort und auf einer kurvenreichen Straße bergan gegen den *Col de l'Arpettaz*. Parkplatz Les Bassins (ca. 1520 m) knapp vor dem Pass, etwa 14 km von Ugine.

↗ **Zustieg** Ein markierter Weg führt im Zickzack über den Wiesenhang aufwärts gegen die Felsen. In der breiten Mauer entdeckt man ein steiles, enges Couloir: den *Golet de la Trouye*.

↑ **Ferrata du Golet de la Trouye**

Durch dieses Couloir führt der Anstieg. Auf eine Sau (trouye im Savoyischen) wird man hier allerdings kaum stoßen, eher schon auf ein paar verschwitzte Gipfelstürmer. Denn der Anstieg durch den Schlund ist sehr steil; felsige Aufschwünge sind dabei gesichert. Die Route mündet am Cul d'Ugine (2053 m) auf den Grat. Nun rechts und am steilen Schrofenhang zum Gipfel des *Mont Charvin* (2409 m).

↓ **Ferrata du Pas de l'Ours**

Abbildung gegenüberliegende Seite: Die Aravis-Kette bietet zahlreiche dankbare Gipfelziele.

An dem recht luftigen, teilweise gesicherten Ostgrat abwärts, dann am Kamm nordwärts gegen den Lac du Charvin (2011 m). Rechts über ein schmales Band, die »Vire de la Mêne Noire« (Drahtseile), quer durch den Felsabbruch zum *Pas de l'Ours* (2130 m).

↘ **Abstieg** Von hier ein kleiner Abstecher zum Belvédère des Prés Riants. Weiter in einer Mulde abwärts, anschließend in langer Hangtraverse unter den Felsen hindurch und rechts bergab zu den Chalets de Merdassier du Milieu (1585 m). Auf der Straße über den *Col de l'Arpettaz* (1581 m) zurück zum Parkplatz.

40 Via ferrata du Roc du Vent

Roc du Vent, 2360 m
Der »Gespaltene«

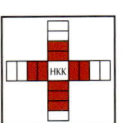

K 2 / K 3
4 1/2 Std.
600 m

Routencharakter: Sehr abwechslungsreiche Via ferrata in spannender Kulisse. Herrliche Fern- und Tiefblicke. Die Seilbrücke kann in der »Cheminée« umgangen werden. Lampe für den Tunnel wichtig!
Ausgangspunkt: Refuge du Plan de la Laie (1818 m); Anfahrt von Albertville durch das Beaufortin. Bus nur bis Beaufort (743 m). Parkplatz und große Schautafel bei der Hütte.
Gehzeiten: Gesamt 4 1/2 Std.
Markierung: Zustieg schlecht bezeichnet, vom ersten Drahtseil an nicht mehr zu verfehlen.
Landkarte: Didier Richard 1:50 000, Blatt 8 »Mont Blanc«.
Highlights: Anstieg über die Rampe, Steilaufstieg an dem isolierten Turm und Seilbrücke, »Vire des Bouquetins«.
Einkehr/Unterkunft: Refuge du Plan de la Laie (1818 m); ⊕ Mitte Juni bis Mitte September; Tel. 04 79 38 38 38.
Fototipps: Spannende Motive auf der ganzen Runde, vom Rampenanstieg bis zum Tunnel.

Bei der Anfahrt vom großen Roselend-Stausee herauf gibt sich der »Windfelsen« zunächst kompakt-abweisend, mit felsigen Steilflanken. Erst nach und nach kommt auch seine zahme Rückseite ins Bild, dazu jene mächtige Schräge, über die die neue, sehr abwechslungsreiche Ferrata ansteigt. Oben am Kamm warten dann gleich mehrere Überraschungen: eine tolle Aussicht, der prickelnde Blick hinüber zu der luftig verwegenen Seilbrücke und die Einsicht, dass der Berg gespalten ist, mehrfach sogar. Da pfeift der Wind (= vent) dann ganz ordentlich durch die tiefen Gräben; recht zugig ist es auch in dem etwa 200 Meter langen, stockfinsteren Tunnel, einem Überbleibsel aus der Projektzeit für die »Route des Grandes Alpes«, mit dem die Ferrata ausläuft.

➔ **Anfahrt** Von Albertville, der Olympiastadt mit Autobahnanschluss, führt eine gute Straße in das für seinen Käse berühmte Beaufortin und hinauf zum Stausee von Roselend (1557 m). Weiter Richtung Cormet de Roselend bis zum *Refuge du Plan de la Laie* (1818 m), etwa 36 km. Parkplatz, Bus nur bis Beaufort (743 m).

↗ **Zustieg** Vom Parkplatz, die Fahrwegschleife abkürzend, über den Bach Dou und links zu den Hütten von La Plate. Nun rechts auf schlechtem, nur gelegentlich markiertem Weg kurz über den feuchten Hang bergan zu einer unmarkierten Abzweigung. Links über den steinigen Rücken in eine breite, geröllige Rinne und durch sie im Zickzack aufwärts zum Einstieg (ca. 2090 m).

↑ **Ferrata du Roc du Vent**
Die Route verläuft über die riesige, bereits von der Straße aus gut sichtbare Felsrampe, hält sich dabei an ihren linken Rand, was für hübsche,

teilweise auch ziemlich luftige Kraxelstellen sorgt. Etwa auf halber Höhe mündet keine 50 Meter rechts der Tunnel, den man beim Rückweg begeht. Über einen grasigen Hang gewinnt man schließlich die Kammhöhe des *Roc du Vent* (2360 m) mit dem Überraschungsblick auf die Dreiseilbrücke. Am Grat nach rechts und mit Hilfe einiger Sicherungen hinunter zur Mündung des »Canyons«, der die große Gipfelwiese spaltet. Am Felsfuß gabelt sich die Route: links in die von senkrechten Felsen flankierte Klamm und durch den »Kamin« (Hinweis: »cheminée«) zum Nordgipfel, rechts sehr steil, aber bestens gesichert an dem isoliert stehenden Felsturm hinauf und anschließend auf schwankendem Seil 19 Meter (!) weit über einen tiefen Einschnitt. Im »Kamin«, der eigentlich eine sehr enge, vom Wasser ausgewaschene Rinne ist, erweist sich jedes Kilo Übergewicht als ausgesprochen hinderlich; für die Seilbrücke dagegen braucht's gut gepolsterte Nerven.

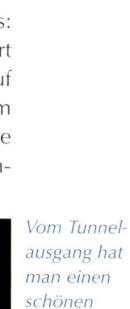

Vom Tunnelausgang hat man einen schönen Fernblick auf Gipfel der Haute Tarentaise; rechts die Pointe de la Terrasse.

40

Abstieg Von der Gipfelwiese (2329 m) durch eine steile Rinne (Sicherungen) hinab zum »Steinbockband« (Vire des Bouquetins), das aussichtsreich die Westflanke des Bergstocks quert. Durch den etwa 200 Meter langen Tunnel (Lampe!) gelangt man wieder auf die Südseite des Roc du Vent. Auf guter Spur hinüber zur Alphütte von La Lauze (2145 m), hier rechts und schräg am Grashang hinunter zu den Chalets de la Plate. Auf dem Hinweg zurück zum Refuge du Plan de la Laie.

Am Aufstieg zum Roc du Vent.

Via ferrata École de Rossane

Nant de Rossane, ca.1020 m
Klettersteig-Übungspfad

41

Routencharakter: Übungsferrata bei Aill-on-le-Jeune, bestens ausgestattet: Leiter, Querungen an senkrechtem Fels, Hängebrücke, Dreiseilbrücken, Tyrolienne. Ideal für Einsteiger oder Familien. Hinweisschilder informieren über den richtigen Umgang mit dem »Eisen«, auch über Gefahren. Wichtig: Für die Tyrolienne benötigt man eine Seilrolle, die Verwendung von Karabinern ist nicht zulässig, weil höchst gefährlich!
Ausgangspunkt: Chaletsiedlung La Manse bei Aillon-le-Jeune (894 m); Zufahrt von Annecy über den Col de Leschaux oder von Chambéry über den Col des Prés (1135 m). Weiter auf der D 32 Richtung Aillon Station, dann links aufwärts nach La Manse (940 m; Hinweis »Ferrata«). Parkmöglichkeit.
Gehzeiten: Mindestens 1 Std.
Markierung: Am Straßenende Hinweis zum Klettersteig.
Landkarte: Erübrigt sich; zur Übersicht und für die Anfahrt Michelin 1:200 000, Blatt 244 »Rhône-Alpes«.
Highlights: Originelle Anlage, die ein vergnügliches Kennenlernen der neuen Trendsportart »Ferrata à la française« für die ganze Familie erlaubt.
Einkehr/Unterkunft: In Aillon-le-Jeune (894 m).
Fototipps: Toute la famille en action!

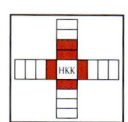

HKK

K 1–K 4

1 1/2 Std.

50

Das Kalkmassiv Les Bauges könnte ohne weiteres auch in der Schweiz stehen: Seen am Rand, ein paar Dörfer dazwischen, viele Almen, noch mehr Kühe und ein paar Gipfel, die an der Zweitausender-Höhenmarke kratzen. Seit dem Sommer 2000 gibt es hier eine Übungsferrata, kann man an den Felsen unweit des Klettergartens den Umgang mit Haken, Leitern lernen, sich sogar im Balancieren auf schwankenden Drahtseilen versuchen und an einer Tyrolienne talwärts fahren.

➔ **Anfahrt** Aillon-le-Jeune erreicht man von Annecy über den Col de Leschaux (897 m) und Lescheraines oder von Chambéry über St-Jean-d'Arvey und den Col des Prés (1135 m), 38 bzw. 25 km. Weiter auf der D 32 nach Aillon Station und links hinauf zu der Chaletsiedlung La Manse.

↗ **Zustieg** Auf einem Waldweg in fünf Minuten zu den ersten Sicherungen (Leiter).

↑ **Ferrata École de Rossane**

Anseilen – und los geht's! Tafeln informieren leicht verständlich (mit Zeichnungen) über das richtige Verhalten am Klettersteig, und auf den nächsten Metern kann man's dann auch gleich trainieren. Die Sicherungen sind bewusst so angebracht, dass sie auch für Kinderbeine und -arme passen.

> **Tipp:** Westlich über Aillon-le-Jeune erhebt sich der breite Rücken des *Mont Margériaz* (1845 m). Hier fährt man im Winter Ski, im Sommer wird der Gipfel gerne vom Col de Plainpalais (1173 m) aus bestiegen, 2 1/2 Std. mit einem kleinen Klettersteigfinale.

42 Via ferrata de la Tête de Cheval

La Tête de Cheval, 650 m
Steiler Zahn über dem lieblichen See

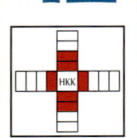

K 3

2¼ Std.

380 m

Routencharakter: Kurze, aber recht sportliche Ferrata über dem savoyischen Badesee Lac d'Aiguebelette. Am Einstieg wird man öfter mit Sand berieselt. Hübsche Trainingstour, praktische das ganze Jahr über möglich.
Ausgangspunkt: Am Ostufer des Lac d'Aiguebelette (373 m), etwa 2 km vom Autobahn-Anschluss »Lac d'Aiguebelette«. Zufahrt von Chambéry über die A43. Große Schautafel, Parkmöglichkeit an der Straße.
Gehzeiten: Gesamt 2¼ Std.
Markierung: Hinweis an der Straße, Abstieg gelb bezeichnet.
Landkarte: Erübrigt sich; für die Anfahrt Michelin 1:200 000, Blatt 244 »Rhône-Alpes«.
Highlights: Luftige Passagen, Tiefblicke auf den See.
Einkehr/Unterkunft: Hôtel-Restaurant La Combe, 1 km weiter südlich am Ostufer des Sees.
Fototipps: Action auf der Ferrata, Tiefblicke auf den See.

So arg viele Felsen gibt es rund um den idyllischen, rund 500 Hektar großen Lac d'Aiguebelette nicht, und die Bezeichnung »Calanque savoyarde« scheint für den »Rosskopf« (Tête de Cheval) an seinem Ostufer etwas hoch gegriffen. Immerhin, für eine Via ferrata française reicht's, und die 200 Höhenmeter in steilem Kalk vermitteln ein hübsches Klettererlebnis, auch wenn man zum Auftakt gleich mit Sand berieselt wird. Dafür bieten sich höher in der Wand bezaubernde Tiefblicke auf den See, und der »ladet« (hinterher) dann zum Bade ...

➔ **Anfahrt** Von Chambéry (272 m) über die Autobahn A43 (Richtung Lyon) zur Ausfahrt »Lac d'Aiguebelette«, dann am Ostufer des Sees bis zum Parkplatz bei der großen Schautafel.

↗ **Zustieg** Über die Straße und im Laubwald auf schmalem Weglein steil hinauf zum Einstieg (ca. 450 m).

↑ **Via ferrata Tête de Cheval**
Über gestufte, mit Sand bedeckte Felsen (Steinschlagnetz oberhalb) kurz aufwärts zu einer Verschneidung, die nach rechts ansteigt. An Eisenbügeln fast senkrecht hinauf zu einem Felskopf, dann in leichterem Gelände nach links über eine Rinne und in plattigem Fels schräg zum Grat. Sehr luftig,

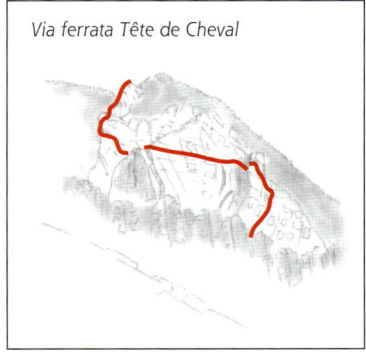

Via ferrata Tête de Cheval

mit packenden Tiefblicken zum See, über den Grat zum Ausstieg (ca 650 m).

⇘ **Abstiege** Vom Ausstieg rechts haltend und auf einem Weglein hinab zu den wenigen Häusern von Les Gustins, dann kurz mit einer Straße und schließlich auf dem »Sentier de la Combe« hinunter zum Lac d'Aiguebelette. Auf der Uferstraße zurück zum Parkplatz. Steiler, aber kürzer ist der Abstieg über den »Sentier des Chamois«: Vom Ausstieg des Klettersteigs im Wald noch kurz bergan, dann links (Hinweis »Les Balcons du Lac«) steil hinunter zum See (Teleskopstöcke angenehm).

Steiler Zahn über dem Lac d'Aiguebelette: die Tête de Cheval.

43 Via ferrata de la Croix des Verdons

La Croix des Verdons, 2739 m
Dolomitgrat über Skipisten

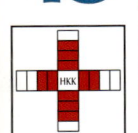

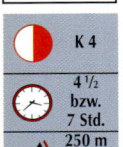

K 4

4½ bzw. 7 Std.

250 m bzw. 1020 m

Routencharakter: Ausgeprägt alpine Route an einem zackigen Kalkgrat mit sehr luftigen Passagen, aber überall bestens gesichert.
Ausgangspunkt: Sommet de la Saulire (2738 m) bzw. die Bergstationen der von Méribel und Courchevel ausgehenden Gipfelbahnen. Achtung: die Bergbahnen sind sommers nur Juli/August in Betrieb, und das auch nicht täglich! Infos durch das Office du Tourisme in Courchevel (Tel. 04 79 08 00 29) und Méribel (Tel. 04 79 08 60 01). Busverbindungen Moûtiers – Méribel bzw. Courchevel.
Gehzeiten: Gesamt 4½ Std.; Klettersteig 2½ Std., 2 Std. Mit Ausgangspunkt beim Flugplatz von Courchevel ergibt sich eine Gesamtgehzeit von 7 Std.
Markierung: Die Route ist nicht zu verfehlen; zahlreiche Wegzeiger und Farbmarkierungen.
Landkarte: Didier Richard 1:50 000, Blatt 11 »Vanoise«.
Highlights: Die extremen Passagen am Curé und der Ostwand des Vorgipfels; Aussicht vom Gipfel.
Einkehr/Unterkunft: —
Fototipps: Schöne Motive am Klettersteig mit den vergletscherten Dreitausendern als Kulisse.

Der Sommet de la Saulire (2738 m) ist ein altberühmter Aussichts- und Skiberg mitten im Vanoise-Massiv, mit Seilbahnanschluss gleich von drei Seiten. So etwas tut einer alpinen Landschaft selten gut, und wer im Sommer zwischen Méribel und Courchevel unterwegs ist, sieht sich mit den Narben der touristischen (Über-)Erschließung konfrontiert: Pistenschneisen, Schottertrassen und Liftmasten. Mehr als zwei Dutzend Aufstiegshilfen surren hier im Winter, befördern Zigtausende in die Höhe. Im Sommer stehen die meisten Räder still; an der Saulire gucken ein paar Ausflügler ins weite Rund, auf die vergletscherten Dreitausender im Süden und Osten. Im Norden, ganz nah und genau auf Augenhöhe, ragt der schroffe Zackengrat um die Croix des Verdons (2739 m) in den Himmel. Ebenfalls mit »Aufstiegshilfen« versehen: Eisenbügel und Drahtseile einer Via ferrata leiten in anregendem Auf und Ab über den felsigen Kamm zum Gipfel – ein sehr alpiner, auch anspruchsvoller Klettersteig.

> **Tipp**
> Im Vallée de Belleville, das man vor allem als Teil des großräumigen Skireviers Les Trois Vallées kennt, gibt es zwei Klettersteige mittlerer Schwierigkeit, die »Via ferrata du Cochet« am gleichnamigen Gipfel (2023 m) gegenüber von St-Martin-de-Belleville (Zufahrt nach Praalautray; 3¼ Std., K 3) und die »Via ferrata de Levassaix« an einem Felsriegel kurz vor Les Menuires (1¾ Std., K 2 – 3).

➔ **Anfahrten** Von Moûtiers über Brides-les-Bains nach Méribel-les-Allues bzw. Courchevel 1850 und mit der Gondelbahn zur Saulire (2738 m).

↗ **Zustieg** Vom Flugplatz (Altiport, 2008 m) auf markiertem Weg durch das Hochtal von Creux hinauf zum Pas du Lac (2601 m) und rechts zur *Saulire* (2738 m).

↑ Via ferrata de la Croix de Verdon

Vom Gipfel der Saulire (2738 m) zunächst am schotterigen Grat abwärts zum Einstieg (Tafel). Mit Drahtseilsicherung über Blockwerk und kleine Felsstufen zur »Porte«, einem schmalen Durchlass zwischen zwei Felstürmen. Erstes veritables Hindernis an der Kammroute ist dann der *Curé* (2681 m), eine schlanke, etwa fünfzig Meter hohe Felsnadel. Man überschreitet sie auf verwegener, luftiger Route; vor allem der Abstieg sorgt für einen kleinen Adrenalinstoß. Am *Col de la Croix* (ca. 2630 m) kann man westseitig nach Méribel absteigen. Die Fortsetzung der Ferrata quert in die Ostflanke des Sommet Sud (2732 m). Rund 200 Eisenbügel leiten über die graue, nahezu senkrechte Felsmauer zum Gipfel; etwa auf halber Höhe bietet ein kleiner grasiger Absatz Gelegenheit zum Verschnaufen. Hinter dem Vorgipfel kurz abwärts, dann über Bänder und kleine Felsstufen zum Gipfel der *Croix des Verdons* (2739 m), *2 1/2 Std.*, mit grandiosem Panorama bis zum weißen Riesen im Norden, dem Mont Blanc.

↘ **Abstieg** Ostseitig mit Seilsicherung über gestufte Felsen abwärts (Vorsicht: keine Steine ablassen!) zu einem Couloir, in dem oft bis in den Sommer Schnee liegt. In Geröll und Blockwerk hinunter ins Skigelände von Courchevel.

Zackiger Grat über den Skipisten von Courchevel: Croix des Verdons.

44 Via ferrata du Lac de la Rosière

Falaises de la Rosière, 1570 m
Links oder rechts? Zwei Trainingsrouten über dem Lac de la Rosière

K 3
2 3/4 Std.
80 m

Routencharakter: Zwei kürzere, mit viel Eisen ausgestattete Klettersteige; ziemlich luftige Querungen und eine Dreiseilbrücke.
Ausgangspunkt: Parkplatz wenig oberhalb des Lac de la Rosière (1536 m); Zufahrt von Moûtiers via Brides-les-Bains und Courchevel 1650 (1564 m); hier links über eine Serpentinenstraße hinauf zur Residenz Zénith (1677 m), an der Verzweigung links und auf einer Schotterpiste hinunter zum Lac de la Rosière, 4 km ab Courchevel 1650.

Gehzeiten: Gesamt 2 3/4 Std.; linke Route 1 3/4 Std., rechte Route 1 Std.
Markierung: Einstiege nicht zu verfehlen, dann immer den Eisen nach ...
Landkarte: Didier Richard 1:50 000, Blatt 11 »Vanoise«.
Highlights: Recht luftige Querungen; am rechten Steig treffen wir auf eine Holzbalkenbrücke, am linken Steig schwankende Seilbrücke.
Einkehr: Kiosk beim Parkplatz.
Fototipps: Gut Licht herrscht auf der rechten Route eher am Nachmittag, links über der Rosière am Vormittag.

Neben der alpinen Route an der Croix des Verdons (⇨ Tour 43) nehmen sich die beiden Eisenwege über dem kleinen Stausee von Rosière eher bescheiden aus: Trainingsrouten, üppig gesichert, auch Ausweichziel, wenn sich die Gipfel des Vanoise-Massivs in Wolken hüllen. Große Aussicht gibt's auch keine; immerhin verschwindet nach der Auffahrt über die Serpentinen von Armstrong & Co. auch die Stadtarchitektur von Courchevel aus dem Blickfeld. Und wer die berühmte Bergesruh' sucht, braucht nach der Turnerei bloß hineinzuwandern in das Hochtal des Rosière-Bachs, vielleicht hinauf zu den stimmungsvollen Lacs Merlet (2447 m) ...

➔ **Anfahrt** Von Moûtiers über Brides-les-Bains nach Courchevel 1650, hier weiter bis zur Résidence Zenith (1677 m) und dann auf einer Schotterpiste abwärts zum Parkplatz unweit des *Lac de la Rosière* (1622 m).

↑ **Ferrata Rosière, Westroute**
Beim Kiosk links vom See zum Einstieg am Fuß der westseitigen Felsen. Eine luftige, gut gesicherte Querung etwa 15 Meter über dem Wasserspiegel – »La Calanque« – macht den Auftakt, dann folgt eine schwankende Seilbrücke; wer sich nicht traut, kann über eine Leiter zum Fuß der Staumauer absteigen und ins zweite Teilstück der Ferrata einfädeln. Hinter der Seilbrücke teilweise sehr ausgesetzt, aber reichlich mit Eisen bestückt schräg aufwärts, wobei exponierte Querungen mit kurzen Steilstücken abwechseln, zum Ausstieg (ca. 1580 m) inmitten von Alpenrosenfeldern, *1 Std.*

Via ferrata du Lac de la Rosière 44

↘ Zwischenabstieg Auf teilweise seilgesicherter Pfadspur an dem üppig bewachsenen Steilhang hinunter zum Talweg, dann rechts und über den Bach zum Beginn des zweiten Teilstücks bei einer Höhle (1505 m). Hierher kommt man auch auf dem Sandsträßchen, das am Ostufer des Sees entlangführt.

↑ Ferrata Rosière, Ostroute

Eine senkrechte Leiter macht den Auftakt; Bügelreihen leiten anschließend steil nach oben. Eine erste Traverse führt rechts zu einem luftigen Eck und weiter zum »Pont de Tafons«, einem längs halbierten Baumstamm (etwa 8 m, Handlauf), auf dem man einen tiefen Felsspalt überquert. Gleich dahinter wieder an Eisenbügeln steil aufwärts, dann in sehr ausgesetzter Querung unter Überhängen, teilweise leicht abdrängend, zum Ausstiegswandl: nochmals ein paar Meter senkrecht hinauf ins Flache, $^1/_2$ Std.

↘ Abstieg In lichtem Wald hinüber zu einer Forsttrasse und auf ihr hinab zum Lac de la Rosière.

Felsberührung untersagt! An der »Ferrata du Lac de la Rosière«.

45 Via ferrata Cascade de la Fraîche

Cascade de la Fraîche, 1580 m
Fels und Wasser

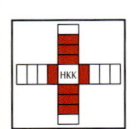

HKK

K 4

1½ Std.

140 m

Routencharakter: Kurzer Klettersteig am »kühl-frischen« Wasserfall; steil und gut gesichert. Toller Gag der Route ist eine Dreiseilbrücke, die luftig verwegen über den Bach gespannt ist.
Ausgangspunkt: Pralognan-la-Vanoise (1418 m), traditionsreiches Bergsteigerdorf im Herzen der Vanoise; Zufahrt von Moûtiers via Bozel 28 km. Busverbindung.
Gehzeiten: Gesamt 1 ½ Std.

Markierung: Wegzeiger.
Landkarte: Didier Richard 1:50 000, Blatt 11 »Vanoise«.
Highlights: Die stiebenden Wasser, dann natürlich die Seilbrücke.
Einkehr/Unterkunft: —
Fototipps: Rauschende Motive liefert der Wasserfall, auch als Kulisse zum Klettersteigler. Beste Lichtverhältnisse am Nachmittag.

Seiltänzer über dem Abgrund.

Eigentlich hätte man Pralognan, dem Bergsteigerdorf im Herzen des Vanoise-Massivs, einen richtig alpinen Klettersteig gewünscht, auf einen der umliegenden Gipfel mit Aussicht ins vergletscherte Hochgebirgsrund. Damit kann die kleine Route über dem Ort natürlich nicht aufwarten, dafür mit einer feuchten Sensation, die man (vor allem im Frühsommer) hört, bevor man sie sieht: dem Wasserfall des Doron de la Glière. Und während sich Ausflügler mit einer Besichtigung des Naturschauspiels begnügen, turnen Klettersteigler auf Drahtseilen in luftiger Höhe quer über die stiebenden Wasser. Wow!

➔ **Anfahrt** Von Moûtiers in der Tarentaise via Brides-les-Bains und Bozel nach Pralognan (1418 m), 28 km.

↗ **Zustieg** Von der Ortsmitte aufwärts gegen das Tal des Doron de la Glière, dann auf einem markierten Wanderweg zum Wasserfall (Hinweis »Cascade«). Vor der Holzbrücke links zum Einstieg.

↑ **Ferrata de la Cascade de la Fraîche** Die Sicherungen leiten zunächst schräg aufwärts gegen den stiebenden Wasserfall, dann über einen kleinen Überhang zu einer Gabelung: rechts an senkrechtem Fels, nahe den stiebenden Wassern, aufwärts; links weniger schwierig, aber ebenfalls steil (trockener, wenn der Bach viel

Wasser führt), etwa 40 Meter bergan. Anschließend wieder auf ein und derselben Route luftig über eine Wandstufe und unter Überhängen rechts zur Seilbrücke. Hier bieten sich drei Möglichkeiten: an soliden Sicherungen sehr steil (»La Conque«, K 5) über glatte Felsen aufwärts; links leichter (»Sortie Anti-stress«, K 3), aber ebenfalls bestens gesichert; rechts über die kühne Seilbrücke (»Traversée des Dieux«) und gesichert über eine letzte Wandstufe zum Ausstieg (1580 m), ¾ Std.

↘ **Abstieg** Ein bequemer Waldweg führt rechts abwärts nach Pralognan. Wer die Seilbrücke ausgelassen hat, quert den Bach auf der erwähnten Holzbrücke; dahinter mündet bald die luftigste Variante.

Im Steilfels über den rauschenden Wassern der Cascade de la Fraîche.

46 Via ferrata du Plan du Bouc

Plan du Bouc, 1920 m
Im Herzen der Vanoise

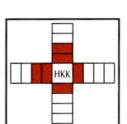

K 2

3 Std.

520 m

Routencharakter: Mäßig schwierige, üppig gesicherte Route in einem vom (Winter-)Tourismus wenig tangierten Winkel des Vanoise-Massivs.
Ausgangspunkt: Kapelle Notre-Dame de la Compassion (1445 m) oberhalb der Gorges de la Pontille, am Eingang zum flachen Talboden von Champagny-le-Haut (1476 m); Zufahrt von Moûtiers via Bozel und Champagny-en-Vanoise, 21 km. Parkplatz neben der Kapelle, Schautafel.
Gehzeiten: Gesamt 3 Std.; Aufstieg 2 Std., Abstieg 1 Std.
Markierung: Hinweistafeln am Zustieg; Abstiegsweg gelb bezeichnet.
Landkarte: Didier Richard 1:50 000, Blatt 11 »Vanoise«.
Highlights: Aufstieg über den Pfeiler, Aussicht auf ein paar Dreitausender der Vanoise.
Einkehr: —
Fototipps: Vor allem der Aufstieg über den steilen Pfeiler bietet gute Motive, auch hat man hier dank der südseitigen Exposition meistens gutes Licht. Wasserfall am Abstieg, Landschaftskulisse.

Im Gegensatz zur Region um Courchevel präsentiert sich das obere Champagny-Tal wohltuend unberührt und ruhig: ein paar wenige Häuser, die meisten stehen schon lange, mittendrin das Kirchlein, ein schmales Asphaltband, das beim Refuge du Laisonnay (1572 m) endet. Ganz so weit brauchen Klettersteigler nicht zu fahren; noch vor dem Ort, bei der Kapelle Notre-Dame de la Compassion (1445 m), ist Endstation. Die braunen Felsen zur Linken signalisieren ein sonnig luftiges Klettervergnügen. Im unteren Teil der Wand gibt es zwei Varianten; etwas schwieriger, abwechslungsreicher ist die linke Route, die über den Gratrücken ansteigt. Am *Plan du Bouc* läuft die Ferrata an einem Schrofenhang aus. Der Abstieg ist dann ein gemütliches »Schaulaufen«, mit herrlicher Aussicht auf die hochalpine Kulisse des Tals.

➔ **Anfahrt** Von Moûtiers über Bozel und Champagny-en-Vanoise (1250 m) bis zur Kapelle Notre-Dame de la Compassion (1445 m).

➚ **Zustieg** Ein paar Meter von der Straße steht in den steinigen Wiesen ein Wegzeiger: rechts zum Klettergarten bzw. zum Wandeinstieg (Variante) links zum Grateinstieg (ca. 1520 m; große Tafel).

⬆ **Ferrata du Plan du Bouc**
Die Route folgt dem markanten, aus der breiten Wandflucht vorspringenden Grat. Der erweist sich zunächst als recht zahm, gewinnt aber schließlich doch an Steilheit. Schlüsselstelle ist eine fast senkrechte, sehr ausgesetzte Passage, über die dicht an dicht gesetzte Klammern helfen. Anschließend nur kurz am schmalen Grat entlang, dann in luftiger Querung auf eine winzige Scharte, der man gleich über die nächste Bügelreihe entsteigt. Wenig höher mündet die ebenfalls

Via ferrata du Plan du Bouc 46

gesicherte Zustiegsvariante, die ihren Ausgangspunkt weiter rechts am Wandfuß hat und über Bänder, kleine Wandstufen und eine Rinne verläuft. Nun in Gehgelände, teilweise angenehm schattig, zu dem Steilaufschwung im oberen Wandteil. Über eine senkrechte Leiter auf ein Bandsystem und, teilweise mit Drahtseilsicherung, rechts aufwärts zum *Plan du Bouc* (1920 m), wo die Route endet, *2 Std.*

↘ **Abstieg** Auf gutem Weglein rechts an den felsdurchsetzten Hängen abwärts und auf solider Brücke über einen stiebenden Bach. Bei der folgenden Verzweigung rechts und in ein paar Kehren hinunter nach La Chiserette (1457 m). Auf der Straße zurück zum Ausgangspunkt.

Im Herzen der Vanoise: an der »Ferrata du Plan du Bouc«.

47 Via ferrata des Bettières

Les Bettières, 1910 m
Steile Route am Eingang zum Vanoise-Nationalpark

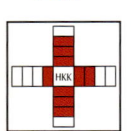

HKK

K 4/ K 5

3 ½ Std.

400 m

Routencharakter: Sehr anspruchsvolle Route, bei der die Schwierigkeiten nach oben hin zunehmen. Bestens gesichert, zwei Ausstiegsmöglichkeiten unterwegs.
Ausgangspunkt: Parkplatz beim Refuge de Rosuel (1556 m); Anfahrt aus der Tarentaise via Peisey-Nancroix (1298 m), knapp 15 km.
Gehzeiten: Gesamt 3 ½ Std.; Aufstieg 2 ½ Std., Abstieg 1 Std.
Markierung: Wegzeiger, Abstiegsweg gut bezeichnet.
Landkarte: Didier Richard 1:50 000, Blatt 11 »Vanoise«.
Highlights: Die senkrechten bis überhängenden, sehr exponierten Passagen am »Grand Pilier« und am »Surplomb jaune« sowie die Hängebrücke; hochalpine Kulisse.
Einkehr/Unterkunft: Refuge de Rosuel (1556 m), ⏰ Anfang Juni bis Ende September; Tel. 04 79 07 94 03.
Fototipps: Die spektakuläre Route liefert gute Actionmotive, besonders schön vor der hochalpinen Kulisse.

Wie drüben im Hochtal von Champagny (⇨ Tour 46) zeigt sich das Vanoise-Massiv auch hier von seiner schönsten Seite, in den tieferen Lagen von einer traditionellen Bauernkultur geprägt, wild und weiß um die hohen, vergletscherten Gipfel. Was für ein Kontrast zu den Trois Vallées, Val Thorens und Courchevel!

Die »Ferrata des Bettières« vermittelt einen guten Eindruck dieser faszinierenden Gebirgsregion; grandios die Ausblicke in die zerklüfteten Nordabstürze des Sommet de Bellecombe (3417 m) und zum Mont Pourri (3779 m). Den Blick auf Letzteren gibt's aber erst hinterher, nachdem man die knapp 300 Höhenmeter des Klettersteigs gemeistert hat. Und die verlaufen über weite Strecken sehr steil und exponiert, wobei die Schwierigkeiten nach oben hin zunehmen. Vernünftigerweise haben die Erbauer deshalb zwei Ausstiegsmöglichkeiten mit eingebaut: am Fuß des »Großen Pfeilers« und vor dem »Gelben Überhang«.

➔ **Anfahrt** Durch die Tarentaise bis Bellentre, dann rechts nach Landry (778 m) und über Peisey-Nancroix (1298 m) zum Weiler Les Lanches, bis zum Parkplatz vor dem *Refuge de Rosuel* (1556 m).

↗ **Zustieg** Vom Parkplatz über den Ponturin-Bach und, den Hinweisen folgend, hinauf zum Einstieg (ca. 1610 m).

↑ **Ferrata des Bettières**
Die Route beginnt recht spektakulär am Éperon des Croës. Eisenbügel leiten über den Felssporn steil aufwärts; nach einer kurzen Linksquerung gewinnt man das winzige Gipfelchen (1695 m). Gleich dahinter ist der »Sortie des Croës« angezeigt; wer beim Blick auf den

»Grand Pilier« weiche Knie bekommt, sollte das Angebot zum geordneten Rückzug nicht ausschlagen. Immerhin gut 50 Meter hoch ist der Felspfeiler, senkrecht und mit einem kleinen Überhang mittendrin. Auf den Kraftakt folgt als kleine Mutprobe eine luftige Seilbrücke. Sie leitet auf ein Band, die »Vire des Barmes«, und zum zweiten Zwischenabstieg (ca. 1760 m; Tafel). Schräg über plattige Felsen zum »Surplomb jaune«, der Schlüsselstelle des Klettersteigs: 15 Meter hoch und – obwohl sehr gut gesichert – ganz schön Kraft raubend. Dann kann man endgültig aufatmen – ein Spalt, den man überspringen kann, ein letzter Aufschwung, dann laufen die Sicherungen aus (1910 m), 2 $^{1}/_{4}$ Std.

↘ Abstieg Im Sommer 2002 wurde ein neuer, kürzerer Abstiegsweg angelegt. Er ist teilweise gesichert und verläuft links der Ferrata über eine bewaldete Steilflanke abwärts zu einem senkrechten Wandabbruch. Eisenbügel und eine Leiter helfen über das Hindernis hinweg; anschließend wandert man auf einem Waldweg zurück ins Tal.

Geschafft, aber auch ein bisschen müde.

48 Via ferrata des Plates de la Daille

Les Plates de la Daille, 2216 m
In die Senkrechte!

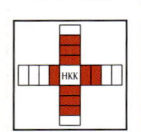

K 4–5

3 Std.

420 m

Routencharakter: Sehr sportliche Ferrata in dem Steilabbruch östlich über der Talenge von La Daille, üppig gesichert. Für den Abstieg gutes Schuhwerk notwendig!
Ausgangspunkt: Parkplatz bei den Apartmentblocks von La Daille (1795 m) am Ortsbeginn von Val d'Isère (1840 m); Zufahrt durch die Tarentaise und über die »Route des Grandes Alpes«, knapp 30 km von Bourg-St-Maurice.
Gehzeiten: Gesamt 3 Std.; Aufstieg 2 ¼ Std., Abstieg ¾ Std.
Markierung: Wegzeiger, gelbe Farbtupfer.
Landkarte: Erübrigt sich; zur Groborientierung evtl. Michelin 1:200 000, Blatt 244 »Rhône-Alpes«.
Highlights: Steile Wandpartien, Tiefblicke, Aussicht von dem grasigen Rücken.
Einkehr/Unterkunft: —
Fototipps: Der Steilabbruch bekommt erst im Lauf des Vormittags Sonne, dann gute Actionmotive.

An den Plates de la Daille.

Val d'Isère, Geburtsort von Jean-Claude Killy und Wintersportplatz mit Weltcup-Renommee, hat auch im Sommer Attraktives anzubieten: Klettersteige, gleich zwei, und das vor einer hochalpinen Kulisse. Da ist dann viel Bergnatur im Blickfeld; weniger schön sind allerdings die Apartmentbunker und die mit Liften gespickten Hänge rund um den Ferienort …

Die Ausgangspunkte der beiden Vie ferrate liegen nur wenige Gehminuten auseinander; was die verführerische Möglichkeit zu einem »Zweierpack« eröffnet. Dazu braucht's allerdings viel Schmalz in den Armen und eine gute Kondition, von absoluter Schwindelfreiheit ganz zu schweigen. Vorteilhafterweise nimmt man sich zuerst den Klettersteig an den Plates de la Daille vor – die Route drüben am Tovière-Felsen ist nämlich noch etwas anspruchsvoller …

➔ **Anfahrt** Durch die Tarentaise nach Bourg-St-Maurice, dann auf der »Route des Grandes Alpes« weiter talaufwärts, am Lac du Chevril vorbei bis *Val d'Isère*. Parkplatz bei den Apartmentblocks von La Daille (1795 m).

↑ Ferrata des Plates de la Daille

Auf markiertem Weglein in ein paar Minuten zum Einstieg (ca. 1870 m). Drahtseile leiten über Bänder in leichtem Anstieg zum ersten, fast senkrechten Aufschwung. Man entsteigt der Bügelreihe auf ein kleines Band, das nach links zur Schlüsselstelle leitet: 15 Meter vertikal bis leicht überhängend. Anschließend etwas leichter an einem Pfeiler aufwärts, durch eine Minischarte nach links und über eine senkrechte Mauer (»Adlertraverse«) sehr ausgesetzt ein paar Meter hinab. Auf Bändern schräg ansteigend zu einer letzten, sehr steilen Wandstufe, der man auf das grüne »Dach« der Plates de la Daille entsteigt, *2 1/4 Std.*

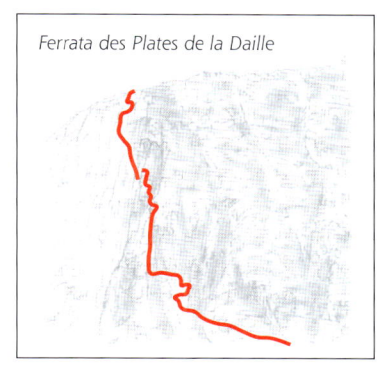

↘ **Abstieg** Mit viel Aussicht auf die Berge um den Col de l'Iseran in einem Rechtsbogen auf markiertem Weglein, teilweise auch in lockerem Geröll, hinunter nach *La Daille*.

Ferrata des Plates de la Daille

Tiefblick von den Plates de la Daille auf die Apartmentsiedlung von La Daille.

49 Via ferrata de la Tovière

Roc de la Tovière, 2347 m
Die »Costantini« der französischen Klettersteige

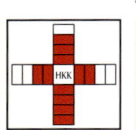

HKK

K 2–3
K 4
K 6

5 1/2 Std.

550 m

Routencharakter: Der untere Teil der Route, die »Ferrata Junior«, darf nicht unterschätzt werden; aber bei der Fortsetzung, der »Integrale«, handelt es sich um die zur Zeit wohl anspruchsvollste Ferrata der Westalpen. In den extrem ausgesetzten Querungen sind hier künstliche Tritte nur recht sparsam gesetzt. Zusätzliche Partnersicherung problemlos möglich (»Sauschwänze« an allen Fixpunkten). Ausstiegsmöglichkeiten im untersten Teil und vor der großen Passerelle.
Ausgangspunkt: Parkplatz bei den Apartmentblocks von La Daille (1795 m) am Ortsbeginn von Val d'Isère; Zufahrt durch die Tarentaise und über die »Route des Grandes Alpes«, knapp 30 km von Bourg-St-Maurice.

Gehzeiten: Gesamt 5 1/2 Std.; Klettersteig 4 Std., Abstieg 1 1/2 Std.
Markierung: An der Via ferrata ist die Orientierung problemlos; Abstieg bis zum GR 5 nur spärlich, dann rot-weiß-rot markiert.
Landkarte: Didier Richard 1:50000, Blatt 11 »Vanoise«.
Highlights: Große Passerelle mit anschließender Bügelreihe an der senkrechten Mauer, Querungen mit viel Luft unter den Sohlen.
Einkehr/Unterkunft: —
Fototipps: Früh einsteigen, weil die »Integrale« bald einmal im Schatten liegt. Topmotiv: die Passerelle mit der »Dalle du Lézard« dahinter. Packende Sujets auch an den luftigen Traversen.

Länger, schwieriger und spektakulärer. Diese Charakterisierung gilt für die »Costantini des Westens«, den anderthalb Kilometer langen Klettersteig am *Roc de la Tovière*. Und im Gegensatz zu so mancher »Route sportive« handelt es sich dabei um eine alpine Ferrata, die Gipfelkote entspricht solidem Karwendel-Durchschnitt. Auf solchen Höhen schneit es auch mal im Sommer, sogar in den Savoyer Alpen, da können Felsen und Eisenteile vereist sein. Bei gutem Wetter und angenehm wärmender Morgensonne auf der nach Norden gerichteten Mauer vermittelt die »Ferrata Tovière« dem erfahrenen Klettersteigler ein Toperlebnis, das keine Wünsche offen lässt, und wer sich überfordert fühlt, kann vor der großen Passerelle aussteigen. Denn spätestens nach der »Traversée du non retour« gibt's dann kein Zurück mehr. Oben am lang gestreckten Rücken des Roc de la Tovière werden auch gewiefte Ferratisti aufatmen: geschafft!

➔ **Anfahrt** Durch die Tarentaise nach Bourg-St-Maurice, dann auf der »Route des Grandes Alpes« weiter talaufwärts, am Lac de Chevril vorbei bis *Val d'Isère*. Parkplatz bei den Apartmentblocks von La Daille (1795 m).

↑ **Ferrata Junior**
Gleich hinter dem Parkplatz startet die Ferrata steil nach oben: zehn Meter in der Vertikalen, dann folgen Querungen und weitere Auf-

schwünge, alles bestens gesichert. Eine kurze Holzbrücke leitet zu einem Gendarmen, den man an Eisenbügeln ersteigt. Dahinter besteht eine erste Möglichkeit zum Ausstieg (1865 m; »Sortie enfants«).

Auf der »Ferrata Junior« weiter am Gratrücken, erst rechts in einen düsteren Spalt, dann links auf gutem Weglein – gemütliches Intermezzo – leicht absteigend an dem lärchenbestandenen Hang. Auf einem Holzbalken (schlecht gespannter Handlauf) quert man eine tiefe Rinne, dann folgt eine längere, sehr ausgesetzte, aber gut gesicherte Traverse hoch über der Isèreschlucht. Eine sechs Meter lange Hängebrücke leitet anschließend zum Fuß eines senkrechten Pfeilers. An seiner Kante aufwärts, dann auf Bändern zur großen Hängebrücke (ca. 2090 m), *2 Std*. Markierter Zwischenabstieg nach La Daille.

↑ **L'Intergrale**

An der gut 40 Meter langen Passerelle kann man gleich Maß nehmen für die Fortsetzung der Ferrata: Gleich jenseits der schwankenden Konstruktion geht's an der »Dalle de Lézard« bei maximaler Exposition an Eisenbügeln senkrecht hinauf, mit einer kleinen, leicht überhängenden Querung nach rechts (Armkraft!). Wer angesichts dieser Aufgabe weiche Knie bekommt, braucht sich nicht zu genieren: Vergleichbares findet sich im Klettersteigland kaum. Und spektakulär geht's auch

Senkrecht und maximal ausgesetzt: an der »Integrale«.

49

weiter; an der »Traversée de non retour« hat man gut 250 Meter Luft unter den Sohlen. Dabei sind künstliche Tritte hier vergleichsweise sparsam gesetzt; der Fels bietet nur kleine und kleinste Absätze. Nach der steilen »Passage de l'Ortie« nehmen die Schwierigkeiten ab; über gestufte Felsen und kleine Grasbänder läuft die Superferrata in der »Montée au Ciel« aus – und da fühlt sich dann so manche/r dem siebten Bergsteigerhimmel ganz nah, *2 Std.*

↘ **Abstieg** Am breiten Tovière-Rücken westwärts mit Aussicht zum Mont Blanc hinüber zu den Ruinen einiger Almhütten (Steinmänner). Hier stößt man auf den GR 5, der über das Chalet de la Tovière hinableitet nach *La Daille*. Reizvoller ist der Abstieg auf gutem Weg nach Norden, mit Rückweg durch die Gorges de la Daille.

Fliege an der Wand. Klettersteigler im Aufwärtsgang über die »Dalle de Lézard«.

Via ferrata de la Chal

Mont Rond, 1522 m
Fast eine Idealroute

50

Routencharakter: Bestens gesicherte, anspruchsvolle Route mit längeren Querungen an der Felsfront oberhalb von La Chal mit einer Hängebrücke und zwei Dreiseilbrücken. Für Anfänger gibt's sogar einen kleinen Übungsklettersteig gleich nebenan am Rocher de Capaillan: 40 Höhenmeter, auf denen man sich mit Klettersteigen »à la française« vertraut machen kann, Passerelle und Dreiseilbrücke inklusive.
Ausgangspunkt: La Chal (1208 m), Ortsteil von St-Colomban-des-Villards (1099 m) an der Glandon-Passstraße, 13 km von La Chambre. Busverbindung mit der Maurienne. (Zu kleiner) Parkplatz bei der großen Infotafel.
Gehzeiten: Gesamt 3 Std.; Klettersteig 2½ Std., Abstieg ½ Std.

Markierung: Problemlose Orientierung, Wegzeiger.
Landkarte: Erübrigt sich; zur Orientierung Michelin 1:200 000, Blatt 244 »Rhône-Alpes«.
Highlights: Dreiseilbrücken, die luftigen Querungen der »Traversée de 66« und »Fissure en oblique«. Vom abgeflachten Gipfel des Mont Rond (1522 m) hübscher Rundblick.
Einkehr/Unterkunft: In St-Colomban-des-Villards.
Fototipps: Aufgrund ihrer südostseitigen Exposition hat man auf der Route fast den ganzen Tag gutes Licht; Brücken und Querungen bieten sehr spektakuläre Motive. Und auch Freunde der Alpenflora kommen auf ihre Kosten.

K 4–5

3 Std.

320 m

Das Tal des Glandon gehört zu den vom (Winter-)Tourismus kaum tangierten Regionen Savoyens: eine kurvenreiche Straße, ein paar kleine Dörfer, Almen. Dass in den Felsen oberhalb des Weilers La Chal ein Klettersteig installiert wurde, stört da kaum, ist im Gegenteil ein Grund (mehr) für einen Abstecher in dieses freundliche Alpental. Und der lohnt sich auf jeden Fall, zählt die Via ferrata de la Chal doch zu den gelungensten Routen »à la française«: sehr spektakulär, aber durchaus logisch im Verlauf, auch anspruchsvoll, aber ohne gleich eine echte »Gänsehautroute« zu sein.

➜ **Anfahrt** Von La Chambre durch das Tal des Glandon nach St-Colomban-des-Villards. Durch den Ort weiter talaufwärts bis zu den Häusern von *La Chal* (1208 m).

↗ **Zustieg** Von der großen Infotafel auf gutem Weg hinauf zum Einstieg am Felsfuß (ca. 1310 m).

↑ **Via ferrata de la Chal**
Den rasanten Auftakt zum luftigen Gang macht der »Pilier Jaune«, ein senkrechter 10-Meter-Pfeiler mit Eisenbügeln. Anschließend (leichter) schräg aufwärts zur »Passerelle des

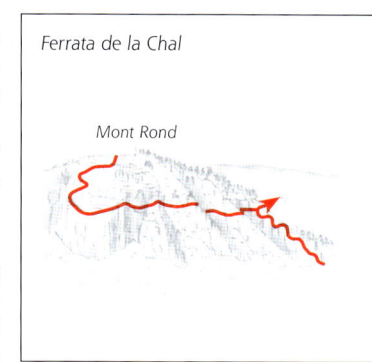

Ferrata de la Chal

Mont Rond

50

Rechte Seite: Sehr ausgesetzt: die »Fissure en oblique«.

Chèvres«: solide, aber mit immerhin 20 Metern Spannweite. Wer hier weiche Knie bekommt, tut gut daran, nach rechts auszusteigen: die beiden folgenden Dreiseilbrücken – sieben und etwa 15 Meter lang – verlangen erst recht gute Nerven. Die »Pont des Sarrazins« mündet auf ein schmales Band; ein kleiner Zwischenabstieg bringt einen dann auf die extrem ausgesetzte »Traversée de 66«. Kaum weniger spektakulär ist die »Fissure en oblique« mit winzigen, aber natürlichen Tritten in der schrägen Verschneidung. Zum Festhalten gibt's aber solide Eisenbügel auf Brusthöhe – und das Drahtseil fehlt auch nicht. Über den steilen Aufschwung »La Renfougne« und ein letztes Band läuft die abwechslungsreiche Route zum flachen Rücken des *Mont Rond* aus, 2 1/2 Std.

↘ **Abstieg** Vor dem Abstieg (»Descente du Reposeu«) empfiehlt sich der kleine, weglose Abstecher zum höchsten Punkt des Mont Rond (1522 m); am Weg ins Tal sollte man die kleinen bunten Sehenswürdigkeiten am Weg nicht übersehen: Alpenflora.

Bestens gesichert: der Sportklettersteig von La Chal.

Via ferrata de la Chal 131

51 Via ferrata de l'Adret

Mont Vernier, ca. 770 m
Was für eine Installation!

HKK

K 3
K 5

3 Std.

300 m

Routencharakter: Typischer Sportklettersteig; erster Abschnitt (»La Passerelle«) mit viel Eisen, spektakulär. »Le Bastion« sehr anstrengend, mit überhängenden Wandstellen: ein Kraftakt.
Ausgangspunkt: Parkplatz (ca. 530 m) an der Straße von Pontamafrey hinauf nach Montvernier. Anfahrt durch die Maurienne via La Chambre.
Gehzeiten: Gesamt 3 Std.; »Passerelle« allein etwa 1 Std.
Markierung: Hinweis zum Einstieg, dann immer den Eisenteilen nach ...
Landkarte: Erübrigt sich; für die Anfahrt Michelin 1:200 000, Blatt 244 »Rhône-Alpes«.
Highlights: Eiseninstallation auf dem ersten Abschnitt samt Hängebrücke, zweiter Überhang an der »Bastion«.
Einkehr: —
Fototipps: Natürlich bietet die »Eisenplastik« in der Schlucht originelle Motive, zusammen mit der Hängebrücke. Action an der »Bastion«.

Beim ersten Hingucken glaubt man an eine im Freien installierte moderne Plastik: bizarr! Erst allmählich sortiert das Auge die Eisenteile, folgt es den Bügeln, Seilen, Haken und frei aufgehängten Leitern, ehe es an der hoch über der Klamm schwebenden Passerelle hängen bleibt: eine Via ferrata, aber eine mit ganz großem »Fe«! Der Aufstieg über die waghalsigen Konstruktionen zur Hängebrücke macht durchaus Spaß, ist auch nicht sehr schwierig. Erst nach einem Zwischenabstieg zum Felsfuß macht die Route richtig ernst; an der »Bastion« überwindet sie knapp 200 Höhenmeter in und leicht jenseits der Vertikalen. Da ist neben einem starken Bizeps auch völlige Immunität gegen schwindelnde Tiefblicke unerlässlich. Drunten am Arc rauscht der Schwerverkehr über die Autobahn zum Fréjustunnel – fast wie am »Kaiser-Max-Steig« bei Innsbruck. Allerdings glaube ich nicht, das der Tiroler Steig aus dem großen Geldtopf der privaten Autobahnbauer finanziert worden ist. Die »Ferrata de l'Adret« schon, wie übrigens auch der Klettersteig am Télégraphe (⇨ Tour 52).

➔ **Anfahrt** Durch die Maurienne aufwärts bis zur Autobahnausfahrt vor St-Jean-de-Maurienne (546 m) und links nach Pontamafrey (502 m). Durch den Ort Richtung Montvernier bis zu einem Parkplatz (Schautafel)

↑ **La Passerelle** An der Linkskurve der Straße geradeaus in eine kleine Schlucht. Bald schon wird die hoch zwischen die Felsen gespannte Hängebrücke sichtbar. Am linken Rand der Klamm steil aufwärts, über Bügelreihen, dann an den beiden frei »schwebenden« Leitern und schließlich über einen senkrechten Pfeiler. Man quert die Passerelle vor dem Wasserfall und steigt anschließend gut gesichert über schmale Bänder ab zum Felsfuß. Ausstiegsmöglichkeit zur Straße.

Die Hängebrücke an der »Ferrata de l'Adret«.

↑ **Le Bastion** Zur »Ferrata du Bastion« (Hinweis) geht's links weiter. Die Wegspur führt zunächst flach hinüber zu den Felsen, wo der Klettersteig dann bald kompromisslos in die Senkrechte übergeht. Zwei längere, leicht überhängende Wandstellen verlangen vollen Krafteinsatz, vor allem der Arme. Ein kleiner Absatz bietet dann die Möglichkeit zur Erholung, ehe man nochmals kräftig zupacken muss. Auf der grasigen, abgeflachten Kuppe des *Mont Vernier* (775 m) läuft die Ferrata aus, *1 Std.*

↘ **Abstieg** Auf einem Weglein zur Chapelle de la Balme und über die Serpentinen der kühn trassierten Straße hinunter ins Tal.

52 Via ferrata du Télégraphe

Fort du Télégraphe, 1612 m
Eco-Öko-Ferrata-Trip

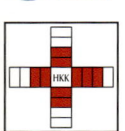

K 4

4¼ Std.

640 m

Routencharakter: Sehr abwechslungsreiche Ferrata, bis auf den steilen und sehr luftigen Pfeiler nur wenig schwierig. Man kann die Tour von oben (Col du Télégraphe) oder vom Tal aus angehen.
Ausgangspunkte: Col du Télégraphe (1566 m) an der Galibier-Nordrampe, 12 km von St-Michel-de-Maurienne; Busverbindung, großer Parkplatz. Les Culées (698 m), Häusergruppe westlich von St-Martin-d'Arc im Tal des Arc. Kleiner Parkplatz.
Gehzeiten: 4¼ Std.; Abstieg 1¼ Std., Klettersteig 3 Std.
Geht man die Tour von Les Culées aus an, ergibt sich eine Gesamtgehzeit von 6 Std.
Markierung: Die Wege sind durchwegs bezeichnet; jeweils Tafeln an den Verzweigungen.
Landkarte: IGN Top 25, Blatt 3435ET »Valloire«.
Highlights: Die extrem ausgesetzte Passage an der »Nase« des zentralen Pfeilers; Tiefblicke ins Arctal und Aussicht zur Croix des Têtes.
Einkehr/Unterkunft: —
Fototipps: Im Frühsommer üppige Flora, Action am Pfeiler, Festungsbauten.

Die »Ferrata du Télégraphe«, 1997 angelegt, bietet ein sehr vielseitiges Erlebnis. Schautafeln (natürlich in Französisch) weisen auf allerlei Wissenswertes zur Industriegeschichte und den Verkehrswegen des Arctals hin, informieren über die Flora und Fauna seiner Berge. Drunten im Tal kriechen die 48-Tonner dem Fréjus-Tunnel entgegen, auf dem lang gestreckten Kammrücken thront das Fort du Télégraphe, eine der vielen Festungen in der Maurienne, mit modernem Beiwerk.

Ein Stück unterhalb des antennenbewehrten Mauerwerks – vom Tal aus bereits gut sichtbar – streckt der felsige Grat seine »Nase« in die Luft. Der Überhang an dem Pfeiler markiert die Schlüsselstelle der Ferrata: erst etwa zehn Meter in der Senkrechten, dann schräg aufwärts und maximal ausgesetzt (aber bestens gesichert) hinaus aufs Nasenspitzl! Der Rest des Eisenweges, den man sowohl vom Tal aus als – zunächst absteigend – vom Col du Télégraphe (1566 m) aus angehen kann, ist höchstens noch als mäßig schwierig einzustufen, bietet aber bemerkenswerte Aussicht über das große Alpental des Arc auf die vergletscherten Dreitausender des Vanoise-Massivs.

Ferrata du Télégraphe

➔ **Anfahrt** Durch das Tal des Arc bis St-Michel-de-Maurienne (707 m), hier über den Fluss und auf der »Route des Grandes

Alpes« in weiten Schleifen hinauf zum Col du Télégraphe (1566 m). Wer die Tour von unten angehen möchte, zweigt in St-Martin-d'Arc rechts ab und folgt einem schmalen Sträßchen, das parallel zur Autobahn zu den Häusern von Les Culées (698 m) führt.

↗ **Zustiege** Vom »Telegrafenpass« durch den Bois du Plan etwa eine Stunde abwärts in das Tal der Casses Blanches. An einer Kehre des alten Saumpfades (975 m) geht rechts der Zustieg zur Ferrata ab (Hinweis).

Von dem Parkplatz bei Les Culées kurz aufwärts zum Sportplatz, dahinter in den Wald (große Infotafel) und auf einem Zickzackweglein aufwärts zum Einstieg (ca. 960 m).

↑ **Ferrata du Télégraphe**

Beide Zustiege münden auf den winzigen *Col des Pylônes* (1120 m) am Nordgrat des Télégraphe, den eine Hochspannungsleitung überquert; die Zustiege sind mit Drahtseilen und ein paar Eisenbügeln gesichert. Tafeln vermitteln Wissenswertes zu den Themen Energie (das erste Wasserkraftwerk datiert aus dem Jahr 1893), Autobahnbau und Industrieansiedlung.

Unmittelbar über der Scharte setzt ein etwa 70 Meter hoher Pfeiler an – das Herzstück der Ferrata, mit leicht überhängendem Auftakt und einer atemberaubend luftigen Querung an der »Nase«. Anschließend verliert der Grat zunehmend an Steilheit (Infotafel zur Flora), über den breiten Rücken erreicht man das Vorwerk des mächtigen Fort du Télégraphe (Infotafel zur Fauna). Weiter an dem lärchenbestandenen Hang bergan, dann links, wieder mit Sicherungen, in längerer Querung unter der Festung (Infotafel) hindurch und zuletzt flach hinüber zum *Col du Télégraphe* (1566 m), *3 Std.*

Schlüsselstelle an der »Ferrata du Télégraphe«.

↘ **Abstieg** Zunächst an der Passstraße bis zu den Häusern von Le Sapey (1488 m), dann links (Hinweistafel) auf gutem Weg, die weiten Straßenschleifen abkürzend, über Les Petites Seignères (936 m) hinunter nach St-Martin-d'Arc. Hier links auf dem Asphalt zurück nach Les Culées.

53 Via ferrata Poingt Ravier

Poingt Ravier, 1696 m
Ideal für Anfänger

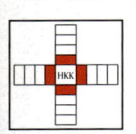

K 1-2
2 Std.
280 m

Routencharakter: Hübsche Route für Einsteiger, erst vor kurzem im unteren Abschnitt modifiziert und dadurch etwas abwechslungsreicher. Zum Ausstieg hin zwei Varianten, von dem Grasbuckel hübscher Blick auf die Berge rund um Valloire.
Ausgangspunkt: Valloire (1401 m) an der Straße zum Col du Galibier. Parkplatz und Schautafeln an der Brücke über die Valloirette. Den Ausgangspunkt der Ferrata erreicht man zu Fuß in wenigen Minuten über die breite Straße, die links des Bachs talabwärts führt (Hinweisschild).

Gehzeiten: Gesamt 2 Std.; Ferrata 1 1/4 Std., Abstieg 3/4 Std.
Markierung: Ein paar Hinweisschilder; Orientierung insgesamt aber problemlos.
Landkarte: Erübrigt sich; zur Anfahrt evtl. Michelin 1:200 000, Blatt 244 »Rhône-Alpes«.
Highlights: Schräge Plattenquerung unteren Teil der Route, Aussicht vom Gipfelchen.
Einkehr: In Valloire.
Fototipps: Gute Actionmotive vor allem auf der ersten Routenhälfte.

Gegensätze, eisern. Valloire, beliebter Ferienort an der Nordrampe der Galibier-Passstraße, bietet sie an seinen beiden Dorffelsen: eine Idealferrata für Einsteiger links und eine knackige »Vollgasroute« rechts der Valloirette. Die »Ferrata Poingt Ravier« ist gerade richtig für »Beginners«, die sich hier ans Steigen auf Eisen und den Blick in die Tiefe gewöhnen können.

Teilweise neu trassiert wurde die »Ferrata Poingt Ravier«.

→ **Anfahrt** Durch die Maurienne nach St-Michel-de-Maurienne (707 m), dann auf der »Route des Grandes Alpes« hinauf zum Col du Télégraphe (1566 m) und weiter taleinwärts nach *Valloire* (1401 m), 17 km von St-Michel.

↑ **Via ferrata Poingt Ravier**
Von der Straße kurz zum Felsfuß (Tafel), dann, den neuen Sicherungen folgend, schräg bergan. Klick-klick! steigt man an der stark gegliederten Mauer zügig aufwärts. Schlüsselstelle ist eine leicht exponierte Rechtsquerung unter Überhängen. Wenig höher, auf einem Grasrücken, gabelt sich die Ferrata: die linke Route führt durch eine Minischlucht auf die Gipfelwiese, geradeaus geht's über Klammerreihen direkt zum Kreuz am *Poingt Ravier* (1696 m), *1 1/4 Std.*

↘ **Abstieg** Über den grasigen Rücken nach Poingt Ravier (1644 m), im Dörfchen links und auf hübschem Weg mit freier Sicht auf den zweiten Klettersteigfelsen, jenen von St-Pierre, hinunter nach Valloire.

Für Einsteiger: der bestens gesicherte Klettersteig »Poingt Ravier«.

54 Via ferrata St-Pierre

Rocher St-Pierre, 1582 m
Kraft- und Balanceakt

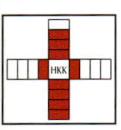

K 5
K 3–4

3½ Std.

200 m

Routencharakter: Sportklettersteig, opulent gesichert, aber extrem luftig. Erster Abschnitt sehr schwierig mit leicht überhängenden Passagen, anstrengend.
Ausgangspunkt: Valloire (1401 m) an der Straße zum Col du Galibier. Parkplatz und Schautafeln an der Brücke über die Valloirette.
Gehzeiten: Gesamt 3 ½ Std.; erster Abschnitt 1 ½ Std., zweiter Abschnitt 1 ½ Std., Abstieg ½ Std.
Markierung: Hinweistafel zum Einstieg, dann nicht zu verfehlen.
Landkarte: Erübrigt sich; für die Anreise evtl. Michelin 1:200 000, Blatt 244 »Rhône-Alpes«.
Highlights: »Vollgaspassage« (»Passage plein gaz«) im ersten Abschnitt, Querungen und Brücken im zweiten Teilstück.
Einkehr: In Valloire.
Fototipps: Gut Licht herrscht in den westseitigen Felsen erst am Nachmittag. Tolle Actionmotive, sehr spektakulär auch die Querungen und Brücken.

Der erste Eindruck täuscht ein wenig, wirkt die breite, von einem großen Kreuz gekrönte Felsfront oberhalb von Valloire doch recht harmlos. Bei genauerem Hinsehen entdeckt man bald ein paar Eisenteile in der Wand, und spätestens an der »Vollgas-Passage« ist absolut klar: die »Ferrata St-Pierre« hat es in sich, überhängende und extrem ausgesetzte Passagen stellen gleichermaßen hohe Anforderungen an (Arm-)Kraft und Nervenkostüm. Im Sommer 2000 wurde die Route bis hinüber zu der kleinen Kapelle verlängert. Dieser zweite Abschnitt ist zwar weniger schwierig, aber sehr luftig und mit mehreren Brücken äußerst spektakulär. Insgesamt reicht es nun locker für einen halben Tag im »Eisen«; möglich sind auch Teilbegehungen, da man an dem Felsen mehrfach aus- bzw. zusteigen kann.

➔ **Anfahrt** Durch die Maurienne nach St-Michel-de-Maurienne (707 m), dann auf der »Route des Grandes Alpes« hinauf zum Col du Télégraphe (1566 m) und weiter taleinwärts nach *Valloire* (1401 m), 17 km von St-Michel.

↑ **Ferrata St-Pierre, 1. Abschnitt**
Vom Parkplatz über die Straßenbrücke und, dem Hinweis »Via ferrata« folgend, auf einem guten Weg links aufwärts zum Einstieg. Der Auftakt ist gemütlich, am »Passage Plein gaz« geht's dann voll zur Sache: an Eisenbügeln erst um eine überhängende Felsnase herum und senkrecht auf einen Absatz (Ausstiegsmöglichkeit). Nun rechts zum Fuß der »Gipfel«-Mauer und an guten Sicherungen (Bügel, Leiter) sehr steil, zuletzt wieder leicht überhängend, zum Ausstieg auf den Felsrücken. Extrem luftig der Wiedereinstieg nur ein paar Schritte weiter rechts: auf

Eisenbügeln hinüber zur ersten Hängebrücke. Dahinter an einem Wandpfeiler 20 Meter senkrecht hinab und anschließend durch einen Kamin an guten Sicherungen wieder hinauf zum Kamm, vor dem Ausstieg die Rinne noch zweimal querend (Zweiseil- und Holzbrücke, je etwa 4 Meter), *1 ¹/₂ Std.*

↘ **Zwischenabstieg** Auf einem Weglein über den sanft abfallenden Rücken in einem Linksbogen hinunter zum Parkplatz.

↑ **Ferrata St-Pierre, 2. Abschnitt**
Die lange und extrem luftige Querung am »Petersfelsen« beginnt gut fünfzig Meter weiter südlich am Grat. Man steigt erneut ein in die Westwand, quert auf schmalen, teilweise abdrängenden Bändern bis zu einem Pfeilereck. Auf Eisenbügeln und an einer Leiter senkrecht hinab und auf einer knapp 15 Meter langen Hängebrücke über einen tiefen Einschnitt oberhalb einer markanten Grotte. Anschließend wechseln auf der luftigen Traverse Bänder und exponierte Wandstellen; eine Seilbrücke testet das Gleichgewichtsgefühl. Schließlich leiten die Sicherungen hinaus auf einen felsigen Grat, an dem man absteigt zur großen Passerelle (etwa 40 Meter Spannweite!). Jenseits der Hängebrücke an Eisenklammern durch einen Kamin zum Ausstieg unweit der Kapelle *St-Pierre*, *1 ¹/₂ Std.*

↘ **Abstieg** Auf Wiesenwegen an der Ostseite des Felsrückens hinunter nach Valloire und zurück zum Parkplatz an der Valloirette.

Erst jüngst verlängert: luftige Querung an der »Ferrata St-Pierre«.

55 Via ferrata du Diable
56 Via ferrata du Chemin de la Vierge

Fort Victor-Emmanuel, 1354 m
Schlucht-Klettersteigeln

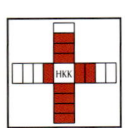

K 4/K 5
K 2

4 bis 7 Std.

210 m und 120 m

Routencharakter: Sehr abwechslungsreiche und lange Klettersteigrunde (fast drei Kilometer!) in der grandiosen Arc-Schlucht; verschiedene Teilbegehungen möglich. Speziell für Kinder angelegt wurden zwei Vie ferrate an den Außenmauern der Victor-Emmanuel-Festung: Routen für »Engelchen« und »Teufelchen« (K 2, Länge der gesicherten Strecke 900 m, kaum Steigungen).
Ergänzt wird die eiserne Runde zwischen der Redoute Marie-Thérèse und dem Fort durch die »Via ferrata du Chemin de la Vierge«, die am Ausgang der Schlucht startet und an der Cascade du Nant in die »Ferrata du Diable« mündet.
Ausgangspunkt: Parkplatz bei der Redoute Marie-Thérèse (1260 m) an der Route Nationale 6 zwischen Modane und Lanslebourg. Buslinie.

Gehzeiten: Gesamt 4 Std.; »Traversée des Anges« 3/4 Std., »Montée au Ciel« 1 1/2 Std., »Descente aux Enfers« 3/4 Std., »Montée au Purgatoire« 1 Std. Klettersteigrunde an der Festung Viktor Emmanuel etwa 2 1/2 Std.; »Les Angelots« und »Les Diablotins« zusammen etwa 2 Std. »Via ferrata du Chemin de Vierge« mit Rückweg 3 1/4 Std.
Markierung: Hinweisschilder.
Landkarte: Erübrigt sich.
Highlights: Das besondere Ambiente der Ferrata: historische Mauern über einer malerischen Schlucht. Viele extrem ausgesetzte Passagen, Wasserfall von Nant.
Einkehr/Unterkunft: In Aussois und Avrieux.
Fototipps: Action, Klettersteigler und alte Mauern, Tiefblicke in die Schlucht, Wasserfall.

Quelle surprise! Man tritt hinaus auf die Terrasse unterhalb der Redoute Marie-Thérèse, guckt leicht schaudernd hinab in die Arcschlucht, hinüber zu dem fast senkrechten Felsabsturz, den die riesige Festung Victor-Emmanuel krönt – und entdeckt mitten in der Wand ein paar bunte Punkte: Klettersteigler.

Sie finden hier, zwischen historischen Mauern, zwischen Himmel (ciel) und Hölle (enfer), ihr Dorado, nicht weniger als sieben Routen, alle bestens gesichert. Die »Traversée des Anges« etwa bietet eine extrem luftige Querung, bei der möglicherweise schon manche/r den persönlichen Schutzengel angerufen hat, auf der »Montée au Ciel« geht's steil bis leicht überhängend zur Sache, nach

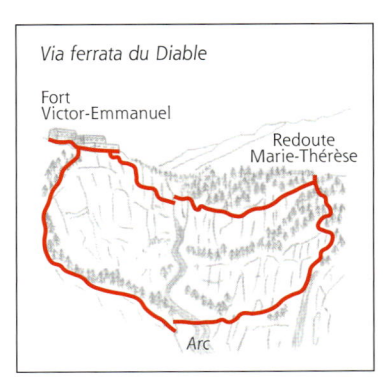

Via ferrata du Diable

Fort Victor-Emmanuel

Redoute Marie-Thérèse

Arc

der »Höllenfahrt« und dem Gang über die schwankende Passerelle läuten nach oben weisende Sicherungen das würdige Finale der Runde ein: vertikaler Fels neben den stiebenden Wassern der Cascate du Nant. 55 56

Auch den Nachwuchs haben die Klettersteigbauer aus St-Jean-de-Maurienne nicht vergessen: Für die »Teufelchen« (Diablotins) und »Engelchen« (Angelots) gibt's zwei gesicherte Routen am Mauerfuß des Forts Victor-Emmanuel, auf denen man die mächtige Festung umrunden kann. Dabei wurde beim Anbringen der Seile und Klammern sogar die Größe der wagemutigen Knirpse berücksichtigt!

Am Nant-Wasserfall mündet die »Ferrata du Chemin de la Vierge«, der jüngste gesicherte Steig bei Aussois/Avrieux.

➔ **Anfahrt** Durch das Arctal über St-Jean-de-Maurienne aufwärts bis zu den mächtigen Festungsanlagen von Esseillon. Parkplatz bei der Redoute Marie-Thérèse (1260 m), 6 km von Modane.

Vive la France! Ein begeisterter Ferratist auf dem Weg in den (Bergsteiger-)Himmel: an der »Montée au Ciel«.

55 ↑ Ferrata du Diable, Traversée des Anges
56
Am linken Rand der Aussichtsterrasse befindet sich der Einstieg zur »Engelstraverse«. Den Sicherungen folgend nur kurz abwärts, dann auf natürlichen Bändern zu einer extrem ausgesetzten Querung. Wer's nicht packt, kann vorher auf den Weg zum Pont du Diable aussteigen. Weiter auf schmalen und luftigen Bändern, zuletzt über kurze Felsaufschwünge zur »Teufelsbrücke« (1155 m), ¾ Std.

↑ Ferrata du Diable, Montée au Ciel
Jenseits der Brücke rechts durch eine Pforte, dann unter der »Pont du Diable« hindurch in die Wand. Die bestens gesicherte Route steigt diagonal durch den Felsabbruch hinauf zum Fort Victor-Emmanuel; luftige Querungen wechseln dabei ab mit senkrechten oder gar leicht überhängenden Aufschwüngen. Zuletzt leiten die Drahtseile direkt in den ausgedehnten Festungskomplex (1354 m), *1 ½ Std.*

↑ Ferrata du Diable, Descente aux Enfers
Auf der Talseite des Forts an dem bewaldeten Hang abwärts, dann über Bänder (Drahtseile) zu einem Steilabbruch und an Klammern senkrecht hinunter zur »Passerelle des Enfers«, ½ Std.

↑ Ferrata du Diable, Montée au Purgatoire
Von der Hängebrücke über schmale Bänder ansteigend zu einem baumbewachsenen Absatz, dann neben den gischtenden Wassern der *Cascade du Nant* (die auch für eine leichte Dusche sorgen können) anstrengend hinauf. Der vertikale Kraftakt wird durch eine Querung unterbrochen; nach dem letzten, leicht überhängenden Wandstück ist der Ausstieg gewonnen. Auf gutem Weg zurück zur Redoute Marie-Thérèse (1260 m), *1 Std.*

↑ Ferrata du Diable, Les Diablotins und Les Angelots
Auf Klettersteigen rund um das Fort Victor-Emmanuel, mit mehreren kleinen Brücken, geringen Höhenunterschieden, aber einigen etwas ausgesetzten Passagen: ein Plausch für die Kids (gesichert und in Begleitung Erwachsener)!

↑ Vie ferrata du Chemin de la Vierge
Kommt man von Modane, so findet sich der erste Hinweis auf den neuen Klettersteig etwa einen Kilometer vor der Redoute Marie-Thérèse an der viel befahrenen Route Nationale (1246 m; Parkmöglichkeit). Links auf der hier abzweigenden Forstpiste über drei Kehren abwärts, dann rechts zum Beginn der gesicherten Route. Sie verläuft in einigem Auf und Ab quer durch die Felsabbrüche am Ausgang der (hier noch recht breiten) Arcschlucht. Charakteristisch für die Ferrata sind zahlreiche exponierte Querungen auf teilweise sehr luftigen Bän-

dern; ein halbes Dutzend schmaler Holzbrücken (mit Handlauf) helfen dabei über Unterbrechungsstellen hinweg. Kleine Wandstufen müssen mal ab-, dann wieder ansteigend überklettert werden, natürlich an Sicherungen (Klammern, zwei Eisenleitern); finaler Gag ist eine lange Hängebrücke, auf der die *Cascade du Nant* luftig überquert wird. Gleich jenseits mündet auch die »Montée au Purgatoire«. Mit dieser Route auf einem Waldweg zur Redoute Marie-Thérèse (1260 m), *3 Std.*

↘ **Abstieg** Auf der Straße zurück zum Ausgangspunkt.

55
56

Einladung zum luftigen Gang. An der Pforte beim »Pont du Diable«.

57 Via ferrata d'Andagne

Andagne, 2263 m
Vor den Gletschern der Haute Maurienne

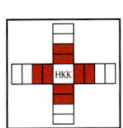

HKK

K 2
K 4

4 Std.

520 m

Routencharakter: »Parcours Pierre Blanc« wenig schwierig, bestens geeignet für Einsteiger, »Parcours Guy Favre« schwierig mit sehr exponierten Passagen. Insgesamt alpines Ambiente.
Ausgangspunkt: Klettergarten (1750 m) am Fuß der Andagne-Felsen, etwa auf halber Strecke zwischen Bessans (1705 m) und Bonneval-sur-Arc. Busverbindung mit Modane (Bahnhof), Parkplatz.
Gehzeiten: Gesamt 4 Std.; Aufstieg 2 ¾ Std., Abstieg 1 ¼ Std.

Markierung: Die gesamte Runde ist ausreichend bezeichnet.
Landkarte: Didier Richard 1:50 000, Blatt 11 »Vanoise«.
Highlights: Kletterpassagen am »Parcours Guy Favre«, hochalpine Kulisse des obersten Arctals.
Einkehr/Unterkunft: —
Fototipps: Vor allem der »Parcours Guy Favre« bietet schöne Motive mit den Dreitausendern als imposante Kulisse. Gut Licht hat man allerdings erst am Nachmittag.

Was für ein Kontrast, wenn man den Col de l'Iseran (2764 m) überquert hat und hinabfährt ins Hochtal des Arc, nach Bonneval und Bessans: malerische kleine Dörfer, eng zusammengebaut, viel dunkles Holz, nur wenig Beton, keine städtische Architektur wie drüben in Val d'Isère und Tignes, wo die Apartmentsilos fast so hoch sind wie die Berge rundum und mehr Liftmasten als Kühe auf den Alpwiesen stehen. Hier lebt man noch mit, nicht nur von der Natur; im Parc National de la Vanoise und den Grenzbergen zu Italien gibt's Wanderseligkeit und Gipfelglück en masse. Da hat es schon fast Symbolcharakter, dass ein Dreitausender links über dem Tal Ouille Allegra heißt, was man sinngemäß mit »glückliches Auge« übersetzen kann. Ein Stockwerk tiefer, am Fuß der Pointe d'Andagne (3217 m), mündet eine Via ferrata auf die weiten Almböden von Andagne, und ich wette, da gibt's dann im Sommer auch strahlende Gesichter zu sehen.

➔ **Anfahrt** Über die »Route des Grandes Alpes«, von Val d'Isère über den Col de l'Iseran bzw. von Modane via Lanslebourg. Der Ausgangspunkt befindet sich etwa auf halber Strecke zwischen Bonneval und Bessans (1705 m) beim Klettergarten (Site d'escalade).

↑ **Parcours Pierre Blanc**
Kurzer, für Einsteiger und Kinder geeigneter Rundkurs an den talnahen Sockelfelsen mit einigen hübschen Kletterpassagen; ¾ Std.

↑ **Parcours Guy Favre**
Die Fortsetzung der Route führt zunächst über einen mit wenigen Bäumen bestandenen Wiesenhang aufwärts zur »Vire du Greffier«. Drahtseile sichern die lange Linksquerung, anschließend geht es über

Via ferrata d'Andagne 57

Via ferrata d'Andagne

die steinige Grasflanke, zuletzt rechts haltend, bergan zum Wandfuß; links oberhalb wird dabei die Fenêtre d'Andagne, eine riesige Felsgrotte, sichtbar. Auf den nun folgenden gut 200 Höhenmetern zeigt die Ferrata ihre Klasse: senkrechte Passagen wechseln ab mit sehr exponierten Querungen, ein tiefer Spalt in dem dunklen Serpentingestein wird luftig gequert. Schließlich läuft die Route auf den Almböden von *Andagne* (2263 m) aus, *2 ³/₄ Std.*

↘ **Abstieg** Auf teilweise mit Drahtseilen gesichertem Weg durch den steilen Graben des Andagne-Bachs.

In den Grajischen Alpen: über dem Lac du Mont Cenis.

Dauphiné

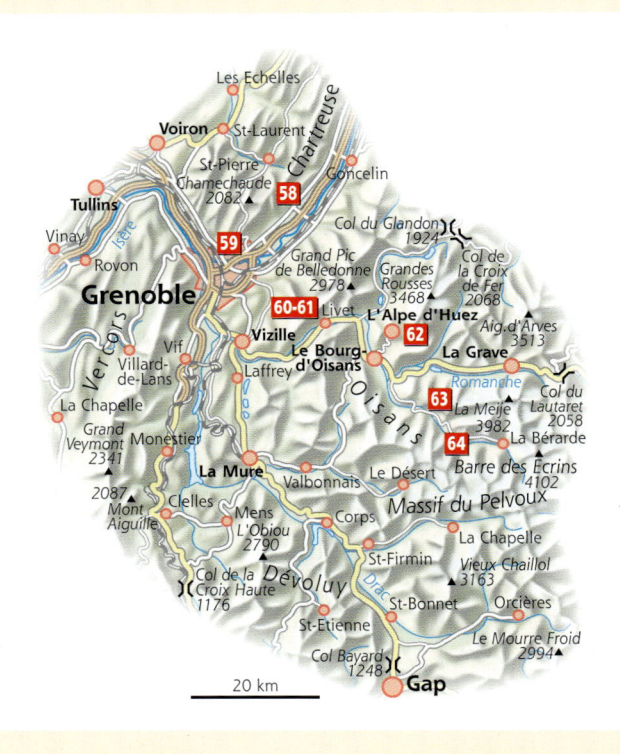

Auf einen Blick			
58	Via ferrata de la Cascade de l'Oule	K 4 / K 6	3–4 Std.
59	Via ferrata de la Bastille	K 4 / K 5	2 ½ Std.
60	Via ferrata des Trois Fontaines	K 2	1 ¼ Std.
61	Via ferrata des Lacs Robert	K 4	1 ¾ Std.
62	Via ferrata des Gorges de Sarenne	K 3 / K 4	2 ¼ Std.
63	Via ferrata des Perrons	K 3–4	4 Std.
64	Via ferrata de St-Christophe	K 4	3 ½ Std.

DAUPHINÉ

Ganz im Gegensatz zu den savoyischen Bergen, wo das Ferrata-Fieber nun schon seit Jahren grassiert und ständig neue Routen gebaut werden, sind die Klettersteige im Dauphiné zur Zeit noch an den Fingern einer Hand abzuzählen. Doch nachdem Grenoble (!) seine Ferrata bekommen hat, man also direkt über den Dächern der Großstadt an Eisenbügeln herumturnen, über schwankende Brücken balancieren kann, den Kitzel der Tiefe genießt, greift das eiserne Virus auch in der Umgebung der Universitätsstadt mehr und mehr um sich. Geplant sind u. a. Routen in der Chatreuse, am Croix de Belledonne und im Vercors.

Die erste Via ferrata des Dauphiné, im Jahr 1992 angelegt, musste nach Protesten wieder abgebaut werden. Sie führte auf den *Mont Aiguille* (2087 m), jenen unglaublichen Felszahn an der Straße zum Col de la Croix Haute, den französische Soldaten 1492 – Columbus war gerade unterwegs nach Amerika – auf Geheiß ihres Kaisers bestiegen – notabene mit Hilfe mehrerer Sturmleitern. Weshalb also die Aufregung?

In der Vallée du Vénéon, am Beginn der »Ferrata de St-Christophe«.

58 Via ferrata de la Cascade de l'Oule

St-Hilaire, 930 m
Viel Luft unter den Schuhsohlen

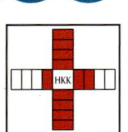

HKK

K 4 / K 6

3–4 Std.

430 m

Routencharakter: Ein Sportklettersteig frei nach dem Motto »schwierig – und schwieriger«. Während sich die Anforderungen auf dem rechten der beiden Parcours (»Ferrata de Lavandières«) noch in Grenzen halten, ist am »Grand Dièdre« vollster Einsatz angesagt. Am großen Überhang sind kräftige Arme gefragt, dazu eine ordentliche Portion Unerschrockenheit. Die »Ferrata des Lavandières« ist im Winter wegen Vereisungsgefahr gesperrt!
Ausgangspunkt: Mittel- oder Bergstation der Standseilbahn Montfort – St-Hilaire. Es gibt ein Extraticket für Klettersteiger!
Gehzeiten: 3 bis 4 Std., je nach Wahl des Ausgangspunktes bzw. der Route.
Markierung: Zustieg bezeichnet
Landkarte: Erübrigt sich; für die Anreise Michelin 1:200 000, Blatt 244 »Rhône – Alpes«
Highlights: Tolle Kletterpassagen, vor allem natürlich der Kraft raubende Überhang, ausgesetzte Querungen, die Cascade de l'Oule (im Frühling!).
Einkehr: In St-Hilaire.
Fototipps: Dank der südöstlichen Exposition der Route bis in den Nachmittag hinein gutes Licht: Action. Und vielleicht schwebt ja gerade ein Paraglider über die Köpfe der erdgebundenen Klettersteiger…

Das war zu erwarten: Nach der Eröffnung der »Stadt-Ferrata« in den Festungsfelsen über Grenoble breitet sich das eiserne Virus auch im Dauphiné aus. Chamrousse hat bereits zwei Vie ferrate, weitere sind in St-Eynard und St-Pierre-de-Chartreuse geplant. Vor kurzem erst wurde eine tolle Ferrata in den schroffen Kalkfelsen unterhalb des Mittelgebirgsplateaus von Petites Roches eröffnet, auf der Ostseite des Chartreuse-Massivs. Sie besteht aus einer Route, die sich am Fuß der sehenswerten Cascade de l'Oule gabelt. Etwas Abkühlung könnten da vor allem jene gut brauchen, die den »Parcours du Grand Dièdre« ansteuern: senkrecht bis (stark) überhängend, allerdings bestens gesichert. Nach diesem Kraftakt dürfte die nach außen geneigte »Échelle de l'Enfer« so manchem wie ein – höchst willkommener – Ausstieg aus der Hölle (enfer) vorkommen…

Eher etwas fürs Fußvolk unter den Klettersteiglern ist der »Parcours des Lavandières«, eine Abfolge von Querungen auf Bändern und Steilpassagen. Der Ausstieg beider Routen erfolgt auf den abgeflachten Rücken des Bec Margain (1036 m). Bei guter Fernsicht sollte man anschließend den kleinen Abstecher zu diesem exzellenten Aussichtspunkt nicht versäumen, bietet er doch ein tolles Panorama (Tafel) bis zum fernen Eisdom des Mont Blanc!

➔ **Anfahrt** Von Chambéry bzw. Grenoble über die A 41 bis zur Ausfahrt Brignoud und via Crolles nach Montfort. Mit der Standseilbahn zur Mittel- bzw. zur Bergstation.

Via ferrata de la Cascade de l'Oule 58

↗ **Zustieg** Vom Plateau des Petites Roches (Bergstation) auf dem »Sentier du Pal de Fer« absteigend bis zur signalisierten Abzweigung zur Ferrata. Im Wald kurz querend zum Einstieg (ca. 650 m). Von der Mittelstation im Wald (Tafel) hinauf zur Ferrata

↑ **Via ferrata de la Cascade de l'Oule**

Eine Wegspur führt links zum Fuß des Pillier du Belvédère. An ihm, weitgehend ohne Felskontakt senkrecht und sehr luftig hinauf. Eine luftige Rechtsquerung auf halber Höhe unterbricht den Kraftakt, ein gesichertes Steiglein führt schließlich im Wald auf die markante Terrasse direkt unter dem Wasserfall. Hier gabelt sich die Route.

↑ **Via ferrata des Lavandières**

Sie startet flach, führt dann auf das Lavandières-Band. Leicht an Höhe verlierend, quert man weit in die Wand; über eine Unterbrechungsstelle hilft ein Holzbalken hinweg. Schließlich geht die Route wieder in die Vertikale; gut gesichert gewinnt man ein höher in der Felsmauer verlaufendes Bandsystem, das nach links verfolgt wird. Dabei bieten sich packende Ausblicke ins Isèretal und auf die Chaîne de Belledonne. Auf einem Holzbalken überquert man den Oule-Wasserfall an seinem Ansatz; ein letzter Aufschwung, der mit Eisenbügeln gesichert ist, leitet ins Flache (910 m).

↑ **Via ferrata du Grand Dièdre**

Von der Verzweigung bei der Cascade de l'Oule links auf das »Radlerband« (vire à vélo), das leicht fallend zum Ansatzpunkt der großen Verschneidung führt. Hier geht die Route kompromisslos in die Vertikale. Die ersten zehn Meter leiten auf einen Absatz, dann folgt ein echter Knaller, der extrem Kraft raubende Überhang. Weiter sehr steil, teilweise senkrecht aufwärts bis zu einem Band (»Sangle de Chourere«). Auf ihm unter Überhängen zur »Echelle de l'Enfer«, die man mit dem Rücken zum Felsen ersteigt. Ein letzter Steilaufschwung, dann ist der Ausstieg gewonnen – puhh!

Der Oule-Wasserfall.

↘ **Abstieg** Auf einem Weglein oberhalb der Wand zum Ausstieg des »Parcours de la Lavandière«. Auf einer Hängebrücke über den Bach, am Startplatz der Paraglider vorbei und zur nahen Bergstation der Standseilbahn im Ortsteil Les Gaudes.

59 Via ferrata de la Bastille

Fort de la Bastille, 498 m
Klettersteiggarten in Grenoble

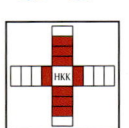

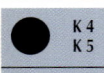

K 4
K 5

2 1/2 Std.

280 m

Routencharakter: Sportklettersteig über der Großstadt, erstes Teilstück schwierig, zweiter Abschnitt teilweise sehr schwierig, aber mit jeweils etwas leichteren Alternativen. Durchwegs bestens gesichert; fast das ganze Jahr über begehbar! Rechts neben dem Einstieg besteht eine kurze Übungsferrata; Beginn des zweiten Abschnitts im Parc Guy Pape nicht ganz leicht zu finden.
Ausgangspunkt: Grenoble (214 m), am rechten Isèreufer (Route de Lyon) unweit des Pont de la Porte de France. Stadtbus, Parking de l'Esplanade.
Gehzeiten: 2 1/2 Std.; erstes und zweites Teilstück je 1 Std., Abstieg 1/2 Std.

Markierung: Hinweisschilder, sonst halt immer den Eisenteilen nach.
Landkarte: Erübrigt sich – in diesem Fall ist ein Stadtplan bestimmt nützlicher ...
Highlights: Neben steilen Kletterpassagen und luftigen Querungen vor allem die Tiefblicke auf die Stadt.
Einkehr: Hinterher im Straßencafé auf der Place de la Grenette, mit Blick aufs gotische Rathaus und viele jeunes filles ... Wer lieber in die Berge guckt, genießt die verdiente Erfrischung oben an der Bergstation (Restaurant).
Fototipps: Action mit Tiefblick auf die Isère und die Stadt. Am Vormittag liegt die Westflanke des Bastille-Felsens im Schatten.

Längst hat sich der Mensch den Berg (oder zumindest seine Vorstellung davon) in die urbanen Zentren geholt: Klettergärten und -wände usw. Seit kurzem gibt es auch den ersten »Stadtklettersteig«: luftige Kraxelei über den Dächern von Grenoble. Damit ist der »französische Weg« im Klettersteigbau nur konsequent weitergedacht: Nervenkitzel, Action, Plaisir sind bei der Turnerei wichtiger als das Naturerlebnis. Und da hat die »Ferrata de la Bastille« einiges zu bieten: vertikale Mauern, ausgesetzte Querungen, eine Dreiseilbrücke sowie eine lange Hängebrücke, dazwischen spaziert man durch den Parc Guy Pape, und zuletzt wird die Festungsanlage der Bastille »erobert«. Absteigen kann man dann auch am Drahtseil: mit der Gondelbahn, direkt hinunter und hinein in die Stadt.

➔ **Anfahrt** Grenoble (214 m), die größte Alpenstadt überhaupt, hat Autobahn- und TGV-Anschluss, 100 km von Lyon, 55 km von Chambéry.

⬆ **Via ferrata de la Bastille**

Die Ferrata beginnt bei einem aufgelassenen Steinbruch an der Route de Lyon gleich sehr steil: Eisenbügel leiten an einem Pfeiler senkrecht nach oben. In die anschließende, lange Linksquerung sind eine wackelige Seilbrücke und eine Passerelle eingebaut. Über leichte Felsstufen erreicht man den Eingang zum *Parc Guy Pape* und damit das Ende des ersten Teilstücks (Abstiegsmöglichkeit).

Nun den Wegzeigern folgend durch den Park zum eigentlichen Burgfelsen, wo der zweite, wesentlich schwierigere und ausgesetztere

Via ferrata de la Bastille 151

59

Routenabschnitt beginnt (375 m). Ein senkrechter Aufschwung, mit Bügelreihen entschärft, macht den Auftakt. Luftig nach rechts auf eine hölzerne Plattform, wo sich die Route verzweigt: links vergleichsweise leicht über einen Felssporn hinauf zu den betonierten Gräben (»Fosse«) unterhalb der Bastille-Festung, rechts sehr exponiert mit leicht überhängenden Querungen (Armkraft!) zu einem Vorwerk des Forts. Bei einer zweiten Plattform auf halber Höhe dieser schwierigsten Passagen kann man erneut nach links aussteigen. Beim »Fosse« vereinigen sich die beiden Varianten; auf einem Weglein steigt man durch den Graben hinauf zur Schlusswand: nochmals zehn Meter senkrecht, dann wird die Festung durch ein Fenster »geentert« – Ende der Ferrata (435 m).

↘ **Abstieg** Auf bequemen Spazierwegen über die Parks »Des Dauphins« und »Guy Pape« oder mit der Gondelbahn.

Über den Dächern von Grenoble: an der »Ferrata de la Bastille«.

60 Via ferrata des Trois Fontaines
61 Via ferrata des Lacs Robert

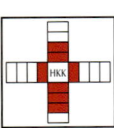

Croix de Chamrousse, 2253 m
Am Hausberg von Grenoble

HKK

K 2 / K 4

3 Std.

250 m

Routencharakter: Zwei Sportklettersteige in den Felsen unterhalb des Gipfelplateaus am Croix de Chamrousse. Viel Eisen und mehrere Brücken, von der komfortablen Passerelle bis zur luftigen Zweiseilbrücke (Pont de Singe).
Ausgangspunkt: Gipfel der Croix de Chamrousse (2253 m); Talstation in der Retortenstation Chamrousse (1700 m). Die Seilbahn ist im Juli und August täglich, sonst nur an Wochenenden von 8–17.30 Uhr in Betrieb.
Gehzeiten: Für die »Ferrata des Trois Fontaines« 1 ¼ Std., für die »Ferrata des Lacs Robert« 1 ¾ Std.
Markierung: Hinweise an der Seilbahnstation zum Einstieg, dann immer den Sicherungen nach ...
Landkarte: Erübrigt sich. Zur Orientierung Didier Richard 1:50 000, Blatt 4 »Chartreuse-Belledonne-Maurienne«.
Highlights: Panorama vom Gipfel, Seilbrücken und Hängebrücken.
Einkehr: —
Fototipps: Action auf den Brücken, Steilpassagen an der »Ferrata des Lacs Robert«

Als Ausflugsziel und Wanderberg ist die *Croix de Chamrousse* (2253 m) schon seit langem bekannt, und an ihren Hängen feierte Jean-Claude Killy bei der Winterolympiade 1968 die größten Erfolge seiner Karriere. Jetzt hat der Berg eine weitere Attraktion: zwei Sportklettersteige. Quer durch die ostseitigen Gipfelfelsen der »Drei Quellen« (Trois Fontaines) verläuft eine Via ferrata, rund 350 Meter lang, mäßig schwierig, mit Passerellen und Seilbrücken aber recht spektakulär. Anspruchsvoller ist die zweite Route, die »Via ferrata des Lacs Robert« mit immerhin etwa 150 gesicherten Höhenmetern, teilweise sehr steil und einer Hängebrücke über dem Couloir de Casserousse.

→ **Anfahrt** Von Grenoble nach Uriage-les-Bains (414 m) und auf der Ringstraße hinauf nach Chamrousse, 30 km. Mit der Seilbahn in sechs Minuten zum Gipfel und zum großen Panorama.

↑ **Via ferrata des Trois Fontaines**

Von der Bergstation (2250 m) über den abgeflachten Gipfel, zuletzt etwas absteigend, zum Einstieg (ca. 2210 m). Die Route verläuft teilweise auf Bändern; wer sich überfordert fühlt, kann gleich nach den ersten Querungen und bei der Seilbrücke zum Gipfeldach hin aussteigen. Nach dem »Pont de Singe« (= Affenbrücke) folgen drei kürzere Holzbalkenbrücken, auf denen weitere Couloirs gequert werden, und schließlich noch eine Hängebrücke. Dann läuft die Ferrata aus, *1 Std.* Links zurück zur Seilbahn.

Balanceakt in den Felsen unter dem Croix de Chamrousse.

↑ Via ferrata des Lacs Robert

Von der Seilbahnstation (Hinweis »Ferrata 2«) erst abwärts Richtung Lacs Robert, dann links zum Einstieg (2060 m). Zunächst an Eisenbügeln etwa 20 Meter senkrecht hinauf, dann links haltend über Bänder und leichte Felsen zum Couloir de Casserousse, das man auf einer Hängebrücke quert. Dahinter folgt eine extrem luftige Querung, ehe die Route erneut in die Vertikale geht. Ein kleiner Überhang zwingt zu vollem Einsatz, dann leitet die Route zum letzten Steilaufschwung, dem man auf das Gipfelplateau entsteigt. Tiefblicke auf die stimmungsvollen Lacs Robert; am Horizont stehen die Dreitausender des Pelvoux-Massivs (Massif des Écrins).

62 Via ferrata des Gorges de Sarenne

Pierre Ronde, 1855 m
Erst hinab, dann hinauf

K 3
K 4

2 1/4 Std.

250 m

Routencharakter: Zwei gut gesicherte Routen, die sich auf knapp halber Wandhöhe kreuzen: »La Découverte«, geeignet für Einsteiger, mit einer markierten Ausstiegsmöglichkeit vor der anspruchsvollsten Passage; »La Sportive«, abschnittsweise sehr steil und luftig. Alles »französisch« üppig gesichert.
Ausgangspunkt: An der Straße von L'Alpe-d'Huez zum Col de Sarenne: am Flugplatz vorbei, dann über zwei Schleifen leicht abwärts und noch etwa einen Kilometer weiter bis zu dem kleinen Wiesensattel (ca. 1840 m) im Rücken der Pierre Ronde.
Gehzeiten: Gesamt 2 1/4 Std.; Abstieg 3/4 Std., Via ferrata 1 1/2 Std.
Markierung: Kein Hinweis an der Straße, Abstieg lausig markiert, aber nicht zu verpassen. Unten folgt man der Sandstraße talauswärts bis fast zur Liftstation; rechts am Felsfuß entdeckt man eine Tafel. Landkarte: Didier Richard 1:50 000, Blatt 6 »Ecrins«.
Highlights: Mittlerer Abschnitt der »Ferrata sportive« – sehr luftig und steil.
Einkehr: In L'Alpe-d'Huez.
Fototipps: Gute Action-Motive, wobei man abschnittsweise beide Varianten einbeziehen kann.

L'Alpe-d'Huez, das weiß man, ist eine Skistation – und ein berühmter Zielort der Tour de France dazu. So alle zwei, drei Jahre endet da oben, zwischen den Betonbunkern der Alpenstadt, die sich Alpe nennt, eine »Königsetappe« der »Großen Schleife«. Da quälen sie sich dann durch die Serpentinen des breiten Asphaltbandes hinauf, Sieger wie Verlierer, und wer hier triumphiert, hat einen großen Schritt hin zur Radsportlegende getan. Jede Kehre besitzt mittlerweile ihren Namen; da sind sie verzeichnet, die Holländer, die Franzosen und Spanier, die schon einmal siegten, auch ein kleiner Briefträger aus St. Gallen, Beat Breu – Heroen der Landstraße.

Das große Geschäft macht die »Alm« natürlich im Winter, wenn Tausende den Schnee pflügen und abends die Discos bevölkern. Im Sommer dagegen fühlen sich höchstens notorische Stadtmenschen zwischen all den Riesenchalets, Apartmentsilos und Parkflächen wohl.

Seit neuestem hat L'Alpe-d'Huez auch einen Klettersteig. Keine übermäßig attraktive Anlage, und nicht ganz leicht zu finden, versteckt sie sich doch in dem felsigen Graben der *Gorges de Sarenne*. Zum Startpunkt muss man erst einmal absteigen, viel Aussicht gibt's unterwegs nicht, dafür ein paar ziemlich knackige Passagen. Und zum Trost: »le petit Paris« bleibt außerhalb des Blickfeldes ...

➔ **Anfahrt** Von Grenoble auf der Route Nationale 91 Richtung Briançon bis Bourg-d'Oisans, dann in langen Schleifen hinauf nach Alpe-d'Huez. Auf einer Asphaltstraße um den Flugplatz herum in den kleinen Sattel (ca. 1840 m) im Rücken der *Pierre Ronde*.

↘ Zustieg Der ist in diesem Fall ein Abstieg. Links vom »Runden Stein« auf einem nur spärlich markierten Weg, der die Skipiste kreuzt, hinunter zur Sarenne. Auf einer Sandstraße durch die Klamm rechts zur Talstation des Charvet-Sesselliftes (ca. 1590 m).

↑ Via ferrata des Gorges de Sarenne
Etwa 50 Meter vor der Liftstation geht's rechts zur Ferrata. Auf einem botanischen Lehrpfad in wenigen Minuten zum Einstieg am Fuß der Felswand (ca. 1650 m): rechts führt die »Découverte« über Felsstufen und Grasbänder recht steil, teilweise auch luftig bergan; die »Sportive« nimmt einen direkteren Verlauf, ist entsprechend steiler, teilweise nahe der Senkrechten. Auf einem schmalen Band kreuzen sich die beiden Routen (ca. 1740 m). Gleich darüber setzt eine vertikale, glatte Platte an, die Schlüsselstelle der sportlichen Variante: extrem ausgesetzt, aber mit Bügeln bestens gesichert. Die »Einsteigerroute« nimmt das Hindernis etwas weiter links, ebenfalls senkrecht, aber doch wesentlich leichter. Wer sich überfordert fühlt, kann hier aus- und anschließend absteigen (»echappatoire«). Knapp unter dem abgeflachten Gipfel der Pierre Ronde laufen die beiden Ferrate aus (ca. 1820 m). Der Steigspur folgend zurück zur Straße, *1 1/2 Std.*

Steiler Fels über tiefem Graben: an der »Ferrata des Gorges de Sarenne«.

63 Via ferrata des Perrons

Les Perrons, 1720 m
An der Pforte zum Pelvoux-Massiv

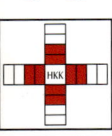

HKK

K 3–4

4 Std.

700 m

Routencharakter: Ziemlich lange, über die steile Felsfront der Perrons ansteigende Route, mit reichlich Sand und Grünzeug garniert. Absteigen kann man auch mit der Gondelbahn, ebenso ist ein Start in Les Deux-Alpes möglich. Im Sommer empfiehlt es sich, wegen der Hitze früh loszugehen; bei Nässe ist vor einer Begehung abzuraten.
Ausgangspunkt: Venosc (1019 m) in der unteren Vallée du Vénéon; Zufahrt von Le Bourg-d'Oisans über Le Clapier 13 km. Parkplatz bei der Talstation der Gondelbahn nach Les Deux-Alpes; Busverbindung. Man kann die Tour auch von Les Deux-Alpes aus starten: auf dem markierten Weg hinunter zum Einstieg, dann über die Ferrata hinauf. Gesamtgehzeit etwa 2 ½ Std.
Gehzeiten: Gesamt 4 Std.; Aufstieg 2 ¾ Std., Abstieg 1 ¼ Std.
Markierung: Hinweis beim Parkplatz, Wegzeiger am Abstiegsweg.
Landkarte: Didier Richard 1:50 000, Blatt 6 »Ecrins«.
Highlights: Ein paar luftige Kletterpassagen, Aussicht auf die Felskulisse des Massif des Ecrins.
Einkehr: In Venosc.
Fototipps: Prachtblick über das untere Vénéon-Tal, Action am Klettersteig; Blumen.

Gelegentlich treibt der Klettersteigbau in den Französischen Alpen etwas seltsame Blüten. Da steigt man aus dem malerisch urtümlichen Vénéontal an soliden Eisenbügeln über die steile Gneisflucht von Perrons auf, Felsen unter wie über sich, und hat dann unvermittelt eine »Großstadt« vor sich: Les Deux-Alpes, das sich alle Mühe macht, dem (noch) berühmteren L'Alpe-d'Huez nachzueifern. Blüht am Einstieg zu der steilen Route im Sommer der seltene Affodil in Massen, kann man beim Spaziergang hinüber zur Bergstation der Gondelbahn mindestens so viele architektonische »Blüten« ausmachen: Bauen im Gebirge!

➔ **Anfahrt** Von Grenoble auf der Route Nationale 91 nach Le Bourg-d'Oisans (713 m) und weiter bis zu der Häusergruppe Le Clapier; hier rechts ins Vallée du Vénéon nach *Venosc*.

↗ **Zustieg** Vom Parkplatz bei der Gondelbahn (1019 m) ist die große Tafel am Einstieg des Klettersteigs bereits gut auszumachen. Dem Hinweis »Via ferrata« folgend steigt man auf einem schmalen Pfad, teilweise im Wald und zuletzt über einen steilen Blumenhang, an zum Einstieg (ca. 1280 m).

↑ **Ferrata des Perrons**
Eine sandige Rinne macht den Auftakt, dann leitet die erste Bügelreihe schräg über eine fast senkrechte Wandstufe aufwärts. In der Folge wechseln Steilaufschwünge mit flacheren Absätzen, die ein Verschnaufen gestatten. Etwa auf halber Höhe kommen die ersten Häuser

Via ferrata des Perrons 157

63

von Les Deux-Alpes ins Blickfeld. Eine sehr ausgesetzte Querung bietet dann Gelegenheit, die Immunität gegen Tiefe zu testen. Nach einem letzten Aufschwung läuft die Ferrata an einem begrünten Geländesporn aus, *2 Std.* Faszinierend der Blick über das Vénéontal auf die Roche de la Muzelle (3465 m) und ihre Trabanten; im Norden, über der Senke von Les Deux-Alpes, zeigt sich der Firnrücken der Grandes Rousses.

↘ **Abstieg** Auf schmalem Weg (zwei kurze Drahtseilstellen) hinüber zu den Chalets von *Les Deux-Alpes* und zur Bergstation der Gondelbahn (1658 m). Auf markiertem Weg hinab nach Venosc (1019 m).

Musste wieder abgebaut werden: die Via ferrata auf den Mont Aiguille.

64 Via ferrata de St-Christophe-en-Oisans

Vierge du Collet, 1544 m
In der Schlucht des Vénéon

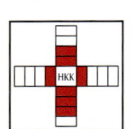

K 4

3 1/2 Std.

380 m

Routencharakter: Originelle Route in der Vénéon-Schlucht mit längeren, zum Teil sehr ausgesetzten Querungen und einer 15-Meter-Hängebrücke sowie kurzen Steilpassagen. Das zweite Teilstück zum Hügel von Collet ist erheblich leichter.
Ausgangspunkt: Parkplatz Plan du Lac (1203 m) an der Straße nach St-Christophe, große Hinweistafel zum Klettersteig. Zufahrt von Le Bourg-d'Oisans via Le Clapier 16 km; Busverbindung.
Gehzeiten: 2 3/4 Std. bis St-Christophe, mit Rückweg via Le Puy 3 1/2 Std.

Markierung: Zugang durch das Campinggelände, dann immer den Sicherungen entlang.
Landkarte: Didier Richard 1:50 000, Blatt 6 »Écrins«.
Highlights: Luftige Querungen, Hängebrücke, finaler Steilaufstieg.
Einkehr/Unterkunft: In St-Christophe-en-Oisans.
Fototipps: Sehr fotogen sind die luftigen Querungen über dem Fluss; Passerelle. Morgens liegt die rechte Talflanke noch im Schatten.

Wer früher, von Grenoble kommend, hinter Bourg-d'Oisans rechts in die Vallée du Vénéon abbog, hatte meistens La Bérarde zum Ziel. Das malerische Bergsteigernest im Talschluss ist bevorzugter Ausgangspunkt für viele großen Touren im Massif des Écrins: Sommet des Bans (3669 m), Barre des Écrins (4102 m), Roche Faurio (3730 m) und natürlich die Meije (3982 m). Mittlerweile zieht's manche, die die Vallée du Vénéon anpeilen, weniger ins Eis als vielmehr zum Eisen: auf Klettersteige. Davon gibt es hier zur Zeit zwei, eine steile Route bei Venosc bzw. Les Deux-Alpes (⇨ Tour 63) und eine originale Ferrata in der *Vénéon-Schlucht* unterhalb von St-Christophe. Sie vermittelt faszinierende Eindrücke zwischen Steilfels und stiebenden Wassern, wartet zudem mit einigen sehr luftigen Passagen auf. Von dem kleinen Hügel oberhalb des Pont du Diable, auf dem die Ferrata ausläuft, bietet sich ein schöner Blick zu den vergletscherten Dreitausendern des Écrins-Massivs; auf dem kleinen Friedhof von St-Christophe ist der Erstbesteiger der Meije, Pierre Gaspard, begraben.

➔ **Anfahrt** Von Le Bourg-d'Oisans auf der N 91 bis Le Clapier, dann rechts in die Vallée du Vénéon bis zum Parkplatz Plan du Lac (1203 m). Große Hinweistafel zur Ferrata.

↑ **Via ferrata de St-Christophe**
Der Einstieg befindet sich gleich hinter dem Campinggelände. Drahtseile und ein paar Eisenklammern helfen über ein erstes felsiges Eck hinweg. Gut 200 Meter weiter verengt sich das Tal dann zur Klamm; die Ferrata verläuft knapp über den rauschenden Wassern des Vénéon, benützt teilweise natürliche Bänder. Eine senkrechte Felsmauer wird

ansteigend traversiert, ein Seitencanyon auf schwankender Hängebrücke gequert. Luftig geht's über schmale Bänder weiter zum finalen Überhang, der mit soliden Eisenbügeln ausgestattet ist. Die Route mündet auf die Talstraße. Man kreuzt sie unweit der *Teufelsbrücke* (Pont du Diable, 1418 m) und folgt dann den Sicherungen über Grasbänder und einen felsigen Steilaufschwung zum Hügel von *Collet* (1544 m), *2 1/2 Std.*

↘ **Abstiege** Ostwärts auf markiertem Weglein in 15 Minuten hinunter nach St-Christophe; landschaftlich sehr reizvoll ist der Abstieg über Le Puy (1583 m), etwa 1 Stunde bis Plan du Lac.

In der Schlucht des Vénéon: die Ferrata von St-Christophe.

ALPES DU SUD

Bei Briançon, das als »höchstgelegene Stadt Europas« mit dreihundert Sonnentagen für sich wirbt, beginnt er wirklich, der alpine Süden. Wer aus der Maurienne über den Col du Galibier (2642 m) anreist, spürt den ersten Hauch – mehr eine Ahnung – bereits droben am Pass. Auf der anschließenden Talfahrt nimmt einen dieser »alpine Süden« dann mehr und mehr gefangen, man staunt über die Farben, bunt, aber mit weniger Grün als drüben im Savoyischen – und das Licht, intensiv, durchscheinend: la lumière de la Provence. Klettersteigler bekommen bald leuchtende Augen, gilt das Briançonnais doch seit Mitte der neunziger Jahre als Dorado der »Eisenwege«. Mehr als ein Dutzend Routen gibt es hier mittlerweile, vom Sportklettersteig bis zur klassischen Ferrata, von leicht bis sehr schwierig. Auch weiter südlich, in den Voralpen um Gap und in den Alpes Maritimes, wird der Klettersteiger fündig: Grande Fistoire, Baus de la Frema und »La Traditionelle« heißen einige Stichworte. Und von Peille aus kann man es schon fast sehen, das Mittelmeer, ist es – bildlich gesprochen – nur mehr ein Steinwurf weit bis zu den Stränden von Nizza und Monte Carlo. Alors!

Auf einen Blick

Nr.	Name	Schwierigkeit	Dauer
65	Via ferrata des Mines du Grand Clot	K 4	5 $^1/_2$ Std.
66	Via ferrata de l'Aiguillette du Lauzet	K 2	6 Std.
67	Via ferrata de la Croix de Toulouse	K 3	3 $^1/_2$ Std.
68	Via ferrata degli Alpini	K 1	7 Std.
69	Via ferrata des Gorges de la Durance	K 5	3 $^1/_2$ Std.
70	Via ferrata des Vigneaux	K 2 / K 4	3 $^1/_4$ Std.
71	Via ferrata de Freissinières	K 4	3 $^1/_2$ Std.
72	Via ferrata de la Marcelinas	K 2–3	2 $^1/_2$ Std.
73	Via ferrata de la Cascade	K 5	3 $^1/_2$ Std.
74	Via ferrata de l'Aiguille de Luce	K 4	3 $^1/_2$ Std.
75	Via ferrata de l'Aiguille du Coq	K 4	5 Std.
76	Via ferrata de la Tour d'Août	K 5	6 $^1/_2$ Std.
77	Via ferrata de l'Ourson	K 2	2 $^1/_2$ Std.
78	Via ferrata des Étroits	K 2–3 / K 4	3 Std.
79	Via ferrata de Chironne	K 5	2 $^1/_2$ Std.
80	Via ferrata de la Grande Fistoire	K 4–5	3 $^1/_2$ Std.
81	Via ferrata du Baus de la Frema	K 2 / K 4 / K 5	6 Std.
82	Via ferrata »La Traditionelle«	K 1–K 5	3 $^1/_2$ Std.
83	Via ferrata des Demoiselles du Castagnet	K 4	3 $^1/_2$ Std.
84	Via ferrata des Comtes Lascaris	K 2–K 5	4 Std.
85	Via ferrata de la Ciappea	K 4	2 $^1/_4$ Std.
86	Via ferrata Escale à Peille	K 5 / K 4	3 Std.

65 Via ferrata des Mines du Grand Clot

Plateau d'Emparis, 2157 m
In der Wand, vor der Meije

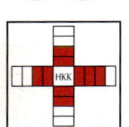

K 4

5 1/2 Std.

830 m

Routencharakter: Alpine, durch ihre Länge auch anstrengende Route. Interessant die Überreste des ehemaligen Blei- und Silberabbaus; grandios die Kulisse mit der Meije (3982 m) als Blickfang.
Ausgangspunkt: Häusergruppe Grand Clot (1328 m) an der Lautaret-Passstraße, 25 km von Le Bourg-d'Oisans, 3 km von La Grave (1526 m). Busverbindung, Parkmöglichkeit.
Gehzeiten: Gesamt 5 1/2 Std.; Aufstieg 3 1/2 Std., Abstieg 2 Std.
Markierung: Hinweisschilder, Abstieg bezeichnet.

Landkarte: Didier Richard 1:50 000, Blatt 6 »Ecrins«.
Highlights: Die fantastische Felskulisse der Route mit einigen Steilpassagen, dann natürlich die firnschimmernde Meije im Hintergrund. Und oben auf dem Plateau blüht es im Sommer geradezu verschwenderisch üppig.
Einkehr/Unterkunft: —
Fototipps: Der gesamte Aufstieg bietet interessante Motive, wobei sich Action und Kulisse gut aufs gleiche Bild bannen lassen. Plateau d'Emparis und Meije, Blumen.

Rechte Seite: An der »Ferrata des Mines du Grand Clot« wechseln Steilpassagen mit schmalen, teilweise bewachsenen Bändern ab.

Bereits ein erster Blick aus dem schattig tiefen Graben des »Schlechten Tals« (Combe de Malaval) hinauf in die zerklüftete Wandflucht weckt bei Klettersteiglern hohe Erwartungen: Was für eine Kulisse! Und zu der gehört auch die Meije (3982 m), die sich zunächst noch hinter Vorbergen versteckt, dann aber immer schöner, strahlender ins Blickfeld kommt. Begleitet wird der Aufstieg von den Spuren des ehemaligen Silber- und Bleibergbaus. Und oben auf dem Plateau von Emparis blüht es im Sommer geradezu verschwenderisch: les fleurs des Alpes!

Die Ferrata darf, obwohl sich ihre technischen Schwierigkeiten in Grenzen halten, nicht unterschätzt werden: 800 Höhenmeter am Drahtseil, auf Eisenbügeln, mit einigem Hin und Her auch, sind nicht gerade wenig. Und eine Ausstiegsmöglichkeit gibt es nicht, weshalb man zu dieser Tour auch nur bei ganz sicherem Wetter starten sollte.

➔ **Anfahrt** Auf der Lautaret-Passstraße bis zur Häusergruppe Grand Clot (Camping, 1328 m), 25 km ab Le Bourg-d'Oisans, 3 km von La Grave.

↗ **Zustieg** Von der Straße (große Tafel) auf deutlicher Spur zum Wandfuß (1370 m).

↑ **Ferrata des Mines du Grand Clot**
Der Steig folgt im wesentlichen einem markanten Pfeiler; er ist über einen Höhenunterschied von rund 650 Metern gesichert. Die Hauptschwierigkeiten konzentrieren sich dabei auf die erste Weghälfte; gesicherte Aufschwünge wechseln mit teilweise grasigen Bän-

dern (Drahtseile) ab. Gleich oberhalb der ersten Stollenlöcher leiten die Eisenbügel luftig über eine 30-Meter-Wand; aus einem alten Stollen entsteigt man durch einen leicht überhängenden, beiderseits mit Eisenklammern versehenen Kamin. Mit zunehmender Höhe kommen dann die Gletscher und Gipfel um die Meije immer schöner ins Blickfeld. Gleichzeitig nimmt dafür die Steilheit ab. An den kurzen Wandstufen sind Krampen angebracht; bis zum Ausstieg (ca. 2010 m) ist die Route mit Drahtseilen gesichert. Zuletzt über einen Wiesenhang auf das *Plateau d'Emparis* (2157 m), 3 1/2 Std.

↘ **Abstieg** Über die (Blumen-)Wiesen nordostwärts zum Fernwanderweg GR 50 und auf ihm (gut bezeichnet) abwärts nach Le Chazelet (1785 m). Unterhalb der Straße auf zunächst recht dürftiger Spur leicht bergab zur Kapelle Notre-Dame de Bon Repos mit packendem Tiefblick in die Combe de Malaval, dann im Zickzack steil zwischen den Felsabbrüchen hinunter zur Route Nationale. Auf ihr rechts zum Ausgangspunkt.

66 Via ferrata de l'Aiguillette du Lauzet

Aiguillette du Lauzet, 2611 m
Alpine Runde mit viel Aussicht

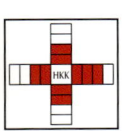

K 2
6 Std.
1000 m

Routencharakter: Kein Sportklettersteig, sondern eine landschaftlich sehr reizvolle Runde an den Dolomitfelsen der Aiguillette du Lauzet. Insgesamt nur mäßig schwierig, aber mit einigen recht spektakulären Passagen, etwa der »Boite de Lettre« vor dem Schlussanstieg. Im Sommer 2000 wurden die Sicherungen erneuert.
Ausgangspunkt: Pont de l'Alpe (1710 m) an der Straße von Briançon zum Col du Lautaret, wenig oberhalb des Weilers Le Lauzet. Busverbindung mit Monêtier-les-Bains und Briançon; Parkplatz bei der Brücke, Schautafel.
Gehzeiten: Gesamt 6 Std.; Aufstieg 3 ¾ Std., Abstieg 2 ¼ Std.
Markierung: Hinweisschilder, gelb und rot-weiß markierte Wege.
Landkarten: Didier Richard 1:50 000, Blatt 6 »Ecrins«.
Highlights: Querungen an der Ferrata, Aussicht auf das Pelvoux-Massiv (Massif des Écrins).
Einkehr: »Chez Robert« auf der Alpe du Lauzet (1940 m).
Fototipps: Tolle Motive an den Querungen, mit Blick auf die Hochgipfel des Pelvoux-Massivs. Die Westflanke der Aiguillette du Lauzet liegt allerdings morgens im Schatten.

Bei der Fahrt vom Col du Lautaret hinab ins Tal der jungen Guisane kommt der markante Dolomitzacken der Aiguillette du Lauzet (2717 m) ins Blickfeld. Sein schroffes Profil und der kompakte Fels versprechen spannende Kletterei und reichlich Luft unter den Sohlen. Beides bietet die zweitälteste Ferrata der Region, dazu einmalige Aussicht auf Gipfel und Gletscher des Pelvoux-Massivs. Und beim Abstieg kann man mit etwas Glück den Murmeltieren beim Herumtollen zugucken, ehe bei »Robert« dann ein kühles Bier durch die Kehle zischt ...

➔ **Anfahrt** Von Briançon (1326 m) bzw. vom Col du Lautaret (2058 m) zum Pont de l'Alpe (1710 m), 21 bzw. 7 km.

Aiguillette du Lauzet

↗ **Zustieg** Von der Brücke (Infotafel) auf dem Sandsträßchen (Abkürzer möglich) hinauf zur *Alpe du Lauzet* (1940 m), dann noch ein Stück weiter taleinwärts zur Abzweigung der Ferrata (Tafel, ca. 2050 m).

↑ **Ferrata de l'Aiguillette du Lauzet**
Im Zickzack hinauf zum Felsfuß und zu den ersten Sicherungen. Nun nicht rechts auf die markante grüne Terrasse, sondern gut gesichert über Bänder, Rinnen und Felsstufen schräg aufwärts. Von einem kleinen Absatz steil auf ein schmales Band, dem man – sehr luftig! – nach rechts bis in einen düs-

teren Felswinkel unter mächtigen Überhängen folgt. Kurz abwärts und durch einen engen Felsspalt (»Boite de Lettre« – Briefkasten) zu einem schönen Rastplatz. Durch eine Steilrinne weiter aufwärts, an Eisenbügeln über schräge Felsplatten und anschließend in sehr exponierter Querung auf eine grüne Rampe. Nach einer seilgesicherten Traverse im Steilfels aufwärts (Eisenbügel, Drahtseile). In der Mulde zwischen Haupt- und Nebengipfel nach rechts und mit herrlichen Ausblicken bestens gesichert zum Kreuz (2611 m), *3 Std.*

◥ **Abstieg** Nordseitig über Schrofen in den Sattel im Rücken des Gipfels und rechts abwärts zu einem querführenden Weg. Nun entweder hinunter zum »Chemin du Roi« oder – lohnender! – links querend zum *Col de l'Aiguillette* (2534 m). Aus der Scharte bergan, über die Murmeltierwiesen (Steinmänner) zum Kamm an ihm in den *Col du Chardonnet* (2638 m). Hier links und auf rot-weiß bezeichnetem Weg durch das Kar hinunter zur Alpe du Lauzet, wo sich die Runde schließt.

Eine echte Genussroute: die »Ferrata de l'Aiguillette du Lauzet«.

67 Via ferrata de la Croix de Toulouse

Croix de Toulouse, 1976 m
Über den Dächern von Briançon

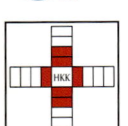

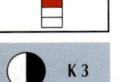

Routencharakter: Üppig gesicherte Ferrata, weitgehend in der Falllinie verlaufend; tolle Tief- und Ausblicke auf das befestigte alte Briançon sowie die umliegenden Gipfel.
Ausgangspunkt: Champ de Mars, großer (Park-)Platz im Rücken der Altstadt von Briançon (1326 m). Anfahrt durch das Durancetal, über den Col du Lautaret oder den Col de Montgenèvre; Bahn- und Busverbindungen.
Gehzeiten: Gesamt 3 ½ Std.; Aufstieg 2 ¼ Std., Abstieg 1 ¼ Std.

Markierung: Hinweisschilder, dann immer den Sicherungen nach …
Landkarte: Erübrigt sich; für die Anreise evtl. Michelin 1:200 000, Blatt 244 »Alpes-Rhône«.
Highlights: Luftige Steilpassagen mit viel Luft unter den Sohlen; Tiefblicke auf die Festungen.
Einkehr/Unterkunft: In Briançon.
Fototipps: Neben den Tiefblicken (Tele!) bietet die Route gute Actionmotive. Dank südseitiger Exposition fast den ganzen Tag über Sonne.

K 3
3 ½ Std.
650 m

Nicht ganz zufällig steht oben an der Croix de Toulouse eine Orientierungstafel; die Aussicht von diesem südlichsten Punkt der Crêtes de Peyrolle kann sich wirklich sehen lassen. Blickfang ist – neben dem Gipfelpanorama – natürlich Briançon mit seiner mauerumgürteten »Cité historique« und dem Festungskranz. Die Route verläuft links einer markanten, vom Aussichtspunkt herabziehenden Rinne; Felsberührung bietet sie nur wenig, dafür packende Tiefblicke und als besonderen Gag die »Passerelle du Président«, die einen tiefen Felsspalt überspannt.

➔ **Anfahrt** Briançon (1326 m) liegt im obersten Durancetal, auf guten Straßen über den Col du Lautaret und den Col de Montgenèvre erreichbar, von Gap aus auch mit der Bahn.

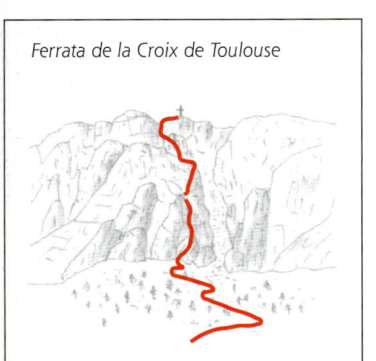

Ferrata de la Croix de Toulouse

↗ **Zustieg** Vom Champ de Mars, dem großen (Park-)Platz hinter der Altstadt, über den asphaltierten Chemin des Sallettes schräg bergan zu einer großen Infotafel. Weiter auf einem Zickzackweg, teilweise schattig, mit schönen Tiefblicken auf die Stadt und ins Durancetal, steil hinauf zum Einstieg (ca. 1590 m).

↑ **Ferrata de la Croix de Toulouse**
Die Route beginnt eher gemütlich, doch nach der ersten Bügelreihe nimmt die Steilheit allmählich zu. Sehr luftig, aber bestens gesichert an einem Pfeiler aufwärts, dann

Via ferrata de la Croix de Toulouse 167

um ein felsiges Eck herum zur »Passerelle du Président«, die einen tiefen Graben überspannt. Gleich jenseits geht die Route erneut in die Vertikale; packend die Tiefblicke auf Briançon. Weiter über gestufte Aufschwünge bis unter die Gipfelfelsen und rechts zur *Croix de Toulouse* (1976 m), *1 1/2 Std.*

↘ **Abstieg** Auf bequemem Weg in ein paar Schleifen durch den Bois de la Pinée hinunter zur alten Sperrfestung von Sallettes und auf dem Sträßchen zurück zum Champ de Mars.

Kaum Felsberührung gibt's an der »Ferrata de la Croix de Toulouse«.

68 Via ferrata degli Alpini

Sommet du Charra, 2844 m
Alpiner Grenzgang

K 1

7 Std.

1370 m

Routencharakter: Mehr Bergwanderung als Klettersteig mit felsigem (ungesichertem) Finale. Selbstsicherung nicht erforderlich, Helm aber empfehlenswert. Abstieg kaum markiert.
Ausgangspunkt: Plampinet (1482 m), Weiler in der Vallée de la Clarée, 15 km von Briançon. Parkmöglichkeit am Sträßchen ins Val des Acles.
Gehzeiten: Gesamt 7 Std.; Aufstieg 4 1/4 Std., Abstieg 2 3/4 Std.
Markierung: Wegzeiger, rot-weiß-rote und blaue Farbtupfer, Abstieg zum Col des Acles unbezeichnet.
Landkarte: Didier Richard 1:50 000, Blatt 6 »Ecrins«.
Highlights: Das lange Band, Tiefblicke auf Bardonecchia, Aussicht vom Gipfel.
Einkehr/Unterkunft:—
Fototipps: Gute Motive am langen, gesicherten Band und am Gipfelgrat, Blick durch die Vallée Etroite zum Mont Thabor.

Einen Grenzgang der besonderen Art vermittelt die Besteigung des Sommet du Charra (Punta Charra, 2844 m): Militärwege dies- und jenseits der Grenze, teilweise in jüngster Zeit restauriert. Kriegsstraßen (Biker!) überziehen die Flanken der Selletta und der Punta della Mulattiera (2467 m); aus dem Passo della Mulattiera läuft ein 1940 angelegter Pfad, diagonal ansteigend und dabei ein natürliches Felsband nutzend, durch die Nordabstürze des Sommet du Charra hinüber zum Col de la Grande Hoche (Passo della Sanità) – keine echte Ferrata, aber immerhin ein recht luftiger Gang über tiefen Abgründen, mit herrlicher Aussicht auf die Berge rund um Bardonecchia. Dicke Drahtseile sichern den bequem breiten Weg, nicht aber den lang gestreckten, blockigen Gipfelgrat, wo man gelegentlich die Hände zu Hilfe nehmen muss.

Ohne Worte!

➜ **Anfahrt** Von Briançon (1326 m) durch die Vallée de la Clarée bis *Plampinet* (1482 m).

↗ **Zustieg** Auf der Sandstraße über ein paar Serpentinen bergan und dann in das malerische Val des Acles. Hinter der winzigen Kapelle von St-Roch

Fast schon ein Wanderweg: die »Ferrata degli Alpini«.

(1840 m) links auf rot-weiß-rot markiertem Weg an der nördlichen Talflanke aufwärts, zuletzt über offene Almböden zu den verfallenen Kriegsbauten am *Col des Acles*. Aus der weiten Senke auf breiter Schottertrasse in leichtem Anstieg unter der felsigen Westflanke des Sommet du Charra in den *Passo della Mulattiera* (2412 m).

↑ **Via ferrata degli Alpini**
Aus der Scharte (Wegzeiger »Ferrata degli Alpini«) rechts hinauf zum Beginn des markanten Felsbandes, das, schräg ansteigend, durch die gesamte Nordflanke des Sommet du Charra läuft, dabei mehrere Geröllrinnen querend. Am *Col de la Grande Hoche* (2642 m) gewinnt man den Grenzkamm; nun rechts, blaue Markierung, an dem blockigen Grat (Stellen I), den Vorgipfel umgehend, zum *Sommet du Charra* (2844 m), 1 $^1/_2$ Std.

↘ **Abstieg** Zurück in den Col de la Grande Hoche, dann südseitig auf einem unmarkierten, aber deutlichen Serpentinensteig abwärts und in längerer Querung hoch über dem Val des Acles zurück in den *Col des Acles*. Auf dem Anstiegsweg hinunter nach Plampinet.

Alpes du Sud

69 Via ferrata des Gorges de la Durance

Gorges de la Durance, 1148 m
Nur für starke Nerven!

HKK

K 5

3 1/2 Std.

250 m

Routencharakter: Spektakuläre, auch sehr sportliche Ferrata in der Durance-Schlucht; mehrere überhängende Passagen, vier Hängebrücken und ein 100-Meter-Pfeiler zum Ausstieg. Die Route ist im Frühsommer 2000 erneuert worden; dabei wurden die Passerelles durch Seilbrücken (»Ponts de Singes«) ersetzt. Gebühr!
Ausgangspunkt: Durance-Brücke (1016 m) an der D 104a, etwa eineinhalb Kilometer nördlich von Argentière-la-Bessée. Zufahrt über die Straße ins Vallouise.
Gehzeiten: Gesamt 3 1/2 Std.

Markierung: Infotafel am »Pont de Gabonnais«.
Landkarte: Erübrigt sich; für die Anfahrt evtl. Michelin 1:200 000, Blatt 244 »Rhône-Alpes«.
Highlights: Die schwankend-luftigen Seilpassagen über der Durance, der finale, gut 100 Meter hohe Pfeiler.
Einkehr/Unterkunft: In Argentière-la-Bessée.
Fototipps: Spektakuläre Passagen in der Klamm, beste Lichtverhältnisse am früheren Nachmittag.

Die Ferrata versteckt sich vor all der alpinen Pracht rundum in der Schlucht der Durance: ein anspruchsvoller Sportklettersteig mit viel Eisen und schwankenden Seilbrücken. Nur für nervenstarke Klettersteigler, die sich festzuhalten wissen. Einige Passagen im Steilfels über der rauschenden Durance sind extrem ausgesetzt; insgesamt eine der schwierigsten Ferrate der französischen Südalpen.

Kinder am Klettersteig – nur in Begleitung kompetenter Erwachsener!

➔ **Anfahrt** Argentière-la-Bessée (979 m) liegt im oberen Durancetal, 72 km von Gap, 15 km von Briançon. Vom Ort auf der D 994E Richtung Vallouise, vor dem Weiler La Bathie (1058 m) rechts hinab zur Durance-Brücke (1016 m).

↑ **Ferrata des Gorges de la Durance**

Vom Parkplatz über die Straßenbrücke und der roten Markierung folgend rechts der Durance zum Einstieg. An Eisenbügeln etwa zehn Meter hinunter zu einem alten Fischerweg, dann auf einem gesicherten Band schluchteinwärts bis zu einer markanten Felsnase. Auf der ersten Hängebrücke über die Durance, ausgesetzt an einem felsigen Eck zur zweiten Seilbrücke, die zurückleitet ans (orografisch) linke Ufer. Nun diagonal an der leicht überhängenden Wandflucht aufwärts zur dritten Brücke, auf der man die Combe de Syphon quert.

Der zweite Abschnitt beginnt mit dem Abstieg (Weglein) zur Durance. Man quert sie auf der vier-

Via ferrata des Gorges de la Durance 171

ten Seilbrücke. Am rechten Flussufer kurz zum Fuß des markanten Pfeilers: gut 100 Meter in der Vertikalen, kurz unterbrochen von einer luftigen Querung auf schmalem Absatz. Der Kraftakt mündet auf einen bewachsenen Hügel (1148 m). Auf einer deutlichen Spur nach rechts, teilweise gesichert hinab zum Syphon (Wasserleitung) der EDF. Auf einer rund fünfzig Meter langen fünften Hängebrücke (passerelle plein gaz) über die Durance und zurück zum Ausgangspunkt der spannenden Runde.

69

Maximal ausgesetzte Querung in der Durance-Schlucht.

70 Via ferrata des Vigneaux

Falaise de la Balme, 1629 m
Zwei klassische Routen über der Mündung der Vallouise

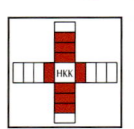

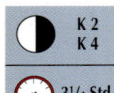

Routencharakter: Zwei gesicherte Routen mit gemeinsamem Verlauf im unteren Wandteil; »Voie du Colombier« nur mäßig schwierig, »Voie de la Balme« schwierig, mit sehr ausgesetzten, steilen Passagen. Im Sommer heiß! Für die Begehung ist eine Gebühr zu entrichten.
Ausgangspunkt: An der D 4 wenige hundert Meter östlich von Les Vigneaux (1113 m), unmittelbar bei der Abzweigung einer Forstpiste. Les Vigneaux hat Busverbindung mit Argentière-la-Bessée.
Gehzeiten: Gesamt 3 ¼ Std. über die »Voie du Colombier«. Nimmt man die »Voie de la Balme«, verkürzt sich die Gesamtgehzeit etwas.
Markierung: Hinweistafeln, Abstieg bezeichnet.
Landkarte: Erübrigt sich; zur Groborientierung Michelin 1:200 000, Blatt 244 »Rhône-Alpes«.
Highlights: Die Steilpassagen an der »Voie du Colombier«, Tiefblicke auf Les Vigneaux.
Einkehr/Unterkunft: In Les Vigneaux.
Fototipps: Gute Motive vor allem an der »Voie du Colombier« (Action).

K 2
K 4

3 ¼ Std.

520 m

Ein Klassiker unter den Vie ferrate Frankreichs, vermutlich sogar der meistbegangene Klettersteig hierzulande. Vor gerade zehn Jahren (1991) wurde die Doppelroute oberhalb von Les Vigneaux eröffnet, nach der »Ferrata de Freissinières« (⇨ Tour 71) die erste in den Alpes françaises, und damit ein Boom ausgelöst, dessen Ende sich noch keineswegs absehen lässt. Die »Voie du Colombier« kann als nur mäßig schwierig eingestuft werden, ist auch für »novices« geeignet; erfahrene Klettersteigler wählen die »Voie de la Balme«, die neben einigen knackigen Passagen viel Luft unter den Sohlen bietet.

➔ **Anfahrt** Im Durancetal nach Argentière-la-Bessée (979 m), dann links ins Vallouise nach Les Vigneaux. Durch den Ort Richtung Prelles bis zur Abzweigung einer Forstpiste (1114 m). Wer von Briançon kommt, verlässt die Route National 94 bei Prelles und nimmt die D 4 Richtung Les Vigneaux.

➚ **Zustieg** Auf ordentlichem Weglein im Zickzack an dem licht bewaldeten Hang steil hinauf zum gemeinsamen Einstieg beider Vie ferrate (ca. 1240 m).

↑ **Voie du Colombier**
Zunächst am Drahtseil über gestufte Felsen bergan, dann unter Überhängen (Tritte) nach links hinaus. Gut gesichert in der Wand weiter aufwärts zur Verzweigung (Tafel). An

der »Voie du Colombier wenig schwierig weiter zu einer senkrechten Leiter, dann über gestufte Felsen zum Ausstieg und auf einem Weg zur querführenden Forstpiste, *1 ³/₄ Std.*

↑ **Voie de la Balme**
Wesentlich anspruchsvoller ist die weiter rechts im Steilfels verlaufende »Voie de la Balme«. Sie führt von der Verzweigung gleich in eine glatte Wand, die man mit Hilfe solider Sicherungen überwindet. Etwas höher leiten die Eisenbügel an leicht überhängendem Fels aus einer Grotte heraus. Eine luftige Querung führt schließlich zum letzten, senkrechten Aufschwung. Man entsteigt ihm auf das bewaldete »Dach« der Falaise de la Balme, *2 Std.*

↘ **Abstieg** Links der Wand auf einem markierten Waldweg.

Einer der beliebtesten Klettersteige: die »Ferrata des Vigneaux«.

71 Via ferrata de Freissinières

Clot du Puy, 1635 m
Die älteste Ferrata der französischen Alpen

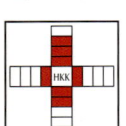

Routencharakter: Sportklettersteig in den Sonnenfelsen oberhalb von Freissinières, für französische Verhältnisse eher sparsam gesichert. Nach dem ersten Teilstück Zwischenabstieg möglich.
Ausgangspunkt: Parkplatz in einer Straßenkehre (1333 m) oberhalb von Freissinières (Hinweistafel »Les Roberts«). Anfahrt aus dem Durancetal, 7 km von La Roche-de-Rame.
Gehzeiten: Gesamt 3 ½ Std.; Aufstieg 2 ½ Std., Abstieg 1 Std.

Markierung: Zustieg problemlos, Rückweg über den »Sentier des Falaises« bezeichnet.
Landkarte: Erübrigt sich; zur Orientierung Didier Richard 1:50 000, Blatt 10 »Queyras & Haute Ubaye«.
Highlights: Schöne, luftige Kletterpassagen in festem Fels.
Einkehr/Unterkunft: In Freissinières.
Fototipps: Gute Actionmotive in den südseitigen Felsen.

Natürlich war es Zufall, dass in Paris gerade die Jugend rebellierte, als ein Bergführer im Briançonnais zur Tat schritt; eine »revolutionäre« Tat ist die Anlage des ersten richtigen Klettersteigs in den französischen Alpen im Frühling 1968 auf jeden Fall gewesen. Und die »historische« Route – später erheblich verlängert – erfreut sich bis heute großer Popularität; sie vermittelt eine abwechslungsreiche Kraxelei im Steilfels mit sehr exponierten Passagen. Höhe gewinnt man auf der Ferrata nicht allzu viel, dafür umso packendere Eindrücke, etwa an der »Dalle au Surplomb«, auf der »Vire au Quartz« oder beim steilen Finale.

➜ **Anfahrt** Im Durancetal von Briançon bzw. Embrun nach La Roche-de-Rame (947 m), hier über den Fluss und via Pallon ins Tal von Freissinières. Durch den Ort und noch ein Stück hinauf bis zum Parkplatz an einer Kehre (Infotafel).

↗ **Zustieg** Auf markiertem Weglein fast eben zum Wandfuß, dann links zum Einstieg.

↑ **Ferrata de Freissinières**
An Drahtseilen durch eine Rinne und über gestufte Felsen aufwärts. Ein gesichertes Band leitet rechts zu einer Wandpartie mit dem originellen Namen »Verknotetes Seil«. Die anschließende »Traversée Minérale gazeuse« ist eine expo-

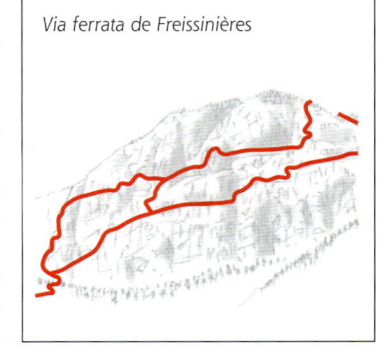

Via ferrata de Freissinières

nierte, aussichtsreiche Querung hoch in den Felsen. Weiter an der »Grotte des Marquisats« vorbei und unter mächtigen Überhängen hindurch, dann leicht abwärts zum Zwischenausstieg.
Die Fortsetzung der Route (Tafel) führt zunächst als Weg über eine bewachsene Terrasse, benützt dann schmale, aber gesicherte Bänder. Hinter der beeindruckenden Höhle von Ogive beginnt das rasante, sehr ausgesetzte Finale über herrlich festen Kalk, *2 Std*.

↘ **Abstieg** Über den »Sentier des Falaises« mit bemerkenswerter Aussicht über das Tal und seine Kulisse diagonal hinunter zum Felsfuß und auf dem Hinweg zurück zur Straße.

Kraxeln im festen Fels: an der »Ferrata de Freissinières«.

72 Via ferrata de la Marcelinas
73 Via ferrata de la Cascade

Marcelinas, 1850 m
Quer oder hoch?

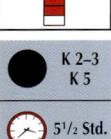

K 2–3
K 5

5 1/2 Std.

600 m

Routencharakter: Zwei Routen von sehr unterschiedlichem Charakter: »Marcelinas«, nur mäßig schwierig, bietet hübsche Querungen; »Cascade« ist eine sehr anspruchsvolle, extrem ausgesetzte Ferrata, bestens gesichert, aber Kraft raubend. Zwei gesicherte Zwischenausstiege. Bei Nässe nicht ratsam, weil vor allem an der »Marcelinas« viel Sand und Erde auf den Absätzen und Bändern liegen.
Ausgangspunkt: Parkplatz »Rieu Sec« (1655 m) in der Skistation Les Orres. Anfahrt von Embrun auf guter Straße via Les Orres 13 km. Busverbindung.
Gehzeiten: Gesamt 5 1/2 Std.; »Marcelinas« allein 2 1/2 Std., »Cascade« 3 1/2 Std.
Markierung: Bestens bezeichnete Zu- und Abstiege.
Landkarte: Erübrigt sich; zur Orientierung Didier Richard 1:50 000, Blatt 10 »Queyras & Haute Ubaye«.
Highlights: Klettersteig extrem an der »Ferrata de la Cascade« mit überhängenden Querungen.
Einkehr/Unterkunft: In Les Orres.
Fototipps: Action an beiden Steigen. Achtung: die Routen haben nur vormittags Sonne!

Seit kurzem besitzt auch die Skistation Les Orres im Embrunais eine Sommerattraktion: zwei Klettersteige, im Talinnern über der Eyssalette an den Steilfels geheftet. Die »Ferrata de la Marcelinas« dürfen sich auch Genussklettersteigler zutrauen, die »Cascade« ist dann eine echte Gänsehautroute in exponiertestem Gelände. Viel Spaß!

➔ **Anfahrt** Les Orres erreicht man von Embrun über die gut ausgebaute D 40. Ein paar Kilometer weiter liegt am Fuß des Pic de Boussolenc (2832 m) die Retortensiedlung Station des Orres (1618 m).

↗ **Zustieg** Vom Parkplatz, den Markierungen folgend, auf einer Forststraße taleinwärts zu einer Verzweigung: rechts hinab zur »Ferrata de la Cascade«, geradeaus weiter auf der Piste bis Pré de la Peyre (1710 m). Hier über die Eyssalette und zum Einstieg (ca. 1750 m).

↑ **Ferrata de la Marcelinas**

An ein paar Krampen, die senkrecht nach oben führen, steigt man in die Quer-Ferrata ein; sie leitet auf- und absteigend durch die breite Felsfront, reichlich mit Eisenbügeln ausgestattet und durchgehend seilgesichert, teilweise sehr ausgesetzt und auf kurzen Passagen sogar leicht überhängend. Recht spektakulär die Querungen unter Felsdächern, weniger angenehm die teilweise sandige Unterlage auf den Bändern. Über

> **Tipp**
> Im Queyras gibt es drei neue Klettersteige: eine originelle Route in den Sockelfelsen des Château Queyras (K 3, 2 Std.) und zwei Ferrate oberhalb von Arvieux (1453 m). Nur mäßig schwierig ist die »Via ferrata de Pra Premier« (Falaise de Pra Premier, 2023 m; 2 1/2 Std., K 3), knackig-steil dagegen die »Via ferrata de la Crête de Combe la Roche« (Crête de la Combe de Roche, 2261 m; 4 Std., K 5)

einen senkrechten Aufschwung erreicht man schließlich den Ausstieg (ca. 1840 m) auf die lärchenbestandene Ostflanke der Tête de la Mazelière, *1 1/4 Std.*

↘ **Zwischenabstieg** Dem Hinweis »Retour Station« folgend hinab zum Felsfuß und zum Bach. Am linken Ufer der Essaylette talauswärts, bis man auf den Direktzustieg von der Station stößt. Links steil aufwärts zum Einstieg (ca. 1650 m).

↑ **Ferrata de la Cascade**

Ein erster Blick nach oben macht sofort klar, dass diese Route von ganz anderem Kaliber ist: links des Wasserfalls zieht sie knapp 100 Meter an einem Pfeiler senkrecht nach oben. Wer schwächelt, kann auf einem Absatz (ca. 1780 m, Tafel) in leichteres Gelände aussteigen; die Fortsetzung der Route, nun querend, hält noch weitere »Gänsehautpassagen« bereit, ist extrem ausgesetzt, aber bestens gesichert. Auf knapp halber Strecke, an einer Rinne, besteht eine weitere Fluchtmöglichkeit; schließlich läuft auch diese Ferrata auf den Osthang der Tête de la Mazelière aus, *1 1/2 Std.*

↘ **Abstieg** Wie bei der »Ferrata de la Marcelinas«.

Zerklüftete Felsbauten, offene Bergflanken: typisch für die Alpes du Sud.

74 Via ferrata de l'Aiguille de Luce
75 Via ferrata de l'Aiguille du Coq
76 Via ferrata de la Tour d'Août
77 Via ferrata de l'Ourson

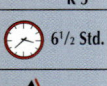

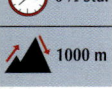

Tour d'Août, 2630 m
Vier auf einen Streich!

K 2
K 4
K 5

6½ Std.

1000 m

Routencharakter: Ein Trio alpiner, sehr sportlich angelegter Klettersteige in festem Fels, dazu ein Steig für Anfänger (»Ferrata de l'Ourson«), der sich auch für den Abstieg eignet. Verschiedene Varianten und Teilbegehungen möglich; am anspruchsvollsten ist die Route am »Augustturm« (Tour d'Août).
Ausgangspunkt: St-Ours (1775 m), Weiler oberhalb der Passstraße zum Col de Larche; Zufahrt von Barcelonnette via Meyronnes (1526 m). Parkplatz hinter den wenigen Häusern, große Infotafel.
Gehzeiten: Gesamt 6½ Std.; »Ferrata Aiguille de Luce« allein 3½ Std.
Markierung: Zustieg nicht zu verfehlen; die verschiedenen Abstiege sind bezeichnet.
Achtung: Nach einem Felssturz waren die Routen lange Zeit gesperrt; sie sollen total saniert werden. Ob bereits im Sommer 2005 Begehungen möglich sind, ist noch ungewiss. Infos bei Service Tourisme, Tel. 04 92 81 03 68, oder Office du Tourisme, Tel. 04 92 81 04 71, in Barcelonnette.
Hinweis: Geplant sind zwei neue Klettersteige in den Gorges du Lauzet und im Bereich der Festung von Tournoux.
Highlights: Die gesamte Überschreitung der drei Zacken, mit dem »Augustturm« als knackigem Finale. Dazu die sehr provenzalische Bergkulisse.
Einkehr/Unterkunft: —
Fototipps: Packende Actionmotive an allen drei Klettersteigen, großartige Panoramalandschaft.

Vor ein paar Jahren war's noch ein Geheimtipp, heute pilgern Klettersteigler in Scharen ins oberste Ubayetal, um sich an den steilen Zacken oberhalb von St-Ours zu verlustieren. 1993 wurde an der Aiguille de Luce die erste Route eröffnet; mittlerweile gibt es vier Steige. Die »Ferrata de l'Ourson« ist gerade richtig für Einsteiger, während die »Ferrata Aiguille de Luce« eine schneidige Linie über den »schiefen Turm« von St-Ours zieht. Sie bietet routinierten Klettersteiglern reichlich Ausgesetztheit, dazu ein paar Passagen, die es in sich haben. Am kurzen Zustieg wird kaum jemand außer Atem kommen, eher schon im steilen Finale. Da gibt's nämlich eine »Variante difficile«.

Oben angekommen, stellt man erstaunt fest, dass der Gipfel bloß ein vergleichsweise bescheidener Zacken an dem mächtigen, schuttbeladenen Gebirgsstock der Rochers de St-Ours (Tête de la Courbe, 3089 m) ist. So jedenfalls muss es auch den Steigbauern vorgekommen sein; jedenfalls legten sie kurzerhand zwei weitere Türme in eiserne Fesseln: die Aiguille du Coq (2340 m) und die Tour d'Août (2630 m).

Letztere bietet dann das Highlight: Nervenkitzel zwischen vertikal und »surplombant«, allerdings solide gesichert, aber trotzdem nur für Könner!

➔ **Anfahrt** Von Barcelonnette durch das Ubayetal aufwärts, hinter Meyronnes links über eine schmale Zufahrt bergan nach *St-Ours* (1775 m).

↗ **Zustieg** Erst auf der Schotterpiste, dann deren Kehren abkürzend (gelbe Markierung) hinauf zum Einstieg am Fuß der Aiguille de Luce (ca. 2020 m). Etwas weiterer rechts startet die »Ferrata de l'Ourson (ca. 1990 m).

↑ **Ferrata de l'Aiguille de Luce**
Eine erste Bügelreihe macht den Auftakt, dann leiten die Sicherungen diagonal über den Felsvorbau zur Wand. Nun sehr steil durch eine Verschneidung und anschließend luftig über die riesige Riffkalkplatte aufwärts. Unter dem Gipfel der Aiguille de Luce (2218 m) gabelt sich die Route: links über gestufte Felsen, rechts direkter und steiler – »plus aérien« – zum höchsten Punkt, *1 1/2 Std.*

Da muss man kräftig zupacken: an der Aiguille du Coq.

↘ **Zwischenabstieg** Gesichert in die Scharte vor der Aiguille du Coq und rechts unter dem Turm hindurch in das Kar La Courbe. Nun über die »Ferrata de l'Ourson« oder den weiter östlich verlaufenden, an einigen wenigen Stellen gesicherten Weg hinab zum Zustieg.

↑ **Ferrata de l'Aiguille du Coq**
Auf der schwankenden, 16 Meter langen Hängebrücke über die Scharte zwischen den beiden Zacken, dann sehr luftig um eine Felskante herum auf eine schräge Rampe. Eine senkrechte Platte ist von links nach rechts zu queren, anschließend geht's an der Pfeilerkante steil hinauf zu einem Plattenschuss und über den etwas brüchigen Grat zum Gipfel der Aiguille du Coq (2340 m), *1 Std.*

74 ↘ **Zwischenabstieg**
75 An Drahtseilen abwärts in eine Scharte. Nun links auf deutlicher Spur
76 oberhalb von Felsabbrüchen nach Westen queren. Hinab zu dem mar-
77 kierten Wanderweg, der vom Col de Mirandol (2433 m) kommt und
auf ihm zurück zum Einstieg.

↑ **Ferrata du Tour d'Août**

Top der Fels, solide die Sicherungen: Klettern an den Türmen über St-Ours.

Aus der Scharte im Rücken der Aiguille du Coq auf Steigspuren (rote Markierung) über Edelweißwiesen ostwärts bergan zu einer steilen Rinne und durch das Couloir zum Einstieg (ca. 2475 m). Die Ferrata geht gleich in die Senkrechte; in recht großen Abständen gesetzte Klammern verlangen vollen Einsatz, vor allem der Armmuskeln. Für Adrenalinschübe sorgen extrem ausgesetzte Querungen, teilweise an überhängendem Fels. Erst im obersten Drittel legt sich die Wand etwas zurück; schließlich läuft die Route direkt am Gipfel der Tour d'Août aus, *1 1/2 Std.*

↘ **Abstieg** Zunächst westseitig querend und über die offene Flanke in das Adrechouns-Kar und dann hinunter zum Passweg vom Col de Mirandol. Auf ihm zurück zum Einstieg.

↑ **Via ferrata de l'Ourson**
Leichte gesicherte Route, idealer Abstieg von der Aiguille de Luce. Die Ferrata verläuft über die gestuften Felsen rechts des markanten Turmes. An der Mündung des weiten Geröllkars von La Courbe enden die Sicherungen, *3/4 Std.*

↘ **Abstieg** Ostwärts auf markiertem Steig (Drahtseile) über ein paar Kehren hinunter zum Einstieg

Via ferrata des Étroits

Défilé des Étroits, 1280 m
Ins Bergesinnere

78

Routencharakter: Spannende Klammroute mit wenig Steigung, hervorragend gesichert. »Traversée des Beaumes« nur mäßig schwierig; die Fortsetzung (»Voie Vertigo«) ist dann jedoch um einiges anspruchsvoller, weist auch mehrere sehr originelle Passagen auf. Begehung bei Nässe nicht ratsam. **Achtung:** Felsen und Sicherungen der »Voie Vertigo« sind auch nach längeren Trockenzeiten gefährlich glatt und rutschig (Algen)!
Beide Teilstrecken sind erst jüngst durch kürzere Varianten erweitert worden.
Ausgangspunkt: Pont du Giers (1240 m) unterhalb von St-Etienne-en-Dévoluy.
Zufahrt von Grenoble via Corps, von Gap über den Col du Festre (1441 m). Busverbindung.
Gehzeiten: Gesamt 3 Std., »Traversée des Beaumes« 1 ½ Std.
Markierung: Hinweis am Einstieg, dann immer den Sicherungen nach.
Landkarte: Erübrigt sich; für die Anreise Michelin 1:200 000, Blatt 77 »Valence-Grenoble-Gap«.
Highlights: Die packenden Schluchtszenerien an der »Voie Vertigo«.
Fototipps: Action in der Klamm – Blitzgerät mitnehmen!

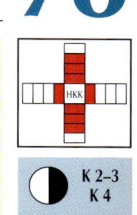

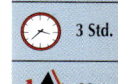

K 2-3
K 4

3 Std.

80 m

Étroit heißt so viel wie schmal, eng – und damit ist das Wesentliche über diese Ferrata gesagt: Sie führt in eine atemberaubend enge Klamm, verläuft zwischen senkrechten Felsmauern, die nur einen kleinen Ausschnitt des Himmels frei geben, und in der Tiefe tost die Souloise. Die Ferrata besteht aus zwei Abschnitten, der nur mäßig schwierigen »Traversée des Beaumes« und der anspruchsvolleren »Voie Vertigo«. Wer jetzt an Alfred H., den Meister des Gruselfilms, denkt, liegt nicht ganz daneben.

➔ **Anfahrt** St-Etienne-en-Dévoluy (1281 m) erreicht man von Grenoble via La Mure und Corps, von Gap über den Col du Festre (1441 m), 79 bzw. 49 km. Die Schlucht der Souloise liegt unterhalb des Ortes; Ausgangspunkt des Klettersteigs am Pont du Giers (1240 m).

↑ **Traversée des Beaumes**

Vom Parkplatz über die Brücke und an der (orografisch) linken Seite des Flusses auf einem Weg bergan zum Beginn der Sicherungen. Nun in stetigem Auf und Ab, bestens gesichert, in die Klamm hinein; mehr als einmal schlüpft die Ferrata durch kleine Felslöcher, abschnittweise folgt sie natürlichen Bändern. Kaum einen Steinwurf weit weg, über dem linken Ufer

> **tipp**
> Wer im Dévoluy eine Bergtour unternimmt, kommt am *Objou* (2790 m) nicht vorbei. Der mächtige Kalkklotz ist hier der Gipfel schlechthin, überragt den Stausee von Sautet um fast zwei Kilometer; entsprechend grandios das Panorama. Anfahrt auf schmalem Sträßchen von Corps (937 m) über den Weiler Les Payas bis zum Chalet des Baumes (1582 m); markierter Aufstieg mit viel Geröll und leichten Kletterstellen (I–II) 4 Std.

78

der Souloise, verläuft die Straße. Kurz vor der markanten Schluchtbiegung kann man nach rechts aussteigen, *1 1/4 Std.*

↑ **Voie Vertigo**

Die Fortsetzung der Ferrata führt zweimal unter einer Straßenbrücke hindurch; sie beginnt mit einer luftigen, aber gut gesicherten Querung, dann wechselt man an einem mächtigen Klemmblock auf die andere Seite der immer enger werdenden Schlucht. Über einen Seitencañon ist eine etwa 15 Meter lange Hängebrücke gespannt. Nach einem gemütlicheren Intermezzo folgt eine atemberaubende Traverse hoch über dem Wasser an senkrechtem Fels (Eisentritte, Bügel). Über eine weitere steinerne Naturbrücke gelangt man zurück ans (orographisch) linke Ufer. Mit einem senkrechten Aufschwung läuft die Ferrata auf ein schmales Band aus, *1 3/4 Std.*

↘ **Rückweg** Auf der Straße – mit interessanten Einblicken in die Schlucht notabene – zurück zum Pont du Giers.

> **Tipp**
>
> **Via ferrata du Lac du Sautet**
> Weiter talabwärts, beim Stausee von Sautet, gibt es eine weitere Schlucht-Ferrata, eine interessante Route, deren Herzstück eine lange Hängebrücke ist. Zwei Teilstrecken, eine »Voie des Tunnels« und eine »Grand Frisson«. Die Ferrata darf von Mitte Mai bis Mitte Oktober begangen werden; Sperrungen durch die EDF sind jederzeit möglich. Startpunkt an der Barrage du Sautet (794 m), Gehzeit für die »Voie des Tunnels« 2 Std., für die ganze Runde 3 1/4 Std., K 3

Hängebrücke an der »Ferrata du Lac du Sautet«

Via ferrata de Chironne

Chironne, 1375 m
Im Kalkfels des südlichen Vercors

79

Routencharakter: Typisch französischer Sportklettersteig: extrem luftig, aber optimal gesichert. Felsberührung im Steilgelände minimal, verschiedene Varianten, aber keine Gags wie Seilbrücken.
Ausgangspunkt: Südportal des Scheiteltunnels (1254 m); Parkplatz.
Gehzeiten: Insg. 2 ½ Std., Abstieg 20 Min.
Markierung: Zu- und Abstieg bezeichnet.
Landkarten: Erübrigt sich. Zur Orientierung (Anfahrt) Michelin 1:200 000, 244 »Rhône Alpes«.
Highlights: Knackige Kletterpassagen vor südlichem Ambiente.
Einkehr/Unterkunft: Refuge du Col de Rousset (1254 m) am Nordeingang des Scheiteltunnels am Pass.
Fototipps: Durch die südseitige Exposition hat man fast den ganzen Tag über »gut Licht« für tolle Actionbilder.

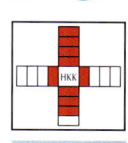

HKK

K 5

2 ½ Std.

160 m

Natürlich ist es kein Zufall, dass in den Felsen von Chironne schon seit längerem diverse Haken stecken. Der breite Wandabbruch aus griffigem, festem Kalkfels eignet sich bestens als Klettergarten. Und die südseitige Exposition erlaubt es, hier dem »vertikalen« Hobby fast das ganze Jahr über nachzugehen – wenn die Sonne scheint. Das tut sie im Diois sehr oft, und sollte es doch einmal regnen, wird man sich die Zeit in dem malerischen Städtchen Die (mit römischer Vergangenheit) vertreiben.
Seit 2004 fahren auch Klettersteigler hinauf zum Col de Rousset; rechts neben dem Klettergarten gibt es eine sehr attraktive Via ferrata.

→ **Anfahrt** Ins Diois kommt man von der Rhonetal-Autobahn (A 7) von Valence via Crest. Von Die (410 m) hinauf zum Col du Rousset (1254 m).

↗ **Zustieg** Vom Parkplatz am Südportal des Scheiteltunnels etwa hundert Meter auf der Passstraße zurück, dann auf einer rechts abgehenden Piste in leichter Steigung zum Felsfuß (1215 m).

↑ **Via ferrata de Chironne** Die Route geht gleich in die Vertikale; an Eisenbügeln turnt man über die kompakte Wand hinauf zur Chandelle (1260 m), einer schmalen Scharte im Rücken eines abgespalteten Felszackens. Zwei Holzbalken erleichtern den Überstieg. Weiter steil aufwärts zu einem ersten bezeichneten Ausstieg (K 2); dieser »sortie« macht durchaus Sinn, wartet die anschließende »Traversée des Toits« doch mit Kraft raubenden Überhängen auf, und das in großer Ausgesetztheit. Sie mündet auf das »Große Band«; an seinem Anfang weiterer Zwischenausstieg (bzw. Zustieg, seilgesichert). Die Route folgt dem teilweise komfortabel breiten Felsband, geht dann nochmals in die Vertikale. Über den »Sortie des Dalles« gewinnt man den Ausstieg.

↘ **Abstieg** Auf markiertem Weglein oberhalb der Wand abwärts und im Wald zurück zum Ausgangspunkt bzw. zum Parkplatz am Passtunnel.

80 Via ferrata de la Grande Fistoire

La Grande Fistoire, 1110 m
Kraxeln unter südlicher Sonne

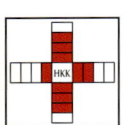

HKK

K 4–5

3 1/2 Std.

400 m

Routencharakter: Optimal gesicherter Sportklettersteig, Direktaufstieg zur Grande Fistoire sehr schwirig (wobei Schlussüberhang umgangen werden kann), Variante über Hängebrücke etwas leichter. Begehung fast das ganze Jahr über möglich; gebührenpflichtig.
Ausgangspunkt: Parkplatz ein paar hundert Meter hinter dem Weiler Le Caire an der D 951 Richtung Faucon-du-Caire. Anfahrt von Gap über Monêtier-Allemont (527 m) nach La Motte-du-Caire (709 m), dann taleinwärts zum Weiler Le Caire.

Gehzeiten: Gesamt 3 1/2 Std.; ohne Variante über die Hängebrücke 2 1/2 Std.
Markierung: Hinweisschilder.
Landkarte: Für die Anreise Michelin 1:200 000, Blatt 81 »Montélimar-Avignon-Digne«.
Highlights: Die luftig verwegenen Passagen im oberen Teil der Ferrata, die Passerelle.
Einkehr/Unterkunft: In La Motte-du-Caire.
Fototipps: Tolle Actionmotive an der Route, Hängebrücke.

Verschlafene Bergdörfer wie La Motte-du-Caire gibt es in den Alpes françaises viele, und bis vor ein paar Jahren kannte auch kaum ein Franzose den Flecken im Lavendelland, gut 20 Kilometer von Sisteron. Mittlerweile kann man auf dem Parkplatz bei Le Caire sogar Fahrzeuge mit ausländischen Kennzeichen (auch aus deutschen Landen) entdecken. Der Grund: eine Via ferrata, und eine besonders interessante dazu, erst kürzlich um eine Variante erweitert – mit einer 58 Meter langen Hängebrücke als Highlight! Für den Gang über den gähnenden Abgrund braucht's gute Nerven, für die Route insgesamt auch einen ordentlich trainierten Bizeps, sonst bleibt man am finalen Überhang möglicherweise ausgepowert hängen. Ein Glück, dass sich diese Prüfung elegant umgehen lässt ...

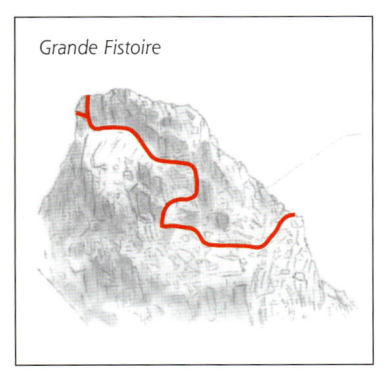

Grande Fistoire

➔ **Anfahrt** Am einfachsten von Gap durch das Durancetal bis Monêtier-Allemont, dann über Melve nach La Motte-du-Caire. Le Caire liegt ein paar Kilometer weiter talaufwärts.

↗ **Zustieg** Auf gutem Weglein hinauf zum Felsfuß (ca. 930 m).

↑ **Ferrata de la Grande Fistoire**
Den Auftakt zum luftigen Vergnügen macht ein etwa zehn Meter hoher Aufschwung, gut gesichert, dann folgt die Route, schräg nach links ansteigend, dem »Lavendelband«. Steil in gestuftem Fels aufwärts zum »Thymian-

pfeiler« und über ihn auf einen markanten Absatz. Hier kann man rechts zur Passerelle queren (Tafel). Links geht's über ein breites Band zum »Petit Bombu« und verwegen im Steilfels auf die große Rampe hoch in der Südwand der Grande Fistoire. Diagonal ansteigend zum knackigen Gipfelüberhang (»Grande Bombue«). Wer von der Hangelei genug hat, nimmt hier besser den leichteren Ausstieg, den »Ausgang der kaputten Oberarme« (»Sortie des Bras cassés«) – er führt auch zum Gipfel.

↑ **Ferrata de la Passerelle**

Vom Gipfel auf markiertem Steiglein über gesicherte Felsstufen und kleine Bänder, zuletzt sehr exponiert, hinunter zur zweitlängsten Hängebrücke in den (Klettersteig-)Alpen: 58 Meter lang, in 120 Metern Höhe zwischen die Felsen gespannt! Vorsichtig über die filigrane Konstruktion – ausatmen! Jenseits an soliden Sicherungen steil hinauf zum Ausstieg.

↘ **Abstieg** Auf einem Fahrweg hinunter zur Straße und zum Parkplatz.

Luftige Passage an der »Ferrata de la Grande Fistoire«.

81 Via ferrata du Baus de la Frema

Baus de la Frema, 2246 m
Drei-Sterne-Route in den Seealpen

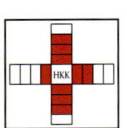

HKK

K 2
K 4
K 5

●

6 Std.

600 m

Routencharakter: Superferrata, auch landschaftlich sehr reizvoll, mit vielen spektakulären Passagen, bestens gesichert. Teilbegehungen möglich, mehrere Zwischenausstiege; gebührenpflichtig.
Ausgangspunkt: Parkplatz (ca. 1740 m) oberhalb des Col St-Martin (1500 m) bzw. La Colmiane. Zufahrt von Nizza über St-Martin-Vésubie oder via St-Dalmas-Valdeblore, je etwa 70 km. Busverbindung.
Gehzeiten: Gesamt 6 Std.; Klettersteig 5 Std., Abstieg 1 Std.

Markierung: Hinweisschilder, Rückweg bezeichnet.
Landkarte: Erübrigt sich; für die Anreise Michelin 1:200 000, Blatt 84 »Marseille-Menthon«.
Highlights: Der Parcours insgesamt, vor allem aber die Hängebrücke und maximal exponierte Passagen im mittleren und oberen Routenabschnitt.
Einkehr/Unterkunft: In St-Dalmas-Valdeblore.
Fototipps: Ausreichend Filme mitnehmen!

Die »Ferrata du Baus de la Frema«, 1996 erbaut und später bis zum Gipfel verlängert, ist ohne Zweifel einer der schönsten Klettersteige zwischen Genfer See und Mittelmeer. Im gebirgigen Hinterland der Riviera verbinden sich alpines Ambiente mit südlichem Flair, im Tal duftet es nach Lavendel, und oben am Baus de la Frema blüht das Edelweiß. Dazu bietet der Gipfel eine kontrastreiche Schau, von der Cima dell'Argentera (3297 m) bis zu den verstrauchten Hügeln über der Küste.

Das Interesse der »Ferratisti« gilt natürlich zunächst einmal dem Eisen: 1600 Meter lang ist die gesicherte Route, wobei die Anforderungen nach oben hin eher zunehmen. Wer sich überfordert fühlt, kann an mehreren bezeichneten Stellen aussteigen, so an der Brèche I, der Brèche II und am Arête des Calanques. Besonderer Gag der Route ist die etwa 40 Meter lange Passerelle, aufgehängt zwischen den Felszacken der Aiguillettes; im weiteren Verlauf folgen leicht überhängende Wandpartien, extrem luftige Bänder und eine Seilbrücke. Für einen ordentlichen Adrenalinschub sorgt eine Leiter, über die man (mit dem Rücken zum Fels) »ins Nichts hinaus« steigt.

➔ **Anfahrt** Von Nizza durch das Vartal, dann über St-Martin-Vésubie oder St-Dalmas-Valdeblore zum Col St-Martin (1500 m). Auf einer Piste bergan zum Klettersteig-Parkplatz (1740 m).

↑ **Ferrata Baus de la Frema**
Der markierte Zustieg führt kurz aufwärts in die Gamsscharte (Pas du Chamois, 1760 m). Jenseits an Sicherungen hinab, unterhalb einer Höhle durch und auf einem Weglein hinüber zu den beiden *Aiguil-*

Nervenprobe: die Zweiseilbrücke an der »Ferra-ta Baus de la Frema«

lettes mit der großen Hängebrücke dazwischen. An soliden Sicherungen am ersten Zacken steil hinauf zu der schwankenden Konstruktion, luftig hinüber zur zweiten Aiguillette und über Eisenbügel wieder hinunter. Auf einem Weglein zum Felsfuß des *Rocher de Miéjou*. Steil und anstrengend nach links durch die Wand (Ausstieg zur Brèche I möglich). Ein kurzer Überhang verlangt wollen Einsatz; anschließend quert man auf künstlichen Tritten in senkrechtem Fels zur Brèche II (1850 m). Von der Scharte auf einem schmalen Band zur großen Höhle, neben ihr an Krampen senkrecht hinauf und nach links zur einzigen Leiter der Route. Die hängt stark nach außen; man ersteigt sie mit dem Rücken zur Wand. Dabei kann ein großer Rucksack einigermaßen hinderlich sein.

Ein kurzer Steilaufschwung führt ins Gehgelände (Ausstieg). Kurz auf dem Abstiegsweg bergan zum Fuß des »Arête des Calanques« (1960 m). Nun steil und ausgesetzt in bestem Fels auf einen grünen Absatz (2025 m; Zwischenausstieg). Über eine Seilbrücke zum Fuß des *Rocher St-Luc*, am Felsfuß hinüber zum Pilier du Soleil und in luftiger Kletterei über den steilen Pfeiler. Knapp unter dem Gipfel (ca. 2180 m) läuft die Ferrata aus.

↘ **Abstieg** Auf markiertem Weg (eine Stelle gesichert) bergab, zuletzt auf einer Forstpiste zurück zum Parkplatz.

82 Via ferrata »La Traditionelle«

Cime de la Bercha, 2274 m
Quer statt hoch

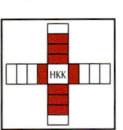

K 1 bis K 5

3 ½ Std.

200 m

Routencharakter: Trotz alpinem Ambiente hat die aus sieben Abschnitten bestehende Route eher Klettergartencharakter. Die Ferrata folgt dem südseitigen Felsgürtel knapp unterhalb des grasig breiten Gipfelrückens der Cime de la Bercha; zwischen den einzelnen Teilstücken ist jeweils ein Ausstieg nach oben möglich. Das hat den Vorteil, dass sich jede/r sein »Menü« individuell zusammenstellen kann, von leicht (bekömmlich) bis sehr schwer (verdaulich). Die Begehung ist gebührenpflichtig.
Ausgangspunkt: Bergstation des Lieuson-Sessellifts; er erschließt zusammen mit der Gondelbahn zur Cime de la Pinatella (1801 m) die Cime de la Bercha (2274 m) von St-Étienne-de-Tinée (1144 m) aus; die Anlage ist von Juli bis Mitte September von 9.15-12.30 und von 14-16.15 Uhr in Betrieb. Alternativ Anfahrt nach Auron (1608 m), weiter auf schlechter Piste bis zur Bergstation des Skilifts »Bois Gaston« (1841 m).
Gehzeiten: 3 ½ Std. für die ganze Runde.
Markierung: Hinweisschilder, dann immer dem Eisen nach.
Landkarte: Erübrigt sich; für die Anreise Michelin 1:200 000, Blatt 81 »Montméliar-Avignon-Digne«.
Highlights: Luftige Traversen, Passerellen und Seilbrücken, der knackige »Pilier à Strates«.
Einkehr/Unterkunft: In Auron und St-Étienne-de-Tinée.
Fototipps: Actionmotive auf der gesamten Route.

Im Sommer werben die beliebten Ferienorte St-Étienne-de-Tinée und Auron vor allem mit dem »Parc National du Mercantour« – zu Recht, bieten die Höhen rund um das oberste Tinée-Tal doch eine Fülle von Wander- und Tourenmöglichkeiten. Seit 1999 gibt's hier auch eine Via ferrata, fast zwei Kilometer lang, quer durch die südseitigen Felsen des Skiberges Cime de la Bercha verlaufend. Der Blick auf all die Liftmasten und Pistenschneisen schmälert das Vergnügen zwar etwas, doch wer an Drahtseilen und Eisenbügeln herumturnt, darf da nicht allzu kritisch sein. Die Route hat durchaus ihren Reiz, sie bietet einige knackige Passagen, vor allem aber viele luftige Querungen. Und wer genug hat, kann nach jedem der insgesamt sieben Abschnitte (deren Anforderungsprofil von »leicht« bis »sehr schwierig« reicht) das Unternehmen abbrechen, zum Gipfel aufsteigen und sich in der Wiese die Sonne auf den Bauch scheinen lassen.

➔ **Anfahrt** Von Nizza durch das Tinée-Tal, von Barcelonnette über die Cime de la Bonette (2802 m) nach St-Étienne-de-Tinée (1144 m), 90 bzw. 59 km. Mit den Liften auf den abgeflachten Rücken der Cime de la Bercha (2274 m).
Oder: Auf einer breiten Straße an der orografisch rechten Talflanke von St-Étienne hinauf nach Auron (1608 m). Weiter auf einer holperigen Schotterpiste zur Bergstation des Schlepplifts »Bois Gaston« (1841 m).

# 82

↗ Zustieg Von der Liftstation (Wegzeiger) hinüber zur Cime Sud (2242 m) und auf markierter Spur hinab zum Einstieg (2080 m).
Oder: Vom Parkplatz »Bois Gaston« in einem Rechtsbogen hinauf zum Einstieg (Tafel).

↑ Ferrata »La Traditionelle«
Den Auftakt (»L'Initiation«) macht eine gemütliche Querung, dann folgt die »Große Traverse« mit zwei anspruchsvollen Passagen, die Krafteinsatz und richtige Technik (auf Reibung gehen) verlangen. Kernstück des dritten Abschnitts ist eine 18 Meter lange Hängebrücke, das vierte Teilstück wartet mit einer Seilbrücke und einer überhängenden Querung auf. Höchstschwierigkeiten dann am »Pilier à Strates« (kann umgangen werden); an der »Grande Barre« balanciert man über den zweiten »Pont de Singe«. Spektakuläres Finale schließlich mit drei Hängebrücken (46 m, 26 m und 14 m lang) und senkrechtem Ausstiegsfelsen, *3 Std.*

↘ Rückweg Hinauf zum Gipfel bzw. zur Liftstation; Oder: Über das oberhalb der Felsfront verlaufende Weglein westwärts hinüber zum Beginn der Ferrata und auf dem Zustieg hinunter in das Tälchen des Riou d'Auron.

Sportklettersteig in alpiner Kulisse: die »Traditionelle«

83 Via ferrata des Demoiselles du Castagnet

Demoiselles du Castagnet, 777 m
Luftiges Klettervergnügen über dem Vartal

K 4

3 ½ Std.

370 m

Routencharakter: Typisch französischer Sportklettersteig: kurzer Zustieg, viel Eisen, aber wenig Felsberührung, dafür mehrere Seilbrücken, 30, 35 und (Tyrolienne) 85 m lang. Für letztere benötigt man eine Seilrolle; die Zweiseilbrücke und die Tyrolienne können auf gesicherten Strecken umgangen werden.
Ausgangspunkt: Parkplatz westlich von Puget-Théniers (410 m); große Infotafel
Gehzeiten: Gesamt 3 ½ Std.
Markierung: Zu- und Abstieg bezeichnet.

Hinweis: Für die Begehung der Via ferrata wird eine Gebühr erhoben.
Landkarten: Erübrigt sich; für die Anreise Michelin 1:200 000, Blatt 81 »Montélimar – Avignon – Digne«.
Highlights: Die spektakulären »Luftreisen«.
Einkehr: Unterwegs keine, nur in Puget-Théniers.
Fototipps: Der filigrane, schroffe Zackengrat der Demoiselles du Castagnet mit den quer gespannten Drahtseilen bieten beste Actionmotive.

Die »Kastanienmädchen« oberhalb von *Puget-Théniers* sind ganz unweiblich kantig und schroff, doch das wissen Klettersteigler in diesem Fall zu schätzen, auch den festen Fels. Denn hier gibt es seit kurzem einen attraktiven Funparcours, einen Klettersteig, der buchstäblich in luftige Höhen entführt: eine Dreiseil-, eine Zweiseilbrücke und eine 85 Meter (!) lange Tyrolienne bilden die primären Herausforderungen, verlangen vor allem gute Nerven.

➔ **Anfahrt** *Puget-Théniers* (410 m) liegt im unteren Vartal, an der Straße und Bahnlinie von Nizza nach Digne. Vom westlichen Ortsende, vorbei am Sportplatz zu einem Parkplatz mit großer Infotafel.

↗ **Zustieg** Auf bezeichnetem Weg zum Einstieg (510 m)

↑ **Via ferrata des Demoiselles du Castagnet**

Das luftige Vergnügen beginnt mit einer etwa 70 Meter hohen, nahezu senkrechten Wand, die man auf Krampen ersteigt. Anschließend leichter über den »Jardin méditerranéen suspendu«, im Wechsel von felsigen Aufschwüngen und grünen Flecken, zur 30 Meter langen Dreiseilbrücke (ca. 660 m). Jenseits steil, aber bestens gesichert an einer Mauer hinauf, dann am Grat auf die höchste der *Demoiselles* (777 m). Dahinter kurz abwärts zu einer Verzweigung. Wer keine Lust mehr auf weitere luftige Mutproben hat, kann die Übung hier abbrechen (Echappatoire 1); eine Zweiseilbrücke leitet hinüber zum »Zweiten Fräulein« (kurze, schwierige Variante). Knapp unter diesem zweiten Gipfelchen startet die 85-Meter-Luftreise an der Tyrolienne (Echappatoire 2) hinüber zur »Troisième Demoiselle«. Hinter diesem Zacken läuft die Ferrata über einen Steilabbruch von zwanzig Metern aus.

Bergsteiger oder Akrobat? Luftige Reise von Fels zu Fels

↘ **Abstieg** Auf markiertem Weglein zurück zum Parkplatz.

Via ferrata des Demoiselles du Castagnet 191

84 Via ferrata des Comtes Lascaris

Crêtes de St-Sauveur, ca. 1330 m
Bike oder hike?

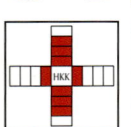

K 2 bis K 5

4 Std.

550 m

Routencharakter: Landschaftlich reizvolle Route an dem lang gestreckten Felsrücken oberhalb von Tende. Verschiedene Varianten, auch Teilbegehungen möglich. Aufstieg zur Kapelle St-Sauveur leicht, Gratroute ziemlich schwierig, Wand schwierig.
Die Ferrata kann fast das ganze Jahr über begangen werden; gebührenpflichtig (Eintritt ist im Bergführerbüro zu bezahlen).
Ausgangspunkt: Tende (821 m), malerischer Flecken an der Südrampe der Tende-Tunnelstraße. Parkplatz beim Bahnhof; hier auch große Schautafel.
Gehzeiten: Gesamt 4 Std.; nimmt man die Gratroute statt der Variante über die »Grotte des Hérétiques«, verkürzt sich die Gehzeit um knapp eine halbe Stunde.
Markierung: Wegzeiger, Hin- und Rückweg bezeichnet.
Hinweis: Die Ferrata wurde kürzlich um eine weitere, schwierige Variante ergänzt (Seilbrücken, Tyrolienne).
Landkarte: Erübrigt sich; zur Orientierung nützlich Didier Richard 1:50000, Blatt 9 »Mercantour«.
Highlights: Die Verbindung von (reizvoller) Natur und Geschichte. Schöne, ausgesetzte Kletterei in der Wand über der »Ketzerhöhle«, Hängebrücke.
Einkehr/Unterkunft: In Tende.
Fototipps: Burgruine und Kapelle, Hängebrücke. Actionmotive am Grat, nachmittags gut Licht in der Wand über der Höhle.

Für deutschsprachige Klettersteiger, egal, ob sie nun aus Zürich, München oder Bozen kommen, liegt die Haute Roya buchstäblich »hinter den sieben Bergen«. Schade, denn die Gegend im südöstlichsten Zipfel Frankreichs hat viel Interessantes zu bieten, sogar »Wunderbares«. Wie die Vallée des Merveilles mit ihren herrlichen Seen und den prähistorischen Felszeichnungen am Mont Bégo (2872 m). Oder das einzigartige Netz ehemaliger Militärstraßen, über zweihundert (!) Kilometer lang, das Biker mit strammen Wadeln und großer Lunge anlockt. Wer sich lieber etwas gemütlicher bewegt, bucht eine Fahrt mit der legendären Tenda-Bahn, die Cuneo mit Nizza verbindet, im Zweiten Weltkrieg zerstört und in den sechziger Jahren wieder aufgebaut wurde: ein Highlight für alle Eisenbahnfans!

Aus Eisen besteht auch jene Anlage in den Felsen oberhalb von Tende, am Grat von St-Sauveur: die »Via ferrata des Comtes de Lascaris«, in der zweiten Hälfte der neunziger Jahre angelegt, bietet eine abwechslungsreiche Kletterei mit schöner Aussicht auf die Berge des obersten Royatals. Ihr Name erinnert an das Grafengeschlecht der Lascaris, die im Spätmittelalter

Tipp: Im Sommer sollte sich kein Bergfreund die Wanderung in die *Vallée des Merveilles* entgehen lassen. Zufahrt von St-Dalmas-de-Tende zum Stausee von Mesches (1390 m); Aufstieg über den Refuge des Merveilles zur Baisse de Valmasque (2549 m), Abstieg via Casterino zum Ausgangspunkt. Gehzeit gut 8 Stunden; große Landschaft, besonders interessant die teilweise vorgeschichtlichen Felsgravuren und die vielen Seen.

über einen winzigen Passstaat beiderseits des Tendapasses herrschten. Die Haute Roya war übrigens bis 1947 italienisch; sie kam erst nach dem Zweiten Weltkrieg an Frankreich.

➜ **Anfahrt** Das malerisch verwinkelte Dörfchen Tende (821 m) liegt an der Südrampe der Tende-Tunnelstraße, 46 km von Cúneo, 83 km von Nizza.

↗ **Zustieg** Vom Parkplatz beim Bahnhof (Schautafel) durch das Dörfchen zur Tour de l'Horloge, dann an dem bewaldeten Hang weiter aufwärts zum Einsteig am Südwestfuß des Rocher de St-Sauveur (ca. 1000 m).

↑ **Ferrata des Comtes Lascaris**
Über die gestuften, teilweise verstrauchten Felsen mit soliden Sicherungen bergan zur Ruine des mittelalterlichen Schlosses (14. Jh.). Auf schwankender Hängebrücke quert man einen tiefen Einschnitt hinüber zur *Chapelle St-Sauveur* (1174 m; Zwischenabstieg möglich). Dahinter um einen Gratzacken herum zu einer Verzweigung: rechts weiter an den *Crêtes de St-Sauveur* bis in eine kleine Senke hinter den letzten Felsen, links abwärts zum Felsfuß und weiter zur *Grotte des Hérétiques*. Hier versteckten sich im 16. Jahrhundert Calvinisten vor der Verfolgung. Bestens gesichert durch die steile, teilweise überhängende Wand hinauf zum Kamm, wo man auf die Gratvariante stößt, 2 $^1/_2$ Std.

↘ **Abstieg** Links abwärts und unter den Abstürzen des Rocher de St-Sauveur zurück nach Tende.

Kultur und Sport: das Museum in Tende, am Grat die Brückenseile der »Ferrata des Comtes Lascaris«

85 Via ferrata de la Ciappea

Mont Chaberta, ca. 990 m
Spektakel am Hausberg von La Brigue

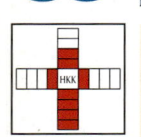

K 4
2¾ Std.
200 m

Routencharakter: Sportklettersteig mit einer 120-Meter-Tyrolienne und mehreren Seilbrücken an den südseitigen Felsen des Mont Chaberta (1286 m); praktisch das ganze Jahr über begehbar (gebührenpflichtig). Für die Tyrolienne ist eine Seilrolle unbedingt notwendig! Bei starkem Wind kann's auf den Seilbrücken problematisch werden!
Ausgangspunkt: La Brigue (772 m), kleines Dorf im oberen Royatal, 82 km von Nizza, 7 km von Tende.

Gehzeit: Gesamt 2¾ Std.
Markierung: Hinweistafel, dann immer dem Eisen entlang.
Landkarte: Erübrigt sich; für die Anreise Michelin 1:200 000, Blatt 84 »Marseille-Menthon«.
Highlights: All die schwankenden (aber solide verankerten) Drahtseile, insbesondere die Tyrolienne.
Einkehr: In La Brigue.
Fototipps: Beste Motive bieten natürlich die Seilbrücken und die 120-Meter-Tyrolienne.

Nur für Unerschrockene!

»Ciappea« und »Peille« sind die beiden jüngsten Klettersteige im Süden Frankreichs, und bei einem Blick auf all das Eisen schwant einem, dass hier das Casino von Monte Carlo näher ist als das Gebirge: Fun, Spektakel, Spiellust dominieren, der Berg ist endgültig bloß noch Sportgerüst. Da schwebt man am Drahtseil 120 Meter weit über den Abgrund (»Tyrolienne«), balancieren die »Ferratisti« über nicht weniger als acht Seilbrücken (!), um schließlich leicht schwindlig wieder unten an der Roya zu landen. Wer's mag …

→ **Anfahrt** Von Nizza via Sospel oder von Tende nach *La Brigue* (772 m).

↗ **Zustieg** Auf solider Hängebrücke ans rechte Ufer der Roya und durch die ehemaligen Weinberge auf einem Zickzackweg zum Einstieg.

↑ **Ferrata de la Ciappea** Kurz über gestufte Felsen aufwärts, dann links (Seilbrücke) zu einem markanten Pfeiler, den man an Bügelreihen luftig ersteigt. Wer die Seilrolle dabei hat, fädelt oben ins dicke Drahtseil der Tyrolienne ein und startet zur Luftreise; die anderen steigen wieder ab (»Échappatoire«). Am gegenüberliegenden Felsen beginnt die lange, mit mehreren Seilbrücken gespickte und teilweise sehr luftige Querung durch den sonnigen Südabbruch des *Mont Chaberta*. Der letzte und längste »Pont de Singe« (27 Meter!) mündet auf einen felsigen Hang. Über ihn und dann bestens gesichert (Bügel, Drahtseile) hinunter zum Felsfuß, *2 Std.*

↘ **Abstieg** Auf einem Steiglein hinunter zur Talstraße und auf ihr zurück nach La Brigue.

Vertikal! An der »Via ferrata de la Ciappea«

86 Ferrata Escale à Peille

Cime de la Morgelle, ca. 720 m
Kontraste im Hinterland der Côte d'Azur

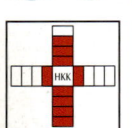

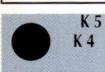

K 5
K 4

3 Std.

220 m

Routencharakter: Anspruchsvoller Sportklettersteig, aus vier Teilstrecken bestehend; Begehung gebührenpflichtig. Gesamtlänge etwa 600 Meter; zwei Hängebrücken und – als besonderer Gag – das vor einen Überhang gespannte Stahlnetz, mit dem Rücken zum Fels zu erklettern! Angekommen im Zirkuszelt?
Ausgangspunkt: Peille (630 m), malerisches Dorf im Hinterland der Côte d'Azur. Anfahrt von Nizza über La Turbie oder via Drap, 29 bzw. 25 km. Parkplatz am Ortsrand.
Gehzeiten: Gesamt 3 Std.; Klettersteig 2 ½ Std., Abstieg knapp ½ Std.
Markierung: Zustieg und Rückweg markiert; Hinweistafeln.
Landkarte: Erübrigt sich; für die Anreise Michelin 1:200 000, Blatt 84 »Marseille-Menthon«.
Highlights: Spektakuläre Passagen wie die große Hängebrücke, der Überhang »Surplomb de la Justice« mit dem Stahlnetz.
Einkehr/Unterkunft: In Peille.
Fototipps: Actionmotive, vor allem mit »Artisten im Netz«. Peille gibt malerische Motive ab.

In Peille ist die berühmte Côte schon ganz nahe; von der Cime Gariglian (1110 m) geht der Blick weit übers Azurblaue hinaus, manchmal bis nach Korsika. Wer denkt da ans Klettern? Es lockt der Strand, Cannes und seine Schönheiten, Monaco und der Jetset sind nicht weit, oder wie wär's mit einem Ausflug über die »Corniche Sublime«? Vielleicht setzt man sich einfach an der Promenade des Anglais von Nizza in eines der Straßencafés, schaut hinaus aufs Meer ...

In *Peille* geht der Blick auch zurück, zurück in die Vergangenheit. Der malerische alte Flecken gehörte bis zur Französischen Revolution zum Machtbereich der Grafen Lascaris; in den Felsen von Morgelle wurden mehrere Urzeitstationen entdeckt, die ältesten aus dem Neolithikum. Und genau da verläuft die neue Via ferrata, verlustiert sich heute eine Generation, der – so könnte man mitunter glauben – nichts ferner liegt als Geschichte und Traditionen.

➔ **Anfahrt** Von Nizza über Drap oder La Turbie nach *Peille* (630 m).
↘ **Zustieg** Von Peille auf markiertem Weg abwärts, unter der großen Passerelle hindurch und unweit der Kapelle St-Jean-Baptiste hinunter zum Einstieg (515 m).

↑ **Ferrata Escale à Peille**
Den Auftakt zur luftigen Kraxelei macht eine Hängebrücke, etwa 20 Meter lang, auf der man den von Kraftwerksbauten geprägten Vallon de Faquin überquert. Dahinter zunächst mit freier Sicht zum alten Palast der Grafen von Lascaris bergan gegen den Wandfuß. Anstrengend, teilweise leicht überhängend an soliden Krampen aufwärts, dann sehr ausgesetzt hinüber zur zweiten Passerelle. Weiter mit einer kurzen

Ferrata Escale à Peille 86

Vertikale, quert dann ansteigend zur Route départementale, welche quer durch die Felsflanke verläuft. Nach einem gut gesicherten Überhang, der aber schwer am Bizeps reißt, kann man auskneifen. Die Fortsetzung ist zunächst weniger anspruchsvoll, führt über gestufte Felsen zu einer Seilbrücke. Unter Überhängen hindurch und dann ausgesetzt hinab zu einer ersten Höhle, die man durchquert. Die Höhle lieferte Funde aus verschiedenen Kulturepochen, von der Steinzeit bis ins 16. Jahrhundert. Bei der zweiten Höhle gabelt sich die Route: links – was für ein Gag! – im Stahlnetz mit dem Rücken zur überhängenden Wand, dem »Surplomb de la Justice«, extrem luftig hinauf zu einer nahezu trittlosen Querung.

Wer auf die Zirkusnummer verzichten will, nimmt die Route »Dalle de la Morgelle«. Rechts der zweiten Grotte über eine kleine Seilbrücke, dann fast senkrecht an der Morgelle-Wand aufwärts. Von links mündet die »Netz«-Variante. Ein gut gesicherter Aufschwung mündet auf eine luftig verwegene Seilbrücke, anschließend folgen noch kleinere Überhänge, ehe die Ferrata auf dem Höhenrücken beim alten Galgen (!) ausläuft, *2 1/4 Std.*

↘ **Abstieg** Auf dem »Sentier des Pendus« hinunter nach Peille.

Absoluter Gag der Route: das Stahlnetz.

Auf einen Blick

87	Sentiero attrezzato Mont Chétif	K 1	5 ¾ Std.
88	Via ferrata Béthaz-Bovard	K 3	6 ¼ Std.
89	Via ferrata Sperone di Vofrède	K 2	8 ½ Std.
90	Via ferrata Carlo Giorda	K 2–3	5 ½ Std.
91	Via ferrata del Rouas	K 2 / K 4	2–3 Std.
92	Via ferrata delle Barricate	K 2	5 ¾ Std.
93	Via ferrata dei Funs di Entracque	K 3 / K 5	4 Std.

AOSTATAL UND PIEMONT

Als Klettersteigdorado hätte man bis vor kurzem weder das Aostatal noch das Piemont bezeichnet. Erst in den letzten Jahren hat sich dies geändert, ist dieser Teil der Westalpen von der weitgehend »eisenfreien« Zone zu einem lohnenden Ziel für Ferrata-Liebhaber geworden, auch deshalb, weil hier fast immer eine hochalpine Landschaft die große Kulisse für Eisenwege abgibt, sich gelegentlich sogar Drahtseil und Kulturdenkmal ganz nahe kommen. Besonders reizvoll ist der Mix aus alpinen Routen und Sportklettersteigen. Man darf gespannt sein auf die Neuigkeiten der nächsten Jahre, gerade hier im Südwesten der Alpen, wo sie am größten, mitunter auch am einsamsten sind.

Belevedere vor dem Mont Blanc: am Mont Chètif.

87 Sentiero attrezzato Mont Chétif

Mont Chétif, 2343 m
Das schönste Belvedere vor dem Mont Blanc

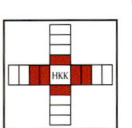

K 1

5 3/4 Std.

1140 m

Routencharakter: Landschaftlich sehr schöner gesicherter Steig, für jeden trittsicheren Bergwanderer möglich. Selbstsicherung nicht notwendig. Faszinierende Schau auf die Südflanke des Mont Blanc-Massivs. Gesicherte Passagen kaum ausgesetzt. Alternativ Abstieg nordseitig zum Rifugio Monte Bianco und zur Val-Veny-Straße möglich.
Ausgangspunkt: La Villette (1198 m), Ortsteil von Courmayeur rechts der Dora Baltea, Zufahrt von der Hauptstraße. Parkmöglichkeit beim Eisstadion.

Gehzeiten: Gesamt 5 3/4 Std.; Aufstieg 3 1/2 Std., Abstieg 2 1/4 Std.
Markierung: Wegzeiger, gelbe Markierung.
Landkarten: IGN Top 25, Blatt 3531ET »St-Gervais-les-Bains-Massif du Mont Blanc«.
Highlights: Aus- und Tiefblicke am Anstieg, Panorama. Im Spätsommer/Herbst herrliche Heidelbeerhänge – hmm!
Einkehr/Unterkunft: —
Fototipps: Grate und Gletscher an der Südflanke des Mont Blanc, Val Veny.

Natürlich ist es kein Zufall, dass der Mont Chétif (2343 m) gerade 1986 seinen gesicherten Steig bekam: Da jährte sich die Erstbesteigung des höchsten Alpengipfels zum zweihundertsten Mal (Balmat und Paccard, 8. August 1786). Das war den Bergführern aus Courmayeur Grund genug, dem Panoramagipfel über der untersten Val Veny Ketten anzulegen. Die wiederum helfen auch weniger Geübten, mehr oder weniger problemlos alle felsigen Passagen zu meistern. Der geschickt trassierte Steig folgt dem Ostgrat des Bergstocks, steigt von einer Aussichtskanzel zur nächsten, zeigt Courmayeur aus der Vogelperspektive und die Parade der Viertausender. Oben gibt's das ganz große Panorama, zeitlos schön, aber gleichzeitig einen Vormarsch (des Menschen) und einen Rückgang (der Gletscher) dokumentierend: viel Beton und Asphalt in den Tälern, Pistenschneisen und Lifte rundum. Dafür hat sich der Glacier du Miage bereits hinter die Aiguilles Rouges du Brouillard verzogen, und die Zunge des Glacier de la Brenva hängt hoch über der Val Veny. Ewigkeiten sind halt auch in den Hochalpen irgendwie relativ ...

➔ **Anfahrt** Courmayeur (1228 m), den bekannten Ferienort am Südfuß des Mont Blanc-Massivs, erreicht man über die Aostatal-Autobahn oder von Chamonix durch den Mont Blanc-Tunnel. Der Ortsteil La Villette (1198 m) liegt jenseits der Dora Baltea an der westlichen Talseite; Zufahrt von der Hauptstraße.

↑ **Sentiero attrezzato Mont Chétif**
Von der Straße (Schild), vorbei an der Gedenktafel des Steiges, zum Wandfuß, dann kurz rechts zu einem Klettergarten. Etwas weiter be-

Sentiero attrezzato Mont Chétif

ginnt der Anstieg, zunächst auf einem alten Plattenweg. Nach knapp einer halben Stunde ist ein erster Aussichtspunkt (»Panorama«) gewonnen, eine Kuppe mit reizvollem Tiefblick auf Courmayeur, wenig später wird's eisenhaltig. Ketten leiten über glatte Schieferfelsen hinaus zum Ostgrat. Nun am breit-felsigen Rücken bergan, wobei gesicherte Abschnitte und Wegpassagen abwechseln. Durch eine steile Rinne helfen Ketten und solide Tritteisen. An der 2000-Meter-Höhenmarke rechts markierte Abzweigung zum Rifugio Monte Bianco; der Chétif-Weg quert nach einem Zickzackanstieg unter den sonnseitigen Gipfelfelsen (zwei kurze gesicherte Passagen) hindurch und steigt dann steil an zum Westgrat. Rechts zum Gipfel mit Panoramatafel (etwas weiter unten steht am Ostgrat eine riesige Madonnenstatue), *3 1/2 Std.*

↘ **Abstieg** Zurück zur Weggabelung, dann noch ein Stück am Kamm entlang, einmal kurz in die Nordflanke ausweichen. Im Zickzack durch eine Steilrinne hinunter in die licht bewaldete Mulde von Pra Neiron. Hier stößt man auf eine Schotterstraße (1897 m), die in Schleifen über die Skipisten hinunterführt nach *Dolonne*. Links auf der Straße zurück zum Ausgangspunkt der Runde.

Am »Sentiero Mont Chétif«.

88 Via ferrata Béthaz-Bovard

Becca de l'Aouille, 2607 m
Eisen, Eisen ...

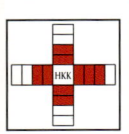

HKK

K 2–3

6¼ Std.

1020 m

Routencharakter: Eine Via ferrata mit Betonung auf »ferrata«, ist die Route doch mit fast 2000 (!) Eisenbügeln ausgestattet, dazu sichern Drahtseile die abschnittsweise luftige Route. Die technischen Schwierigkeiten halten sich entsprechend in Grenzen; gute Kondition ist allerdings unerlässlich (fast 900 Höhenmeter am Klettersteig). Ausstiegsmöglichkeit nur nach dem ersten Abschnitt.
Ausgangspunkt: Valgrisenche (1664 m); Zufahrt aus dem Aostatal 16 km. Busverbindung; Parkplätze im Ort.
Gehzeiten: Gesamt 6¼ Std.; Aufstieg 3¾ Std., Abstieg 2½ Std.
Markierung: Einstieg leicht zu finden, dann immer dem Eisen entlang. Abstiegswege rot-weiß-rot markiert.
Landkarte: IGC Torino 1:25 000, Blatt 102 »Valsavaranche-Val di Rhêmes-Valgrisenche«.
Highlights: Für Klettersteigler die luftig langen Klammerreihen; Tief- und Ausblicke.
Einkehr/Unterkunft: In Valgrisenche.
Fototipps: Auf der nach Osten gerichteten Route vormittags gute Lichtverhältnisse. Originelle (Eisen-)Motive am Klettersteig.

Valgrisenche ist Ausgangspunkt der »Ferrata Béthaz-Bovard«.

Zu den schönsten Winkeln der italienischen Westalpen gehören ohne Zweifel die Täler des Gran Paradiso, und es ist kein Zufall, dass es hier gleich mehrere Fernwanderwege gibt, die über hohe Pässe von Hütte zu Hütte führen. Auf eine dieser »Alte vie« mündet auch der (bislang) einzige Klettersteig der Region, die »Ferrata Béthaz-Bovard«. Und die ist leicht rekordverdächtig: über endlose Bügelreihen klettert man am festen Fels gipfelwärts. Grandios die Bergkulisse, etwas deplaziert wirkt nur der halbleere Stausee von Beauregard.

➔ **Anfahrt** Aus dem Aostatal auf guter Straße in die Val Grisenche, 16 km bis *Valgrisenche* (1664 m).

↗ **Zustieg** Vom Ort kurz auf einem Sträßchen an der westlichen Talseite aufwärts zu einer Käserei (ca. 1690 m).

↑ **Ferrata Béthaz-Bovard** Der Klettersteig beginnt hinter dem Lagerhaus, führt gleich in steile Felsen. Bestens gesichert überwindet er die Sockelfelsen der Becca d'Aouille. Knapp

150 Meter höher mündet die Route auf einen alten Plattenweg. Wenig weiter links geht es dann sehr eisenhaltig weiter. Lange Klammerreihen führen fast in der Falllinie über die leicht geneigte Wand. Schließlich mündet die Ferrata auf eine grasige Kuppe (2111 m) mit freier Sicht auf das Tal und seinen Gipfelkranz. Dahinter leicht abwärts (Seilsicherungen) und hinüber zum nächsten Aufschwung. An Eisenbügeln gut hundert Höhenmeter gerade aufwärts, teilweise fast senkrecht und entsprechend luftig, dann rechts in die Nordflanke des Berges. Über ein langes Band gewinnt man den Gipfelgrat. An ihm, teilweise ausgesetzt, zur *Becca d'Aouille* (2607 m) mit großem SIP-Reflektor. Weiter am felsdurchsetzten Grat entlang, knapp unter einer namenlosen Kuppe (2688 m) hindurch und nach leichtem Zwischenabstieg hinauf zur »Alta via No. 4« (ca. 2650 m), *3 ³/₄ Std.*

↘ **Abstiege** Auf der gut markierten Mulattiera nordwärts in vielen Kehren hinunter zum Weiler *La Béthaz* (1615 m), wo man auf die Talstraße stößt. Alternativ ist auch ein Abstieg über den *Lago di Morion* (2804 m) und durch den Vallone dell'Arp Vieille möglich; er ist zwar etwas weiter, mündet aber direkt in den Ort Valgrisenche.

Auf den endlosen Bügelreihen der »Ferrata Béthaz-Bovard«.

89 Via ferrata Sperone di Vofrède

Col di Vofrède, 3130 m
Im Banne des Mont Cervin

K 2

8½ Std.

1400 m

Routencharakter: Hochalpine Unternehmung, Klettersteig höchstens mäßig schwierig. Vofrède-Gletscher nur mit kompletter Eisausrüstung (Pickel, Steigeisen, Seil), sonst Abstieg über die Ferrata. Sicheres Wetter (kein Nebel!) ist wichtig, beste Jahreszeit Mitte Juli bis Mitte September. Eventuell mit Übernachtung im Rifugio Vuillermoz.
Ausgangspunkt: Avouìl (1967 m), Häusergruppe vor dem Ortseingang von Breuil-Cervinia mit dem Rifugio Albergo Carrell. Natürlich kann man auch gleich in Breuil losgehen. Busverbindung mit dem Aostatal.
Gehzeiten: Gesamt 8 ½ Std.; Aufstieg 4 Std., Abstieg/Rückweg 4 ½ Std.

Markierung: Ordentlich bezeichnete Wanderwege, Zustieg zur Ferrata gelb markiert.
Landkarte: IGC 1:25 000, Blatt 108 »Cervino-Breuil-Champoluc«.
Highlights: Natürlich die Matterhorn-Schau! Hübsche Kletterei am Pfeiler, hochalpine Szenerie auf dem Gletscher, Bergumrahmung der Vuillermoz-Hütte mit ihren Seen.
Einkehr/Unterkunft: Rifugio Vuillermoz (2900 m), ⏱ Ende Juni bis Mitte September; Tel. 338/426 47 05.
Fototipps: Sehr schöne Hochgebirgsmotive, vor allem natürlich mit dem »Berg der Berge«, aber auch am Abstieg, der an mehreren Seen vorbeiführt.

Der Pfeiler ist zwar markant, aber nur mäßig steil, die Berge links und rechts erreichen im Vergleich mit den Walliser Hochgipfeln höchstens besseres Mittelmaß, der Glacier di Vofrède ist auch nicht sehr beeindruckend. All das zusammen ergäbe eine interessante, aber nicht besonders aufregende Tour – wenn da nicht das Matterhorn (Mont Cervin, 4478 m) wäre. Es steht genau in der Verlängerung des Vofrède-Pfeilers, alles überragend, Blicke geradezu magisch anziehend, ein Berg wie kein anderer, auch von der »falschen« Seite: Traumziel ganzer Bergsteigergenerationen.

➔ **Anfahrt** Von Châtillon im Aostatal über Valtournenche nach Breuil-Cervinia (2006 m), bis Avouìl 26 km.

↗ **Zustieg** Von Avouìl (1967 m) durch schönen Lärchenwald hinauf zur Malga Bayettes (2288 m), wo man auf die »Alta via No. 3« stößt. Man quert den Höhenweg und folgt der gelben Markierung, die unter der Ostwand des Tour du Créton (3579 m) und des Mont Blanc du Créton (3406 m) hinauf in das Couloir di Vofrède führt. Mühsam im Geröll zum Einstieg am Pfeilerfuß (2697 m).

↑ **Ferrata Sperone di Vofrède**
Die Route verläuft über den schmalen, mäßig steilen Pfeiler, weicht dabei gelegentlich in die Flanken aus. Drahtseile, Ketten und Eisenstifte sichern den Aufstieg, der packende Tiefblicke auf den Glacier di Vofrède und herrliche Aussicht auf das Matterhorn bietet. Vom Kulmi-

nationspunkt über den Glacier di Vofrède (meistens Spur) in die flache Senke des *Col di Vofrède* (3130 m), *2 Std.*

⬊ **Abstieg** Hinab zum Gran Lago (2845 m), an dem Hochgebirgssee vorbei und in kurzem Anstieg zum *Rifugio Vuillermoz* (2900 m). Auf dem Hüttenweg mit schöner Aussicht auf die Becca di Salè (3107 m) hinunter gegen den aufgestauten Lago di Cignana (2158 m), kurz zuvor – bei den Hütten der gleichnamigen Alm – links ab und in gut halbstündigem Gegenanstieg hinauf zum *Finestra di Cignana* (2441 m). Auf der »Alta via No. 3« hinab ins Tal und abseits der Straße zurück nach Avouìl.

Schöne Rückseite: das Matterhorn, vom Lac Bleu.

90 Via ferrata Carlo Giorda

Sacra di San Michele, 962 m
Dem Himmel entgegen …

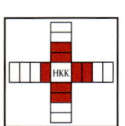

K 2–3

5 ½ Std.

680 m

Routencharakter: Recht langer, aber nur mäßig schwieriger Klettersteig. Etwas gewöhnungsbedürftig sind das blockige Serpentingestein und die mit Plastik ummantelten Drahtseile, einmalig dann der Kontrast zu der erhabenen Sakralarchitektur des Bergklosters.
Ausgangspunkt: Croce della Bell'Ada (360 m), Parkmöglichkeit an der Straße.
Gehzeiten: Gesamt 5 ½ Std.; Klettersteig 3 ½ Std., Abstieg 2 Std. Zeit für Besuch des Kirchenkomplexes reservieren!
Markierung: Tafel am Einstieg, Abstiegswege markiert.
Landkarten: IGC 1:50 000, Blatt 17 »Torino – Pierolo e Bassa Val di Susa«.
Highlights: Eigentlich ein echter Steigerungslauf mit großer Schau am Gipfel. Und eine Sensation für sich ist die mächtige Kirchenfestung.
Einkehr: Bei den Parkplätzen am Endpunkt der Gipfelstraßen.
Fototipps: Besonders schön im Herbst, wenn Nebel über der Poebene liegt, man spätestens nach halber Strecke aus dem Nebel kommt. Actionbilder an der Ferrata – kolossale Architektur am Gipfel: Kontraste!

Bevor man hinaufschaut zu der mächtigen Kirchenburg, die rund 700 Meter über dem Eingang ins Susatal auf der Spitze des *Monte Pirchiriano* thront, lohnt sich ein Blick in die Geschichte. Und die reicht weit zurück, bis in vorgeschichtliche Zeiten. Bereits Ligurer und Römer dürften den strategisch so günstig am Weg von Turin über den Col de Montgenèvre gelegenen Gipfel genutzt haben. Im Frühmittelalter war die Talenge befestigt; damals entstand auf dem Monte Pirchiriano eine erste, dem heiligen Michael geweihte Kultstätte. Daraus entwickelte sich im 10. Jahrhundert das heute noch bestehende Kloster. Aus der Ferne wirkt der mehrfach umgebaute und erweiterte Komplex fast wie eine Katharerburg, gleichsam mit dem Fels verwachsen, auf dem sie steht. Die Abteikirche – ein Juwel sakraler Baukunst – zeigt im Schiff gotische, in den drei Apsiden romanische Formen; man betritt sie durch die mit Reliefen geschmückte Porta del Zodiaco (um 1120)

> **Tipp**
> Im Susatal, in der Umgebung des Städtchens Susa, gibt es drei interessante Schluchtklettersteige: die »Via ferrata Orrido di Chianocco« (bei Chianocco; 1 ½ Std., K 3 – 4), die »Via ferrata Orrido di Foresto« (bei Foresto; 4 Std., K 4 – 5) und die »Via ferrata Gorge della Dora Riparia« (bei Giaglione; 4 ½ Std., K 3).

Die meisten Besucher kommen mit dem Auto, führen doch zwei Straßen bis knapp unter den Gipfel. Früher pilgerte man zu Fuß zur Sacra di San Michele hinauf; die Reichen ließen sich auch schon mal auf dem Pferderücken zum Wallfahrtsort tragen. Seit kurzem nun begegnet man ganz besonderen »Wallfahrern«, die weniger das Gotteshaus als vielmehr die braunen steil-felsigen Nordabbrüche des

Monte Pirchiriano im Auge haben: Klettersteigler. Sie folgen den fix verankerten Drahtseilen, genießen den teilweise recht luftigen Gang und oben – mit etwas Glück! – ein großes Panorama der Cottischen und Grajischen Alpen. Wer im Spätherbst, wenn die Poebene unter einer dicken Nebeldecke steckt, aus dem trüben Grau hinaufturnt ins Azurblau und nach drei Stunden bei der Kirchenburg ankommt, all die verschneiten Hochgipfel rundum, ist hier dem oft zitierten Bergsteigerhimmel besonders nahe.

➔ **Anfahrt** *Sant'Ambrogio* liegt im unteren Susatal, knapp 30 km von Turin. Durch den Ort und auf dem Radlsträßchen (pista ciclabile) Richtung Susa, 2 km bis *Croce della Bell'Ada* (360 m).

↑ **Via ferrata Carlo Giorda**
Die Route startet direkt an der Straße (Tafel); Drahtseile leiten über die blockigen, bei Nässe unangenehm rutschigen Felsen bergan. Nach dem ersten Aufschwung, dem Primo Torrione, bietet sich beim *Pian Cestlet* (ca. 640 m) die Möglichkeit, links nach Sant'Ambrogio abzusteigen. Die hier in den Fels gravierten Zeichen markieren die alte Grenze zwischen den Gemeinden Sant'-Ambrogio und Chiusa San Michele. Eine weitere, recht steile Wandstufe (Drahtseile, künstliche Tritte) führt auf ein Band mit der Bezeichnung *U Saut du Cin* (ca. 840 m), wo man links zum Borgata San Pietro hinausqueren kann (bezeichnet). Nicht zu übersehen sind die Spuren eiszeitlicher Vergletscherung: Schliffe im Gestein, Findlinge aus Granit.

Kirchenfestung mit Klettersteig: Sacra di San Michele

Schließlich läuft die Via ferrata an der Außenmauer der Abtei aus; ein schmaler Pfad führt rechts zur Zufahrtsstraße, die ein paar Meter vor dem Entrée zur Klosterburg betreten wird, 3 $^1/_2$ Std.

↘ **Abstieg** Auf den markierten alten Wallfahrerwegen wahlweise via Borgata San Pietro nach *Sant'Ambrogio* oder westseitig nach *Chiusa San Michele*.

91 Via ferrata del Rouas

Les Rouas, ca. 1550 m
Sportklettersteig bei Bardonecchia

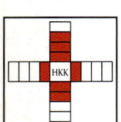

HKK

K 2 / K 4

2–3 Std.

150 m

Routencharakter: Sportklettersteig in den Sonnenfelsen hinter Melezet, nach französischem Vorbild üppig gesichert, mit zwei Teilstrecken und einem Zwischenabstieg.
Ausgangspunkt: Parkplatz beim Campingplatz am Pian del Colle (ca. 1420 m).
Gehzeiten: Linker Parcours mit Zu- und Abstieg 2 Std., rechter Parcours 1 ½ Std., beide zusammen gut 3 Std.

Markierung: Vom Parkplatz hat man Sichtverbindung mit der Ferrata.
Landkarte: Erübrigt sich.
Highlights: Hängebrücke am leichteren Parcours, Grotte und die alpine Kulisse.
Einkehr: Unterwegs keine, nur im Tal.
Fototipps: Auf beiden Teilstrecken lassen sich gute Actionbilder schießen; dank der südseitigen Exposition hat man fast den ganzen Tag über gutes Licht.

Wer in der Umgebung von *Bardonecchia* seine Wander- oder Bergschuhe schnürte, hatte bislang in der Regel ein bewirtschaftetes Rifugio oder großen Gipfel – etwa den Mont Thabor (3181 m) – im Auge. Seit kurzem kommen auch Klettersteigler in den grenznahen Ferienort, gibt es bei Melezet doch einen interessanten Parcours mit zwei Teilstrecken, von denen die eine sich sehr gut für Einsteiger eignet, die andere schon etwas mehr Kraft und Unerschrockenheit verlangt.

Üppig gesichert: die »Via ferrata del Rouas«.

➜ **Anfahrt** *Bardonecchia* (1312 m) liegt am Südportal der Fréjus-Tunnels, ist sowohl von Frankreich als auch von Turin aus über Autobahnen bzw. mit der Bahn bequem erreichbar. Vom Ort via Melezet zum Parkplatz auf dem Pian del Colle, 4 km.

↑ **Via ferrata del Rouas, linke Route**
Am Wandfuß kurz talabwärts bis zum Einstieg, dann opulent gesichert über mäßig steile Felsen gerade aufwärts bis zur Abzweigung der schwierigeren Variante. Hier links und nun steiler auf eine Schulter, von der man wieder zum Parkplatz absteigen kann (Hinweis; hier mündet der Rückweg von der »Variante atletica«). Die Fortsetzung der Ferrata verläuft nun quer durch den Felsabbruch, wobei eine Steilrinne auf einer kurzen Zweiseilbrücke gequert wird. Alternativ kann man auch höher in der Wand den »Giro della Grotta« nehmen – ein lohnender Abstecher, bei dem ein großer Rucksack allerdings eher hinderlich ist (K 2). Weiter in leichtem Auf und Ab zu der solide verankerten Hängebrücke und querend, teilweise recht luftig, mit schöner Aussicht in den Westteil der Wand. Hier an Eisenbügeln hinunter zum Ausstieg der Ferrata, *1 1/2 Std.*

Mini-Seilbrücke an der »Via ferrata del Rouas«

↘ **Abstieg** Auf einem Zickzackweglein zurück zum Parkplatz.

↑ **La Balma del Camoscio**
Von der erwähnten Verzweigung rechts haltend in steileres Gelände. Die Variante der »Ferrata del Rouas« wird als »atletica« bezeichnet, und die Kletterei geht auch ziemlich in die Arme. An den teilweise recht weit auseinander liegenden Bügeln hangelt man sich nach oben. Anschließend folgt eine längere Querung, auf der die Route sogar etwas an Höhe verliert, bevor sie nochmals in die Senkrechte geht. Zwei kleine Überhänge, dann ist der Ausstieg gewonnen. Ein kleiner Weg leitet oberhalb der Wand zu der Schulter, wo man auf den leichteren Parcours stößt, *1 Std.*

92 Via ferrata delle Barricate

Colle della Montagnetta, 2178 m
Viel Natur – wenig Eisen

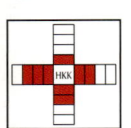

K 2

5 ¾ Std.

880 m

Routencharakter: Mäßig schwieriger Klettersteig in faszinierend wilder Kulisse, nur mit Drahtseilen gesichert. Die Querungen sind erheblich durch Steinschlag gefährdet (Helm!); insgesamt bietet die Tour einen guten Eindruck der Südalpen. Ausreichend Getränke mitnehmen – kein Wasser unterwegs!
Ausgangspunkt: Pontebernardo (1312 m) an der Straße zum Colle della Maddalena. Parkmöglichkeit bei der Kirche.
Gehzeiten: Gesamt 5 ¾ Std.; Aufstieg 3 ½ Std., Abstieg 2 ¼ Std.
Markierung: Klettersteig nur spärlich bezeichnet; Steinmännchen und gelbe Farbtupfer am Einstieg. An der GTA (Abstieg) dann deutliche rot-weiß-rote Bezeichnungen.
Landkarten: A. s. F. 1:25 000, Blatt 6 »Haute Tinée – Alta Val Stura« (mit Führer).
Highlights: Die spannende Querung in den Felsen der Barricate, die stark südlich geprägte Gebirgslandschaft, die verlassenen Almen und Weiler.
Einkehr: Unterwegs keine.
Fototipps: Aus- und Tiefblicke an der Ferrata, Landschaft, der Ruinenweiler Servagno, die Schlucht.

Sie hat ihren Namen wirklich zu Recht, die »Barrikade«. Als gewaltige, teilweise überhängende Felsmauer riegelt sie oberhalb von Pontebernardo das Tal der Stura di Demonte ab – scheinbar. Denn der Fluss hat sich in vielen Jahrtausenden tief ins Gestein gegraben, aus der Barriere eine wilde Klamm gemacht. Auf dem Rückweg von der Klettersteigtour wandert man durch diese Schlucht, und da bietet sich dann nochmals Gelegenheit, hinaufzuschauen in die scheinbar himmelhohe Wand, wo ein paar hundert Meter über dem Talboden eine dünne Spur quer durch abschüssiges Gelände verläuft, mit Drahtseilen gesichert, bis hinüber zu einer Schulter: Ausstieg an einem Rastplatz mit Panoramablick.

Bizzarrer Felsturm über den Barricate

Wer große, stille Landschaften und verwunschene Wege abseits der Trampelpfade mag, wird an dieser Runde seine Freude haben. »Eisenfresser« fahren lieber gleich über den Colle della Maddalena/Col de Larche, wo oberhalb von St-Ours drei steile Routen auf sie warten (⇨ 74 bis 76).

➔ **Anfahrt** *Pontebernardo* (1312 m) liegt an der Passstraße über den Colle della Maddalena/Col de Larche, 53 km von Cúneo, 48 km von Barcelonnette

↗ **Zustieg** Von der Kirche auf einem Fahrweg kurz taleinwärts, dann über die Stura di Demonte. Den gelben Markierungen folgend im verstrauchten, teilweise bewaldeten Vorgelände der Barricate aufwärts. Der Hang wird allmählich steiler, auch felsig (Stellen I); von einer Schulter quert man etwas heikel (Vorsicht: sehr brüchige Schrofen!) zur Scharte im Rücken eines bizarren Felsturms (Lou tourion vioi, 1815 m). Hier rechts über ein Band (Drahtseil) zu einem grasigen Rücken und an ihm auf eine Kanzel (1860 m) mit packendem Tiefblick ins Tal der Stura di Demonte.

↑ **Via ferrata delle Barricate**

Ein paar Meter höher beginnt der Klettersteig. Die mit Drahtseilen versehene schmale Spur leitet quer durch die zerklüftete Felsflanke. Man passiert mehrere Gräben, dazwischen gewinnt das geschickt trassierte Weglein etwas an Höhe. Jenseits einer breiten Geröllrinne (Steinschlag!) steigt die Route, auch hier mit Drahtseilsicherungen, über gestufte Felsen steil an zu einem weit gegen das Tal vorspringenden Rücken (*Lou Jas de la Crozo*, 1985 m), 1 ¼ Std.

↗ **Weiterweg** Von dem schönen Rastplatz leiten Steinmännchen flach in das kleine Tälchen unter dem Colle della Montagnetta. Man quert den Bach und steigt dann über einen Grashang hinauf zur »Bergscharte« (2178 m) mit schon lange sichtbarer Wegtafel.

↘ **Abstieg** An dem Wiesensattel hält man sich links und wandert mit schöner Aussicht auf die Bergketten rund um den *Colle della Maddalena* bergab in das weiträumige Almrevier von Servagno. Die Überschreitung des Talbachs gestaltet sich etwas heikel (Murabbruch); wenig weiter stößt man bei einigen verlassenen Hütten auf die GTA. Ein breiter Pfad führt hinab und hinaus zu den bereits von Vegetation überwucherten Ruinen des Weilers *Servagno* (1738 m). Oberhalb der wilden Mündungsschlucht des Rio Servagno führen Serpentinen abwärts zur Passstraße. Teilweise mit, teilweise neben der viel befahrenen Strecke durch die einmalige Barricate-Klamm, das Rauschen der Stura im Ohr zurück nach Pontebernardo; den langen Tunnel umgeht man auf der Flussseite.

An der langen Querung der »Via ferrata delle Barricate«

93 Via ferrata dei Funs di Entracque

Funs di Entracque, 1605 m
Steile Route am Rand des Argentera-Naturparks

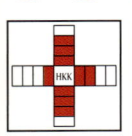

HKK

K 3/K 5

4 Std.

570 m

Routencharakter: Nach französischer Art angelegter Sportklettersteig, der stimmungsvolle Ausblicke auf die Gipfelketten der Seealpen bietet. Die Anlage ist so konzipiert, dass – je nach Können und Gusto – entweder eine sehr anspruchsvolle Runde mit Kraft raubenden Passagen oder eine eher genussvolle Tour mittlerer Schwierigkeit resultiert.
Ausgangspunkt: Parkplatz oberhalb von Entracque bei Santa Lucia (1036 m).

Gehzeiten: Für die gesamte Runde etwa 4 Std.
Markierung: Blaue und gelbe Bezeichnungen am Zustieg.
Landkarten: A. s. F. 1:25 000, Blatt 4 »Vallée des Merveilles – Val Vermenagna«.
Highlights: Die knackig-verwegenen Steilpassagen, die schöne Bergkulisse.
Einkehr: Unterwegs keine.
Fototipps: Actionmotive en masse auf der Ferrata.

Die großen Berge in der Umgebung von Entracque stehen anderswo (Cima dell'Argentera, 3290 m; Mont Clapier, 3045 m), dafür haben die vergleichsweise bescheidenen Felsen eine besondere Attraktion anzubieten: eine ausgewachsene Via ferrata, die aus mehreren Teilstücken besteht und so zwei Anstiege von unterschiedlicher Schwierigkeit ermöglicht. Lohnend sind beide, auch bestens gesichert, mit einer Hängebrücke als zusätzlicher Attraktion.

➔ **Anfahrt** Von Cúneo kommt man via Borgo San Dalmazzo und Valdieri nach *Entracque* (895 m). Durch den Ort und auf guter Straße über zwei Kehren zum Wanderparkplatz bei *Santa Lucia* (1036 m).

↗ **Zustieg** Bei der Verzweigung hinter Colletta über den Rio Vallone und flach zu den Häusern von *Tetti Violin* (1042 m). Weiter auf einer Piste in den Vallone Balme di Gherra. Noch vor der Mündung der Reina-Schlucht rechts (Tafel) und hinauf zum Einstieg (1236 m).

↑ **Via ferrata dei Funs di Entracque, 1. Abschnitt**
Die bestens abgesicherte Route geht gleich kompromisslos in die Vertikale; an Eisenbügeln turnt man an der fast 150 Meter hohen Mauer hinauf. Verwegene mit starken Armen nehmen hoch in der Wand die rechte Variante, die mit Kraft raubenden Überhängen aufwartet. Ausstieg (ca. 1380 m) auf einen teilweise bewaldeten Rücken. Über ihn zum Fuß der oberen Wandzone, *1 1/2 Std.*

↘ **Zwischenabstieg** Rechts kann man auf einem markierten Weglein absteigen.

↑ Via ferrata dei Funs di Entracque, 2. Abschnitt

Auch der zweite Parcours beginnt rasant, teilweise senkrecht, aber optimal gesichert. An einem bewaldeten Buckel gabelt sie sich: links führt ein gesichertes Steiglein leicht auf den Vorgipfel; die rechte Variante dagegen ist extrem luftig und wartet mit Kraft raubenden Passagen auf. Eine 10 Meter lange Hängebrücke quert einen tiefen Einschnitt; dahinter steigt man kurz auf zum Vorgipfel (1575 m). Packende Aussicht auf die Gipfelketten der Seealpen, *1 Std.*

↘ Abstieg

Mit kleinem Höhenverlust auf den Hauptgipfel der Funs (1605 m); dahinter – abschnittweise gesichert – bergab. Über eine letzte Wandstufe (Eisenbügel) läuft das steile Klettersteigabenteuer im Süden der Alpen aus. Auf einem schmalen Pfad hinab zum Wandfuß und auf dem Hinweg zurück zum Ausgangspunkt.

Noch Fragen?

Register

Aiguille de Luce 179
Aiguille du Coq 179
Aiguillette du Lauzet 164
Aillon-le-Jeune 111
Allmenalp 50
Almagelleralp 67
Almagellerhütte 66
Alpe-d'Huez 154
Alpes du Sud 160
Altmann 20
Andagne 144
Andermatt 26
Aostatal 198
Argentière-la-Bessée 170
Ausserberg 60
Aussois 141
Avoriaz 96
Avrieux 141

Baltschieder Klettersteig 60
Bardonecchia 209
Baus de la Frema 186
Becca de l'Aouille 202
Belalp 58
Berner Oberland 38
Berneuse 86
Blatten 58
Bonneval 144
Braunwald 22
Braunwalder Klettersteig 22
Breglia 36
Breuil-Cervinia 204
Briançon 166
Brunnihütte 28
Brunnistöckli 28

Cabane des Diablerets 84
Cascade de la Fraîche 118
Champéry 80
Chamrousse 152
Château Queyras 176
Chemin de la Vierge 142
Chironne 183
Cime de la Bercha 188
Cime de la Morgelle 196
Clot du Puy 174
Col de l'Arpettaz 106
Col de Pertuis 92
Col de Plainpalais 111
Col de Prapio 82
Col des Aravis 104
Col di Vofrède 204
Col du Pillon 84
Col du Rousset 183
Col du Télégraphe 134
Col St-Martin 186

Colle della Montagnetta 210
Corni di Canzo 36
Courchevel 116
Courmayeur 200
Crêtes de Flaine 96
Crêtes de St-Sauveur 192
Croix de Chamrousse 152
Croix de Toulouse 166
Croix de Verdon 114

Daubenhorn 72
Dauphiné 146
Defilè des Étroits 181
Demoiselles du Castagnet 190
Dent d'Oche 92
Descente aux Enfers 142

Eggstöcke 22
Engelberg 28, 30, 32
Entracque 212
Erlebnisweg Almagelleralp 67
Evolène 76

Falaise de la Balme 172
Falaise de Tière 80
Falaises de la Rosière 116
Ferrata Escale à Peille 196
First 42
Fort de la Bastille 150
Fort du Télégraphe 134
Fort Victor-Emmanuel 140
Freiburger Alpen 38
Freissinières 174
Funs di Entracque 212
Fürenalp 30
Fürenwand 30

Gemmipass 72
Gibidum-Stausee 58
Gimmelwald 48
Gleicksteinhütte 42
Golet de la Trouye 106
Gondo 66
Gorge Alpine 64
Gorges de la Durance 170
Gornerschlucht 64
Grand Clot 162
Grande Chenalette 78
Graustock 32
Grenoble 150
Grindelwald 42, 44, 47
Großer St. Bernhard 78
Gumen 22

Hannigalp 68

Jägihorn 64
Jochpass 32

Kandersteg 50
Karabiner 9
Klettersteig Aletsch 58
Klettersteig Allmenalp 50
Klettersteig Brunnistöckli 28
Klettersteig Fürenwand 30
Klettersteig Grande Chenalette 78
Klettersteig Graustock 32
Klettersteig Jägihorn 64
Klettersteig Mischabelhütten 68
Klettersteig Mürren 48
Klettersteig Rigidalstock 28
Klettersteigset 8
Kreuzboden 64

La Brighe 194
La Chal 129
La Chapelle d'Abondance 94
La Clusaz 104
La Grande Fistoire 184
La Grave 162
La Tête de Cheval 112
La Videmanette 52
La Villette 200
Lac d'Aiguebelette 112
Lauterbrunnen 48
Le Mont 98
Les Bettières 122
Les Deux-Alpes 156
Les Diablerets 82
Les Orres 176
Les Perrons 156
Les Plates de la Daille 124
Les Rouas 208
Les Vigneaux 172
Leukerbad 72
Leukerbadner Klettersteig 72
Leysin 86
Lisengrat 20
Lugano 34

Marcelinas 176
Mischabelhütten 68
Mittaghorn 70
Mittaghorn-Klettersteig 70
Moléson 54
Mont Charvin 106
Mont Chétif 200
Mont Margériaz 111
Mont Ouzon 92

Mont Rond 129
Mont Vernier 132
Monte Generoso 34
Monte Grona 36
Monte San Salvatore 34
Montée au Ciel 142
Montée au Purgatoire 142
Montfort 148
Mürren 48

Nant de Rossane 111
Nasenlöcherroute 62
Notre-Dame de la Compas-sion 120

Objou 181
Ostegghütte 46
Ostschweiz 19

Partnersicherung 9
Pas de l'Ours 106
Pazzallo 34
Peille 196
Pfingstegg 44
Piemont 198
Pierre Ronde 154
Plampinet 168
Plan du Bouc 120
Plan Francey 54
Plateau d'Emparis 162
Plattjen 70
Poingt Ravier 136
Pointe de Drône 79
Pontamafrey 133
Pontebernardo 210
Pralognan 118
Puget-Théniers 190

Redoute Marie-Thérèse 141
Refuge de la Dent d'Oche 92
Refuge de Pierredar 82
Refuge de Rousel 122
Refuge du Plan de la Laie 108
Rifugio Andolla 66
Rifugio Menaggio 36
Rifugio Vuillermoz 204
Rigidalstock 28
Roc de la Tovière 126
Roc du Vent 108
Roche à l'Agathe 100
Rocher St-Pierre 138
Rocs de Villaz 76
Rotstock 46
Rotstock-Klettersteig 46
Rougemont 52
Rubli 52

Register

Saas Almagell 66
Saas Fee 69, 70
Saas Grund 64
Sacra di San Michele 206
Saix de Miolène 94
Saix du Tour 96
Samoëns 99
Sant'Ambrogio 207
Säntis 20
Saulire 114
Savoyen 88
Schreckhornhütte 44
Schwarzhorn 42
Schwarzhorn-Klettersteig 42
Selbstsicherung 8
Sentier des Etournelles 90
Sentiero attrezzato Mont Chétif 200
Sommet des Diablerets 83
Sommet du Charra 168
Sonnigpass 66
Station Eigergletscher 46
St-Christophe-en-Oisans 159
Steinschlag 10
St-Étienne-de-Tinée 188
St-Étienne-en-Découly 181
St-Hilaire 148
St-Jean-de-Sixt 102

Tällihütte 40
Tälli-Klettersteig 40
Tende 192
Tessin 19
Tête aux Chamois 84
Thônes 100
Thurwis 20
Tour d'Aï 86
Tour d'Août 178
Tour du Jalouvre 102
Tournette 100
Traversée des Anges 142
Traversée des Beaumes
Tüfelstalboden 26

Undere Allme 50

Val d'Isère 124, 126
Valgrisenche 202
Vallée des Merveilles 192
Valloire 136, 138
Venosc 156
Via ferrata »La Traditionelle« 188
Via ferrata à la Cascade 84
Via ferrata Béthaz-Bovard 202
Via ferrata Carlo Giorda 206
Via ferrata Cascade de la Fraîche 118
Via ferrata d'Andagne 144
Via ferrata d'Evolène 76
Via ferrata de Chironne 183
Via ferrata de l'Adret 132
Via ferrata de l'Aiguille de Luce 178
Via ferrata de l'Aiguille du Coq 178
Via ferrata de l'Aiguillette du Lauzet 164
Via ferrata de l'Ourson 178
Via ferrata de la Bastille 150
Via ferrata de la Cascade 176
Via ferrata de la Cascade de l'Oule 148
Via ferrata de la Chal 129
Via ferrata de la Ciappea 194
Via ferrata de la Crête de-Combe la Roche 176
Via ferrata de la Croix de Toulouse 166
Via ferrata de la Croix de Verdon 114
Via ferrata de la Grande Fistoire 184
Via ferrata de la Levassaix 114
Via ferrata de la Marcelinas 176
Via ferrata de la Roche à l'Agathe 100
Via ferrata de la Tête aux Chamois 84
Via ferrata de la Tête de Cheval 112
Via ferrata de la Tour d'Aï 86
Via ferrata de la Tour d'Août 178
Via ferrata de la Tour du Jalouvre 102
Via ferrata de la Tovière 126
Via ferrata de Pra Premier 176
Via ferrata de Prapio 82
Via ferrata de Rougemont 52
Via ferrata de St-Christophe-en-Oisans 158
Via ferrata de Tière 80
Via ferrata degli Alpini 168
Via ferrata dei Funs di En-tracque 212
Via ferrata del Centenario 36
Via ferrata del Diavolo 26
Via ferrata del Lago 66
Via ferrata del Rouas 208
Via ferrata delle Barricate 210
Via ferrata des Bettières 122
Via ferrata des Comtes La-scaris 192
Via ferrata des Demoiselles du Castagnet 190
Via ferrata des Étroits 181
Via ferrata des Freissinières 174
Via ferrata des Gorges de la Durance 170
Via ferrata des Gorges de Sarenne 154
Via ferrata des Lacs Robert 152
Via ferrata des Lavandières 149
Via ferrata des Mines du Grand Clot 162
Via ferrata des Perrons 156
Via ferrata des Plates de la Daille 124
Via ferrata des Saix de Mio-lène 128
Via ferrata des Trois Fontaines 152
Via ferrata des Vigneaux 172
Via ferrata du Baus de la Frema 186
Via ferrata du Belvédère 77
Via ferrata du Chemin de Vierge 140
Via ferrata du Cochet 114
Via ferrata du Diable 140
Via ferrata du Golet de la Trouye 106
Via ferrata du Grand Dièdre 149
Via ferrata du Lac de la Ro-sière 116
Via ferrata du Lac du Sautet 182
Via ferrata du Mont 98
Via ferrata du Plan du Bouc 120
Via ferrata du Roc du Vent 108
Via ferrata du Saix du Tour 96
Via ferrata du Télégraphe 134
Via ferrata École de Rossane 111
Via ferrata Gorge della Dora Riparia 206
Via ferrata Orrido di Chia-nocco 206
Via ferrata Orrido di Foreste 206
Via ferrata Poingt Ravier 136
Via ferrata San Salvatore 34
Via ferrata Sperone di Vo-frède 204
Via ferrata St-Pierre 138
Via ferrata Yves Pollet-Villard 104
Vierge du Collet 158
Vires Büttikofer 90
Voie de la Balme 173
Voie du Colombier 172
Voie Hohl 54
Voie Vertigo 181

Waadt 56
Wallis 56
Weissmieshütten 64
Wetter 10
Wiwannihütte 60

Zentralschweiz 19

Eugen E. Hüsler, geb. 1944 in Zürich, veröffentlicht Reiseführer über Alpenländer, Wander- und Klettersteigführer sowie Bildbände. Inzwischen sind es über 60 Titel. Seit 40 Jahren ist er in den Alpen unterwegs, vor allem wandernd, gerne auch mit dem Seil, ohne ein Extremer zu sein.
Eugen E. Hüsler lebt seit 1983 in Bayern. Bei Bruckmann erschien zuletzt von ihm der »Klettersteigatlas Alpen«.

Ein kostenloses Gesamtverzeichnis erhalten Sie beim
Bruckmann Verlag
D-81664 München

www.bruckmann.de
www.bergsteiger.de

Lektorat: Heinrich Bauregger, Georg Steinbichler und Claudia Hohdorf, München
Layout: BUCHFLINK Rüdiger Wagner, Nördlingen
Kartografie: Christian Rolle, Umweltkartografie und Geoinformationstechnik, Holzkirchen
Darstellung der Anstiegsskizzen: Eugen E. Hüsler
Repro: Scanner Service S.r.l.
Herstellung: Thomas Fischer

Alle Angaben dieses Werkes wurden vom Autor sorgfältig recherchiert und auf den aktuellen Stand gebracht sowie vom Verlag geprüft. Für die Richtigkeit der Angaben kann jedoch keine Haftung übernommen werden. Für Hinweise und Anregungen sind wir jederzeit dankbar. Bitte richten Sie diese an:
Bruckmann Verlag
Lektorat
Innsbrucker Ring 15
D-81673 München
E-Mail: lektorat@bruckmann.de

Bildnachweis:
Titelfoto: Traumroute in der Glarner Alpen: der »Klettersteig Braunwald« (Foto: Eugen E. Hüsler).
Umschlagrückseite: Klettersteig à la française: die »Ferrata Poingt Ravier« (Foto: Eugen E. Hüsler).
Abbildung Seitee 1: An der »Ferrata de la Tovière« von S. 139 quer (Foto: Jürgen Frank).
Daniel Anker, Bern: S. 47, 87, 91, 93; Egon Feller, Visp: S. 2, 61, 63; Jürgen Frank, Freiburg: S. 10, 30, 31, 37, 53, 54, 55, 58, 59, 65, 76, 80, 81, 83, 95, 97, 98, 101, 103, 118, 119, 124, 125, 127, 128, 130, 131, 133, 149, 151, 152, 153, 182, 185, 187, 189, 191, 194, 195, 197, 213; Peter Hoff, Dietramszell: S. 163, 170, 171, 179, 180; Bernd Ritschel: S. 73, 74; Paul Sandt, Bad Mondorf: S. 202, 203. Alle übrigen Fotos: Hildegard und Eugen E. Hüsler.

Die Deutsche Bibliothek – CIP Einheitsaufnahme
Ein Titeldatensatz für diese Publikation ist bei der Deutschen Bibliothek erhältlich.

Überarbeitete Neuauflage 2005
© 2001 Bruckmann Verlag GmbH, München

Alle Rechte vorbehalten
Printed in Italy by Printer Trento S.r.l.
ISBN 3-7654-4212-7